新时代文化和旅游融合发展研究丛书
应用型本科院校文化旅游专业丛书

总主编：李钢　副总主编：黄渊基　杨再喜　蔡保忠

研学旅行发展研究
——以永州为例

曾荣　蔡保忠◎著

北京·旅游教育出版社

图书在版编目（CIP）数据

研学旅行发展研究：以永州为例 / 曾荣，蔡保忠著. -- 北京：旅游教育出版社，2023.12

（新时代文化和旅游融合发展研究丛书. 应用型本科院校文化旅游专业丛书）

ISBN 978-7-5637-4629-3

Ⅰ. ①研… Ⅱ. ①曾… ②蔡… Ⅲ. ①教育旅游—旅游资源—永州—高等学校—教材 Ⅳ. ①F592.764.3

中国国家版本馆CIP数据核字(2023)第235270号

新时代文化和旅游融合发展研究丛书
应用型本科院校文化旅游专业丛书

研学旅行发展研究——以永州为例

曾荣　蔡保忠　著

责任编辑	贾东丽
出版单位	旅游教育出版社
地　　址	北京市朝阳区定福庄南里1号
邮　　编	100024
发行电话	（010）65778403　65728372　65767462（传真）
本社网址	www.tepcb.com
E - mail	tepfx@163.com
排版单位	北京旅教文化传播有限公司
印刷单位	唐山玺诚印务有限公司
经销单位	新华书店
开　　本	787毫米×1092毫米　1/16
印　　张	14.75
字　　数	232千字
版　　次	2023年12月第1版
印　　次	2023年12月第1次印刷
定　　价	68.00元

（图书如有装订差错请与发行部联系）

新时代文化和旅游融合发展研究丛书
应用型本科院校文化旅游专业丛书

编委会

编委会主任：李　钢　黄创霞

编委会副主任：李常健　何福林　陈灿军

编委会委员：黄渊基　杨再喜　谢韶光　潘清远　姚先林　蔡保忠
　　　　　　李晓红　刘　进　黄　萌　吴翠燕

编委会成员（以姓氏笔画为序）：

　　　　王　丹　王　跃　刘幼平　刘旸沛筠　刘　辉　李爱军

　　　　李　满　肖　可　肖辉军　吴宇辉　何　真　张宝辉

　　　　张施冲　张　程　欧阳平彪　郑　毅　钟杨宇　郭莉芝

　　　　黄华勇　梁茂林　傅宏星　曾　荣　曾　旎

代序
FOREWORD

建设什么样的旅游理论体系，培养什么样的旅游人才

戴 斌

坚持以文塑旅、以旅彰文，推进文化和旅游深度融合发展，是党的二十大作出的战略部署，也是学术共同体必须回答而且必须要回答好的时代之问。习近平总书记对旅游工作作出重要指示强调：新时代新征程，旅游发展面临新机遇新挑战。要以习近平新时代中国特色社会主义思想为指导，完整准确全面贯彻新发展理念，坚持守正创新、提质增效、融合发展，统筹政府与市场、供给与需求、保护与开发、国内与国际、发展与安全，着力完善现代旅游业体系，加快建设旅游强国，让旅游业更好服务美好生活、促进经济发展、构筑精神家园、展示中国形象、增进文明互鉴。新时代新征程，我们应建设什么样的旅游理论体系？培养什么样的旅游人才？

新时代新征程，应着力构建以人民为中心的当代旅游发展理论体系

一、大众旅游全面发展，新时代需要重构学术研究的价值取向和理论意义

20世纪80年代发展旅游是为了创汇，90年代中后期聚焦于拉动消费、投资和就业，现在更加强调为了人民群众"诗与远方"的美好生活，强调文化和旅游深度融合，推进旅游业高质量发展。随着全面小康社会的建成，大众旅游进入全面发展新阶段，"吃不愁、穿不愁，还有余钱去旅游"成为城乡居民对美好生活的共同向往和刚性需求，也是

每年"两会"热词和社会各界共同关注的焦点。当代旅游是人口规模巨大的发展中国家的旅游，也是地区之间、城市之间、不同年龄段之间发展不平衡不充分的旅游，更是中国式现代化进程中精神享受和文化休闲需求持续增长的旅游。我们既要看到有人拥有丰富的旅游经验，随时都可以来一场说走就走的旅行，每到节假日就飞到世界各地度假，也要看到有人还没有去过一次旅游景区，也没有享受过一次真正意义的观光旅游。高线城市的 95 后开始追求个性化和多样性的旅游体验，60 后则在开启康养旅居新生活，而低线城市的"小镇青年"才刚刚成为旅游初体验者，更有数以亿计的农村居民、低收入群体和行动障碍者的休闲方式仍然是几千年不变的走亲访友、晒太阳和打纸牌。直面现实可能是沉重的，更可能是灼热的，无论如何，作为一名理论工作者都不能对国家战略和人民期盼视而不见，而是应在与实践同行的过程中，系统回答"新时代旅游发展为什么"这一根本问题。

科学技术的进步，特别是数字化和人工智能，ChatGPT、Sora 等大数据模型，正在深刻改变旅行方式、文化空间、旅游场景和体验内容。多年以来，我们习惯于将山山水水的自然环境和丰富多彩的历史文化当作旅游资源的全部，习惯于将旅游业视为传统的劳动密集型、经验驱动型的传统服务业，习惯于认为政府具有信息、数据、人才的垄断优势和行政动员能力，将开大会、发文件、做规划、定标准、创牌子视为政府主导型旅游发展战略的全部。受基金项目、论著发表和考核体系的影响，理论界在范式精致化和定量研究方面配置了太多的学术资源，应用研究则更多聚焦于旅游资源开发、目的地营销和行业管理。随着社会主义市场经济体制的完善和"大众创业、万众创新"的进展，金融资本、产业资本和社会资本广泛进入旅游消费的各个环节，不同所有制、不同规模的旅游景区和度假区、旅游住宿商、旅游零售商、餐饮和休闲项目运营商、旅行服务商共同构成了生生不息的产业生态，一个投资机构和市场主体推动旅游业高质量发展的时代已经到来。大数据、人工智能和高端装备领域的科技进步让知识和技能很容易在更广泛的人群中横向传播，而不完全是自上而下的纵向传播，旅游领域正在孕育新一轮的现象级创业创新热潮。不得不承认，在投资、研发、创业、创新，包括文化、艺术、体育、科技、时尚与旅游融合发展方面，市场主体已经走在了理论工作者和专家学者的前面，行政与市场、系统与行业、官员与企业家之间的关系也在消解与重构。我们需要深刻认识并且系统回答"新时代旅游发展依靠谁"这一现实问题，并努力让更多人认识到这一点：没有充分竞争的市场，没有与新质生产力相匹配的投资机构和市场主体，就没有旅游业的高质量发展。

**文化和旅游深度融合的国家战略和创新实践，是新时代建设国家旅游发展理论的现

实背景。2018年国家机构改革以来，文旅融合成为理论界和学术研究重点关注的现实课题，也是业界和媒体讨论的热点话题。受全国哲学社会科学规划办公室、文化和旅游部的委托，中国旅游研究院和全国旅游学术共同体承担了一批重大和重点课题，发表成千上万的专著和论文，提报若干资政建言成果，初步回答了为什么融、融什么、谁来融等理论问题。现在的问题是，绝大多数的学术成果还没有转化为社会影响力和产业推动力，相当多的理论问题和现实课题还缺乏基金支持，也少有理论和科研工作者"揭榜挂帅"的勇气。直面文旅融合重大需求和现实问题，用深厚的学理和社会科学研究方法推动旅游业高质量发展的高水平成果还相对不足。如果任由学术界只在期刊发表的小圈子里，为了高影响因子而加速内卷，终将面临与行政主体、市场主体和消费主体渐行渐远的危险，就算发表再多的论文，拥有再多的"帽子"和"牌子"，也摆脱不了道统不存的无力感和意义悬置的虚无感。是重回"风声雨声读书声，声声入耳；家事国事天下事，事事关心"知识分子传统的时候了，是重做"我是江南第一燕，为衔春色上云梢"知行合一启蒙者的时候了。旅游学术共同体要系统把握并务实推进"新时代旅游发展做什么"的战略选择，从理论、学术和教育诸方面推进文化和旅游在更深程度、更广范围和更高层次的融合发展。

二、国家旅游发展理论需要价值引领的勇气、学科建构的能力和持续创新的体系

坚持以人民为中心的发展理念，重构大众旅游价值取向。改革开放以来，旅游业的经济属性日益彰显，市场化和专业性程度越来越高。作为管理学科门类工商管理一级学科下的旅游管理，很容易将创汇、消费、投资、就业、资源开发、政策设计等内容作为学科建设的方向和学术研究的重点。需要反思的是，发展旅游的目标固然有赚取外汇、扩大消费、带动就业等经济功能，也有稳定预期、提振信心、国泰民安的情绪价值，还有促进人的全面发展、城市更新和乡村振兴、对外对港澳台文化交流和文明互鉴的社会功能。学习习近平文化思想，研究中国式现代化对旅游业提出了哪些新要求，旅游发展在中华民族伟大复兴中扮演什么新角色，在全球文明倡议中发挥什么新作用，以及为何和如何提升人民群众包括旅游在内的精神享受和文化消费水平，是新时代旅游理论建设和学术研究的首要任务。如果只是从消费拉动和经济增长的视角研究旅游，完全以效率为导向，就会得出旅游资源和生产要素配置给高收入者并努力提升其旅游频次的结论。马克思主义经济学会告诉我们这样做的结果只能是总需求不足和总供给过剩，中国特色社会主义理论更是证明这条路行不通。只有让最大多数的城乡居民参与旅游，让"读万

卷书，行万里路"的梦想照进小康社会的现实，让"书生意气的研学、家国天下的旅游"伴随中小学生的成长，让每一位小镇青年都能有"说走就走的旅行"，才会有温暖向前的旅游中国。

培育新质生产力，推动旅游业高质量发展。新质生产力代表先进生产力的演进方向，是由技术革命性突破、生产要素创新性配置、产业深度转型升级而催生的先进生产力质态。新质生产力以劳动者、劳动资料、劳动对象及其优化组合的跃升为基本内涵，具有强大发展动能，能够引领创造新的社会生产时代。新质生产力是新时代对包括旅游在内所有产业发展方式的重构，用新质生产力对劳动者、劳动资料和劳动对象的优化组合提升旅游产业的全要素生产率。导入和培育新质生产力，推动旅游业从传统服务业转向现代服务业，非得从劳动者、劳动工具和劳动对象三个方面入手不可。在新时代旅游消费需求变迁的情境下，需要新型旅游投资机构、市场主体和新型旅游从业者来推动产业高质量发展。我们不能继续将星级饭店、旅行社和旅游景区当成旅游业的全部，也不能只是把导游、领队、讲解员、酒店和餐饮服务员、景区管理者和专家学者当成旅游从业人员的全部。随着市场边界的变化，越来越多的跨界者成为旅游业的新生力量。没有新质生产者就不会有新质生产力，我们需要具有现代思维、国际视野和专业能力的新质旅游人，特别是具有原始创新能力的企业家、职业经理人和高技能劳动者。如果不能提高 2825 万直接从业人员的综合素质和专业能力，再先进的科学技术也不能实现旅游产业的转型升级。我们需要导入和培育人工智能等新质生产要素，加持和赋能旅行社、酒店、民宿、旅游景区、度假区、旅游零售等传统业态。没有人工智能、高端装备和现代商业模式的赋能，我们就走不出大众旅游初级阶段陷阱。我们需要秉持"近悦远来，主客共享"的新理念，以全新的开放视野，创造出更多"旅游+""+旅游"的新业态。新质生产力与科学技术和高端装备制造密切相关，同时也要看到，没有文化的引领，没有艺术和时尚生活的加持，我们就无法将当代生活和现代文明转化成为新质旅游资源，而只会在山山水水和文化遗产等传统资源里打转转。

坚持绿色发展理念，推动绿色旅游理论创新与经验总结。我们要看到旅游业对经济社会发展和文明演化的积极影响和促进作用，也要看到诸如旅游"飞地"、过度旅游、文化冲突、道德弱化、环境破坏等需要正视的负面问题。就是从经济影响的角度看，旅游业对不同国家和地区的影响也不尽相同，欠发达国家和地区在全球旅游经济体系获得的份额相对较低。只有让世界各国各地区都能够从旅游发展中获得经济增长、就业岗位增加、削减贫困、推进社区振兴、保护传统和文化遗产等方面的收益，这个世界才能变得更好，旅游业才可能持续发展下去。党的十八大以来，以习近平同志为核心的党中央从中华民族永续发展的高度出发，深刻把握生态文明建设在新时代中国特色社会主义事业中的重要地位和战略意义，形成了习近平生态文明思想，奠定了绿色旅游和可持续发展的理论基础和实践方向。"绿水青山就是金山银山""冰天雪地也是金山银山"，指引了青海打造国际生态旅游目的地、桂林建设世界级旅游城市、阿尔山实现"旅游业一定会火起来"，以及全国范围内的避暑旅游、冰雪旅游、森林旅游、温泉康养旅游创新发展的新方向。研究绿色旅游和可持续发展，不能只有基础理论和政策设计，也要密切关注旅游投资机构和市场主体，特别是中旅旅行、广之旅、飞猪、携程、去哪儿、马蜂窝等旅行商推出的绿色线路和生态产品。通过主流媒体、行业媒体和抖音、小红书、B 站等新媒体提示游客在行程中爱护生态环境、尊重当地文化遗产和风俗民情，培育起广大游客的绿色消费观念。在理论建构的过程中，重点关注旅游活动与自然环境、游客权利与居民权益、经济增长与社会发展之间的协同促进。为此，旅游学者和科研机构在绿色旅游、生态旅游、可持续旅游、负责任旅游的研发创新和宣传推广过程中，稳步建立可独立发挥作用、也可以连线成片的监测点、案例库和数据库。

践行全球文明倡议和大国外交思想，发展文明旅游，讲好新时代的中国旅游故事。 2018 年以来，中国旅游业进入了一个文化和旅游深度融合的新时代。旅游能够为文化培育市场，也需要当代文化和现代文明引领旅游业发展新方向。没有文化的产业是走不远的，没有思想建构和价值引领的产业也是走不远的。旅游学者要打破学科层级和学术范式的固有藩篱，以更加开放的心态，重构知识生产和传播的学科体系、学术体系和话语体系。团结旅游学术共同体、旅游投资机构和市场主体，为加快建设世界旅游共同体而贡献自己的才情与智慧。除了图书馆、工作室和学术论坛，旅游学者也应在生活场域中寻求文化建设和文明对话的可能性。我去天津参加海棠花节和五大道旅游论坛，晚上去安里甘艺术中心欣赏了以"春天和花"为主题的室内交响乐。120 多年历史的教堂、青春感拉满的乐园，还有蓝色多瑙河上飘浮的茉莉花香，彼时的我，分不清什么是诗，什么是远方，也不会去想什么是文化、什么是旅游，只是觉得一切都那么古老又那么年轻的样子，真的很好。

三、国家旅游发展理论需要有信仰的建设者遵循科研实践的规律，将理论与实践相结合的道路进行到底

理论的力量首先来自建设者发自内心的信仰，没有真正的信仰，就不会产生有效的传播、接受和行动。 在理论建设、传播和接受的过程中，经由调查研究、数据分析和理论抽象而来的概念、观点和命题，包括语言、文字、平台和渠道在内的传播体系固然重

要，但是知识分子和专家学者发自内心的认同更为关键。《共产党宣言》《资本论》《国家与革命》等马克思主义经典著作，无论语言文字，还是概念及其展开的逻辑，在一百年前的中国，即使留过洋的教授也有很大的阅读障碍，传播和接受更有坐牢杀头的危险，为什么还有那么多人去翻译、去传播、去实践？因为这些文字闪耀着理性的光辉和实践的热情，指明了救国救民的方向，给先知者以信仰，予先行者以力量。才有了瞿秋白的首次将《国际歌》翻译成中文，才有了李大钊、李汉俊、郭沫若、陈启修、潘冬舟、侯外庐、王思华、郭大力、王亚南等知识分子接力传播、翻译《资本论》，倾尽毕生的才华和心血，有人甚至献出了宝贵的生命。作为一名知识分子和专家学者，如果徒有个人名利而无国家视野，只有个人恩怨而无铁肩道义，则道统何在？价值何在？我们今天的努力和成就，能经得起后人的审视吗？今天的中国，经历了20世纪80年代入境旅游的"黄金十年"和21世纪前二十年市场化取向的大众旅游初级阶段，迫切需要回答旅游发展"为了谁""依靠谁""做什么"等时代之问。唯有从人民立场出发，努力让人人都能在这块美丽的国土上、在这颗蓝色的星球上尽享属于自己的"诗与远方"，方能建设既有时代价值，也有历史意义的国家旅游发展理论。

旅游演化进程中有理论问题，也有实践课题，还有人文主题，旅游学者和理论工作者既要研究问题，也要关心主义。20世纪80年代，旅游、酒店、接待等学科建设与实践水乳交融，你中有我，我中有你。学院派的期刊是政府官员、业界经理人的案头书，政府的机关报和协会的内刊也是大学图书馆借阅率很高的参考文献，学者可以到基层和一线对话，官员和经理人可以到院校讲课。那时的旅游教育和学术研究可能没有成熟的理论体系，可是一切都是生机盎然和无限可能的样子啊！当时只道是寻常罢了。90年代中后期开始，基金立项、学术期刊、同行评议、专业评奖机构在学科体系拥有越来越多的话语权，在现有的学科分层和专业分类的框架中，旅游理论成为旅游理论家的事情，旅游学术成为旅游学者的专属。我们应当，也可以吸纳一切可以吸纳的自然科学、工程科学、社会科学乃至医学、军事学研究方法和工具，但是这并不意味着旅游领域的一切问题都可以纳入科学范式，更不可以用"自然科学原理"去分析所有的旅游活动，并试图重构一个"旅游理想国"。必须直面的事实是，这一观念普遍影响了旅游学科的主流平台、权威机构和一线学者，并波及研究生培养和本科生教育。几乎所有从事旅游研究的学者，包括具有人文学科背景和接受过社会科学训练的学者，也在基本治学方法上严守逻辑实证论的门庭，认为凡是在经验上不能验证、实验上不能重复、期刊中不能发表的问题，都是没有意义的，也是无法讨论的。按照这一思路，与文化和旅游融合发展密切相关的若干思想性话题就无法深入讨论，打通行政、市场和学术各界的共识就无法得到真正的构建，学术共同体的理论成果也无法转换为推动旅游业高质量发展的精神力量。须知，没有实践的思想，就没有思想的实践；没有理论指导的实践是盲目的实践，而没有经过实践检验的理论则是空洞的、悬置的理论。在建设国家旅游发展理论的过程中，我们需要再别康桥，寻一支思想的长篙，向知行合一的历史最深处漫溯，满载一船知识的星辉，在星辉斑斓的旅游产业里放歌。

高校应当，也可以成为国家旅游发展理论建设、创新和传播的主阵地，着力引导学生对旅游产业的认同感和责任心。实践性很强的旅游管理学科，应循国际惯例而构建新型产教合作关系，为现代旅游业培养用得上、留得下的产业后备军，也为旅游发展理论构建理论与实践的互动界面。如果任由学术研究、人才培养与产业需求渐行渐远，理论建设就会成为小圈子里的自说自话，就算有些影响，也不过是"茶杯里的风暴"而已。一千余所旅游院校，每年培养的旅游管理、酒店管理、会展管理的毕业生数以十万计，为什么很少在旅游领域就业？甚至每次有关旅游管理招生就业的讨论，除了吐槽，还是吐槽？高质量专业教育的缺失是主要原因。从幼儿园卷到高三，对社会基本无感的十八岁娃娃，刚进了大学校园，就加上"未来产业领袖"的光环，好吗？学完教学计划规定的课程，文献阅读、概念推演和论文写作的确得到了很好的训练，但是对产业的实感几乎为零。再一番放羊式的实习下来，就是被现实摁在地上摩擦的感觉，除了考公、考编、考研，心甘情愿地进入旅游业而倾尽才情与努力者，能有几人？无论是专业思政，还是课程思政，都应该告诉学生一个真实的旅游业，培养学生快乐工作和幸福生活的阳光心态。正是从这个意义上讲，先培养今天的快乐学生，再谈明天的产业领袖。

新时代新征程，应努力培养国家需要、行业认可的旅游人才

一、新时代的旅游人才必须是国家需要、时代呼唤的，也应当为行业所认可

旅游人才必须是国家需要的和时代呼唤的。从历史上看，任何一个时代的进步，都离不开善于思考并勇于作为的国士，比如提出"仓廪实而知礼节，衣食足而知荣辱"的管仲、变法强国的商鞅和王安石、"鞠躬尽瘁，死而后已"的诸葛亮，以及1840年以来科学救国、实业救国、教育救国的仁人志士。任何一个产业的成长和进步，都需要变革创新的企业家，比如张瑞敏、任正非、曹德旺等。任何一个学科的繁荣和进步，都需要一批富有创新精神、历史意识和专业能力的思想者和理论家，如孙冶方、陈准等经济学

家和"两弹一星"功勋。他们都是国家的栋梁之材,也是时代发展的推动者。

旅游人才固然有其专业性,但是不能因此而过于强调学科背景和工作岗位的特殊性。所有愿意为了人民的旅游权利、为了旅游业的高质量发展而奋斗者,都是时代呼唤、国家需要的旅游人才。《中国旅游人才发展报告(1949—2021)》有个"两个多数"的研究结论:近年来高校培养的旅游管理和酒店管理毕业生大多数都去了旅游以外的领域就业,旅游企业的高级管理人员特别是创业创新人才则大多数来自其他专业,比如携程、去哪儿、马蜂窝、七天、途家的创始人多有计算机学科或者商科的背景。仔细想想,也没有什么值得惊异的。在市场经济条件下,人才流动是由价格决定的,价格的背后是供求关系。从国际酒店集团前100名的高管团队的专业背景来看,也是商科居多,其中酒店管理名校毕业生占了三成,与国内相比,已经很高了。从旅游行政部门的管理者或者公务员的专业背景来看,所谓科班出身者就更少了。随着就业观念的变化,自由职业和灵活就业越来越成为包括旅游管理在内的高校毕业生的新选择,包括网络主播、自媒体人员、文案写手、快递员、外卖员、群众演员,灵活就业者已经达到2亿人。

旅游人才必须是服务行业,也为行业所认可的。 旅游人才的内涵是不断丰富的,外延是动态演化的。能够戴个帽子当然好,那是体制或者同行的认可,假如戴不了帽子,但是行业认可了,也一样是人才,将来历史会记住的。盛世王朝需要开拓雄图大业的君王,需要开疆拓土的将帅和保境安民的官员,也需要伟大的科学家、思想家和文学家。① 无论是理念,还是实践,都不能简单地把旅游人才与学历和职称挂钩,更不能只将博士、教授当作人才,那些从市场中拼杀出来的企业家,为旅游业创造价值的管理人员、服务人员和技术人员就不是人才?没有这个道理嘛!旅游强国、中国服务业和旅游业高质量发展,都离不开企业家、经理人、专业技术人员和基层一线的大国工匠。现在的问题是,教育、科技、文化和旅游部门搭建了很多平台,培养了大批学术名家,可是除了圈子里的热闹,又回应了多少旅游产业实践重点、难点和热点问题,并获得了行业的真正认可呢?如果高端人才一直在"基金申请和论文发表"中打转转,出了再多影响因子高的论文又如何?也许是时候对奉若神明的"影响因子"认真审视了:我们每年发表的论文和文章可谓是汗牛充栋,可是到底影响了谁?这是一个问题。

旅游人才还应当是自我驱动的,坐言起行并切实引领产业创新发展的。 创造性人才的成长看上去具有相当大的偶然性,但无不是理想牵引和价值驱动的天选之才。正如爱因斯坦所观察到的那样:几乎所有与人的本性有关的基础工作都是由非专业的物理学家

---

① 电影《妖猫传》有句台词,是杨贵妃看完"云想衣裳花想容"应制诗后说的,"李白,大唐有你,才真的了不起"。

做的，他们仅仅把物理学看成自己的一大爱好而不是生活的全部，比如多才多艺的苏格兰人布莱克、德国医生迈耶、美国冒险家伦福德，还有英国酿酒师焦耳，他在工作之余做了有关能量守恒的几个最重要的实验。①但是放在一个更大的时空看，似乎又是必然，全社会对科学的尊重、对异己的包容，天才学者的自我驱动，都是不可或缺的要素。戴帽子的大师、名师或许可以培养，但是那些开山立派的宗师又哪里是培养出来的啊！多数人是因为看见而相信，但是对于战略领军人才和历史托命之人而言，他们是因为相信而看见。他们如同盗火的普罗米修斯，如同填海的精卫，如同逐日的夸父，倒下也是一片泽被后人的森林。

二、新时代的旅游人才需要专业培养，更需要实践锻炼，以及竞争与淘汰

高等教育和职业教育是旅游人才培育的主渠道，需要规模化的制式教育，也需要年轻人的自我修养。古代中国并没有近代意义上的科学，特别是基于实验室的科学体系，为什么也能出那么多的数学家、天文学家和工程师，创造璀璨的科技文明？虽然有这么多人才，工业革命为什么却没有发源于中国？在众多的"李约瑟之谜"的解答中，我认同林毅夫教授的观点：在以经验为基础的技术发明过程中，人口规模是技术发明率的主要决定因素。中国在现代时期落后于西方世界，是因为中国没有及时从以经验为基础的发明方式，转换到基于科学和实验的创新上来。同时期的欧洲，至少经由18世纪的科学革命已经成功地实现了这种转变。②现代科学的进步，进而生产力的进步和市场主体的商业创新，越来越依赖科学家严谨的科学方法、理论验证和生产实践。严谨科学方法的显著特征就是把有关自然的假说和积累的经验"数学化"，并与严谨的实验检验相结合。③旅游人才的培养更离不开以高等教育、职业教育为代表的国民教育体系和相应的科技支撑平台，包括初等、中等和高等职业教育，也包括学士、硕士和博士学位教育，以及实体化的理论和科学研究机构、博士后科研流动站和工作站、国家重点实验室等支撑平台。

如果将人才看作是人口基数的函数，那么拥有2850万直接就业人员的旅游业，不用高等教育、科学研究和系统性的职业发展计划，也会有百分之一的人成为各方面的领军人物和行业骨干，哪怕是千分之一，也是很可观的数字。这么想对不对呢？当然是不对的。我们可以举出无数的例证说"刘项原来不读书"，或者历史上的不少状元终其一

---

① 爱因斯坦，英费尔德.物理学的进化[M].张卜天，译.北京：商务印书馆，2019：41.
② 林毅夫.制度、技术与中国农业发展[M].上海：上海三联书店、上海人民出版社，1994：257.
③ Needham，1969，转引自林毅夫.制度、技术与中国农业发展[M].上海：上海三联书店、上海人民出版社，1994.

生也是寂寂无闻，也可以列举更多的栋梁之材饱读圣贤之书，或者接受了系统的专业训练。同志们多是从事教育、科研和管理工作，或者将来要从事教育、科研和管理工作的，在看到问题并努力改进的同时，更要有教育自信和科学自信。那些以小概率案例得出"博士有啥了不起，不读书也照样成才"的结论，要么是柠檬精附体，要么是无知无畏，或者说是一种轻佻的姿态。

在我的心目中，理想的人才培养空间是一座空气中氤氲着咖啡香的图书馆、一个绿茵茵的大操场，加一群白发先生和白衣少年。不论是本科生还是博士生，都要尽可能多地在图书馆停留些时光。不能只读教科书和期刊论文，要多读些经济学、管理学、文学、历史学、哲学、自然科学方面的经典著作。不能只在手机上刷短视频，要多看《人民日报》《光明日报》《经济日报》《经济研究》，才能了解天下事。基础厚实了，眼界开阔了，知道自己将来要成为什么样的人，要为谁服务，浑身就有使不完的力气，用不尽的才华。唯有响应国家需要、时代呼唤和行业需求，才能够经得起旅游者的评价和从业者的审视，并为历史所记忆。

只有经过产业实践和市场竞争而胜出的旅游人才，方能不负时代不负旅游，名至而实归。人才培养的主阵地在综合性大学和职业院校，但景区、度假区、国家公园、酒店、民宿、旅行社和在线旅游平台更是值得关注的社会大学和实践课堂。为落实"三定"规定的高层次新型人才培养任务，中国旅游研究院（文化和旅游部数据中心）持续推进产学研结合的学术共同体建设，通过博士后工作站、重点实验室、专题研修班、会议论坛、行业咨询和专题授课，培养出将教员作为自己终身职业的人才。我们将结合亚太经济合作组织（APEC）的专题资助项目，在峨眉山风景名胜区设立"数字化旅游人才培养基地"，通过实践教学培养行业所需的专门人才。对于真正的人才来说，不能总幻想着戴着学位帽子走出校园，等别人把舞台搭好，观众组织好，自己再范儿十足地出场。没那么回事！绝大多数人，绝大多数时间，在绝大多数地方，都是配角或者群众演员，而不是角儿。要想成角儿，就要在实践中摔打，就要与同龄人竞争，与自己较劲。这么多年来，每当自己被问及"为什么几十年如一日地熬夜，身体还这么好？"，都不知道怎么回答是好，因为真实的答案有些残酷吧——身体不好的人早就被淘汰了。就像热带雨林，地球上最适合植物生长的地方，也是空间竞争最激烈的地方，"高耸入云的巨树高达40米，粗大的树枝四处伸展着抢夺阳光"①。自然界的生物和社会中的人一样，不经过脱胎换骨的蜕变，就不可能有枝繁叶茂的华盖。

旅游业真正需要的人才得有理想，更得有化理想为现实的行动力。人才培养的方式应当是多种多样的，学校教育、家庭教育、社会教育和实践培养，总之需要全身心投入的学习，而不仅仅是大脑的训练。为什么说穷人的孩子早当家？从小就得开始学着煮饭、烧菜、洗衣、照看弟弟妹妹，抓紧一切可能的时光看书学习，没有那么多的工夫去想那么多为什么。反观我们培养出的旅游人才，多是立志读万卷书，做大学问，奔着立功、立言、立德去的。事实上，真正能够成名成家者又有几人，绝大多数还不是活成了柴米油盐和家长里短？这没什么，只要我们尽力了，以所学所思所行助力旅游业品质提升和现代化转型，都是当代中国所需要的旅游人才。人尽其才，则天下皆才。

旅游领军人才需要宽松的环境和包容的心态。中国科学院院士、北京大学副校长张平文说，"北大数学科学学院的天才不是培养出来的，而是保护出来的"。清华大学强调"要为杰出人才营造一个好的环境，让他们在这个环境中自主学习和研究"。②如果把杂草、杂树和杂质都去除了，只剩下横平竖直的人工林，哪怕我们再努力，收获的也可能只是平庸。一种想把什么都安排得妥妥帖帖的父系思维，只能导致什么都要等待安排的婴儿思维。在一个演化的自然科学体系中，提出一个问题往往要比解决一个问题更重要。解决问题也许只是数学演算或者反复实验的事情。而提出新的问题，新的可能性，从新的角度看旧的问题，却需要创造性的想象力，标志着科学的真进步。③从这个意义上说，自然科学、工程技术领域的开创者，社会科学和人文学科的"历史托命之人"，经济学和工商管理等领域的"颠覆性创新"或者"破坏性创造"，都需要自由思想和思想自由的包容，才可能让每个人在任何可能的方向自由地探索，进而提升整个社会人才与人力资源的比率。

说到包容与宽容，我想起在挪威国立美术馆看名画《呐喊》的感受来。伟大的作品是由伟大的艺术家创作的，问题是峡湾城市奥斯陆可以容纳一个抑郁症患者或者精神病

---

① 爱登堡.我们星球的生命[M].林华，译.北京：中信出版集团，2021：78.之所以阅读这本看上去与旅游研究很远的非学术著作，是因为自己对科普著作和传记作品的偏好，也是因为文化自信不能走向自我封闭，而是要以更加开放的心胸欣赏和接纳人类文明的一切先进成果。本书第6页的一段话也让我印象深刻："只有当无数有机个体最充分地利用每一种资源、每个机会的时候，只有当千百万物种的生命相互关联、彼此维持的时候，我们的星球才能有效运行。"

② 赵婀娜，吴月.强基础研究育拔尖人才[N].人民日报，2022-03-18（11）.

③ 爱因斯坦，英费尔德.物理学的进化[M].张卜天，译.北京：商务印书馆，2019：72.在广泛的阅读和求学经历中，自然科学、工程技术和社会科学之间的互通互鉴是常有的事，多数情况下，其有效性仅限于哲学或者原理层面。一旦走向仿生学意义的操作，则需要经过科学和伦理的双重考验，比如达尔文的进化论已经成为人类知识图谱的重要组成，但是社会达尔文主义则很难通过"人是目的而不是手段"的拷问。

人蒙克，就像荷兰和法国可以包容凡·高和高更那样。从这个意义上讲，艺术创作的高度取决于观众的数量和质量，或者更直接地说是市场的厚度。现实呢？我们可能很难容下那些各方面都比自己优秀的人。忌妒是人的天性，也许大家中间的最优秀者可以没有忌妒心，但是平凡如我辈者倒是常有的。问题是如何把忌妒心化作前行和超越的动力，而不是拉高踩低、远交近攻的破坏力。这需要每个人加强自我修养，也需要大环境的制度保障和小环境的机制保护。

三、新时代的旅游人才要到地方基层，到产业一线，到祖国最需要的地方去

旅游管理是实践性很强的学科，旅游人才应当是行动研究的倡导者和践行者。生活丰富多彩，经济有那么多产业，社会有那么多事业，旅游只是其中小小的组成部分。不是为了发论文和评职称，而是为了让这个世界一天天变得更美好，这才是人才该有的样子。19岁就参与"曼哈顿工程"的核物理学家，和丈夫阳早一起将自己的一生献给中国奶牛养殖事业的农业科学家寒春，写下这样的句子：世界上的事，只要下定决心并用心去做，一定会变得有意思，并成为你的专业，我觉得我不属于任何一个专业，我做的任何事情都是我的专业。我的老家蚌埠位于淮河岸边，是一座中等发达城市，而不是典型的旅游城市。在研究蚌埠"十四五"旅游业高质量发展规划时，我反复强调要着眼于300多万城乡居民的文化需求和休闲消费，建设公共文化项目和休闲基础设施，培育当地的旅游市场主体和创业创新者。当地的禾泉山庄和卫食园两个项目之所以给人留下了深刻印象，是因为其带头人和入选"旅游思想者"①的企业家一样，都是知行合一的专业人才。

到旅游产业第一线去，广阔天地，大有作为。历史已经证明并将继续证明，只有经过基层的历练和实践的磨炼，才会有专业的尊严和学者的独立性。每年数以万计的旅游管理毕业生，不能总沿着"本科—硕士—博士—发表—基金—教授—博导—大师"这条路子无休止地走下去，也不能总想着从官员那里分些权力，从老板那里打些秋风，以便在同行面前做出高人一等的模样来。不能再内卷了，走出书斋和实验室，外面的天地很是广阔，除了写论文、评职称、做课题，我们还有很多工作可以做。2022年，浙江在全省范围内开展艺术家驻村制度，对于乡村振兴和人才成长都是十分有益的。这么多高

---

① "旅游思想者"由中国旅游研究院创设于2015年4月，在中国旅游科学年会或旅游管理博士后论坛定期发布。该奖项旨在致敬旅游领域知行合一的创业创新者，感谢他们以前瞻思想、卓越才情和不懈努力，持续提升游客、员工和居民的获得感，提升中国在世界旅游业的影响力。首位"旅游思想者"颁于梁建章博士和携程旅行网联合创始团队。

校和科研机构，能不能推出专业志愿者制度？我看是必要的，也是可行的。

到旅游教育第一线去，言高为师，身正为范。1985—1995十年间，一大批优秀的初中毕业生报考了中等师范学校，学成后充实到县乡中小学的教学第一线。现在看来，他们中的大多数并不比升入高中再上大学的同龄人生活得更好，但他们是一个时代的师资典范，是今天各行各业骨干人才的托举者。[①] 现在越来越多的旅游院校之所以有名，是因为教员有名而不是毕业生有名，而教员之所以有名，是因为论文发得多而不是教书教得好。这不正常啊！

我们发布过旅游业急需人才的调研报告，其中就有"双师型人才"。不仅旅游教育，旅游科研和产业实践领域都需要类似的复合型人才。复合型人才不是要艺术家、科学家变成企业家或者反之，而是不同领域、不同层级的人才，在旅游需求的牵引下聚集到同一个时空，面向旅游市场，面向基层一线，形成人才复合体。中国旅游研究院出站的一名博士后，"双一流"高校的旅游管理博士，放弃去几所院校和旅游集团的机会，而决定要去南方的某职业院校任教，让我感到由衷的高兴：你们知道了什么是自己真正想要的，你们走向旅游教学第一线的身影，传道授业解惑的样子，真的很美啊！

到旅游科研的第一线去，建设以人民为中心的当代旅游发展理论。在学位论文开题或者基金申请时，青年学者经常被要求回答理论价值或者说科学问题是什么。结论往往是从文献特别是本领域的知名期刊和知名学者的论著中获得的。我从不反对研究生和青年学者在文献综述上下功夫，相反，这是科班训练的基本功，也是理论著述而非观点表达的分水岭。问题是我们现在只停留在理论对话这个层面，进一步地，只与知名学者发表在期刊上的论文对话。事实上，好的理论是看它对世界的解释力，更好的理论是看对实践的指导性，知行合一的行动研究才能出大成果。现在有些社会科学的文献从现行的评价指标上看很厉害的样子，其实不过是茶杯里的风暴，贡献其实很有限。希望当代旅游学者，也是未来中国旅游发展理论和生产实践、管理实践的领军人才，既要与理论对话，也要与实践对话，通过与本土的实践对话更能够产出原创理论和伟大思想。不要把"学"与"术"分得那么开，尤其不能有"君子不器"的自我精英化。马克思主义理论及其中国化的代表，都是如此，既与现有的理论（广义，不只是学术意义上的理论）对

---

① 我还想致敬乡村教师之外的另一个群体——赤脚医生，他们是活跃于20世纪六七十年代农村的半农半医的基层卫生人员。1965年，毛泽东同志在同身边医务人员谈话时提出："把医疗卫生工作的重点放到农村去。"作为一种制度安排，以王桂珍为代表的成千上万的赤脚医生真正使我国的卫生防疫体系深入到农村，用最经济、最实用的方式解决了农村缺医少药的燃眉之急，使科学的医疗方法开始进入数亿农民和千万自然村落。世界银行和联合国称"赤脚医生的出现是中国第一次卫生革命"。这样的群体还有很多很多，比如乌兰牧骑、大庆油田、铁道兵部队的工程技术人员等，都是旅游人才应当致敬和看齐的。

话，更与丰富多彩的生产和生活实践对话。

很多高校将公开发表C刊论文作为博士论文答辩或者是博士后出站的前置条件，虽然我对此一直就不认同，这相当于把学位授予权变相让渡给了期刊审稿人或者责任编辑，但是也不得不承认这是现阶段必须接受的规则。既然是发表导向，青年学者就必须也只能按学校要求的八股文来写，但是心里要清楚：思想高于理论，理论高于学术。要谨防年纪轻轻的，正是理论创造力最为活跃的时候，即锁进了《肖申克的救赎》揭示的"体制化"：这些围墙很奇怪，刚来的时候，你会恨它，慢慢你就会习惯它，日子久了，你会发现你离不开它，那就是被体制化了。哪怕多年以后自由了，却因为无法适应高墙外的自由而郁郁离世，因为没有人告诉他不可以做什么，也不会有人指引他应该做什么。尽管这是我一刷再刷的经典，每次看到这一段时我还是不由自主地落泪而忧郁起来：这么年轻的面孔，连真正的自由都没有尝试过，就老去了。更令人不安的是，这么多的院长校长和导师，不管看到了还是没有看到这一点，都不得不像电影《狗十三》里的父亲那样，一边流着痛苦的泪水，一边将女儿强行纳入到自己也不认同的规范之中。

到国际交流的第一线去，讲好新时代的中国故事，分享当代中国的旅游经验。告诉世界一个小康社会的旅游梦想照进现实、人民旅游权利日渐彰显的中国，"旧时王谢堂前燕，飞入寻常百姓家"的中国。告诉世界一个旅游企业数字化转型、旅游产业高质量发展的中国，"无边落木萧萧下，不尽长江滚滚来"的中国。告诉世界一个政府统筹疫情防控和企业纾困扶持的中国，"周公吐哺，天下归心"的中国。告诉世界一个习近平生态文明思想指导旅游业和旅游可持续发展的中国，"绿水青山就是金山银山，冰天雪地也是金山银山"的中国。还要告诉世界一个旅游教育繁荣、旅游学术创新和旅游思想进步的中国，"有些鸟儿是注定不会被关在牢笼里的，它们的每一片羽毛都闪耀着自由的光辉"的中国。

前言
PREFACE

党的二十大报告指出:"坚持以文塑旅、以旅彰文,推进文化和旅游深度融合发展。"文化和旅游融合,既有历史根源,也是现实所需,更是未来趋向。文化和旅游融合,既是一个理论问题,也是一个实践课题。位于国家历史文化名城湖南省永州市的湖南科技学院,植根地方悠久厚重的历史文化土壤,观照地方蓬勃发展的文旅产业实践,深入开展文旅融合理论研究,不断创新文旅融合人才培养机制,努力服务文旅融合产业发展,着力打造旅游管理、文化产业管理、航空服务艺术与管理等文化和旅游类专业群,取得了显著成效。

习近平总书记在全国教育大会上强调,要提升教育服务经济社会发展能力,着重培养创新型、复合型、应用型人才。作为地方应用型本科院校,如何通过学科、课程、教材建设,完善人才培养体系、创新人才培养模式、提高人才培养质量,如何贯彻落实立德树人根本任务,紧密结合党和国家大政方针,培养一代又一代德智体美劳全面发展的社会主义建设者和接班人,培养一代又一代在社会主义现代化建设中可堪大用、能担重任的栋梁之材,如何通过人才培养、学科建设、专业发展、科学研究、社会服务、文化传承创新积极服务党和国家战略,加快构建中国特色哲学社会科学体系,努力推动经济社会高质量发展,这些仍是需要努力破解的重要理论和现实问题。

在文旅融合的大背景下,文化和旅游类学科成为典型的交叉学科。文化和旅游的理论创新和实践发展为学科专业注入了新的动力。为进一步推进新形势下文旅融合理论创新和实践发展,加强新文科背景下文化和旅游类专业建设和学科建设,助力培养堪当重任的社会主义时代新人,我们组织编写了"新时代文化和旅游融合发展研究丛书·应用型本科院校文化旅游专业丛书",涉及文旅融合、旅游文化、乡村振兴、乡村旅游、美丽乡村、农旅融合、文化创意、资源普查、研学旅游、会展旅游、航空服务、学科前沿、专业英语、地方文化以及学科竞赛、调研论文和实践报告等方面。丛书除支撑国家和省级一流本科专业建设、一流本科课程建设，助力相关专业教学、教研教改、实训操练、专业认证、新文科建设和人才培养外，还支撑相关应用特色学科和科研平台建设。丛书既突出理论性、学术性和战略性，又紧扣时代主题、实践前沿和产业动态。在贯彻党的路线、方针、政策和国家有关法律、法规的基础上，丛书融入课程思政元素，符合学科发展理论前沿和时代特征。丛书内容新颖生动、案例多样、可读性强，具备较强的理论性、学术性、时代性、实用性、可读性和可操作性。

本丛书得到湖南省普通高等学校"十三五"专业综合改革试点项目"旅游管理"、湖南省一流本科专业建设点"旅游管理"、湖南省"十四五"双一流建设应用特色学科"马克思主义理论"和"中国语言文学"、湖南省一流本科课程"永州旅游文化"和"茶艺与茶道"、国家级一流本科专业建设点"英语"和"日语"、湖南省中国特色社会主义理论体系研究中心湖南科技学院基地、湖南省当代中国马克思主义研究中心湖南科技学院基地、湖南省普通高等学校哲学社会科学重点研究基地"乡村振兴与区域经济发展研究中心""南岭走廊与潇湘文化研究基地""永州地域文化与文化自信研究基地""湘粤优势特色产业协同发展研究基地""思想教育与道德文化研究基地"、湖南省社科研究基地"湖湘文化对外交流传播研究基地""湖南省舜文化研究基地""湖南省濂溪学研究基地""湖南省李达与马克思主义'三化'研究基地"、湘粤社科智库联盟等平台和项目资助。

编者
2023 年 12 月

目录
CONTENTS

第一章 研学旅行研究概述 ·········· 1
 第一节 研学旅行相关概念 ·········· 1
 第二节 研学旅行理论基础 ·········· 4
 第三节 研学旅行构成要素 ·········· 10
 第四节 研学旅行基本类型 ·········· 14

第二章 国内外研学旅行研究进展 ·········· 19
 第一节 国外研学旅行研究进展 ·········· 20
 第二节 国内研学旅行研究进展 ·········· 24

第三章 研学旅行发展现状分析 ·········· 33
 第一节 我国研学旅行发展现状分析 ·········· 33
 第二节 湖南省研学旅行发展现状分析 ·········· 39
 第三节 永州研学旅行发展现状分析 ·········· 43

第四章 永州研学旅行发展 SWOT 分析 ·········· 47
 第一节 永州研学旅行发展优势分析 ·········· 48
 第二节 永州研学旅行发展劣势分析 ·········· 51
 第三节 永州研学旅行发展机会分析 ·········· 53
 第四节 永州研学旅行发展威胁分析 ·········· 56

第五章　永州研学旅行资源与旅行基地概况 ················ 58
第一节　永州研学旅行资源概况 ·················· 58
第二节　永州研学旅行基地概况 ·················· 61

第六章　永州研学旅行产品设计开发与市场营销推广 ········· 64
第一节　永州研学旅行产品设计开发 ················ 64
第二节　永州研学旅行经典产品 ·················· 68
第三节　永州研学旅行市场营销推广 ················ 78

第七章　永州研学旅行发展中存在的问题及发展对策与建议 ······ 83
第一节　永州研学旅行发展中存在的问题 ·············· 83
第二节　永州研学旅行发展对策与建议 ··············· 87

第八章　永州研学旅行实践研究案例 ················· 94
案例一　永州研学旅行产品开发与营销推广研究 ··········· 94
案例二　永州茶旅研学产品开发研究 ················ 101
案例三　永州红色研学旅行发展研究 ················ 112
案例四　永州江永女书园研学旅行游客满意度研究 ········· 125
案例五　永州柳文化研学旅行课程设计与实施推广研究 ······· 144
案例六　永州森林植物园研学旅行发展研究 ············· 161
案例七　永州非物质文化遗产研学旅行发展研究 ··········· 172
案例八　永州非物质文化遗产研学旅行产品开发研究 ········· 182

参考文献 ································ 193

后　记 ································· 212

第一章　研学旅行研究概述

研学旅行的思想由来已久。从孔子周游列国游说讲学到亚里士多德的自然教育，从杜甫、李白等诗人游历大好河山写下脍炙人口的传世诗篇到郦道元、徐霞客等地理学家用脚丈量山河写下《水经注》《徐霞客游记》等专业著作，再到马可波罗著下知名的《马可波罗游记》；从杜威先生提出"教育即生活"到他的弟子教育学家陶行知先生提出"知行合一""生活即教育、社会即学校"，古今中外无不在强调教育与旅游的关系，或者说旅行本身就是教育的一种形式，教育的内涵自然赋予旅行之中。

第一节　研学旅行相关概念

研究旅行继承和发扬了游学中"读万卷书，行万里路"的人文精神和教育思想，它也是素质教育和旅游行业的全新内容。实际上，根据参与群体范围的不同，研学旅行有广义和狭义两种不同的界定。广义上的研学旅行是指任何社会成员出于探究性学习的目的，以个人、结伴或组团等方式，暂时性地离开自己的常住地、前往目的地进行的专项旅行探究活动。这是旅游界对研学旅行进行的定义。也就是说，广义的研学旅行的参与主体可以是所有的社会公民。

相比较而言，我国教育界给出的研学旅行概念是狭义的概念。2016年11月，教育部等11部门联合推出的《关于推进中小学生研学旅行的意见》对中小学生研学旅行的概念进行了界定："中小学生研学旅行是由教育部门和学校有计划地组织安排，通过集体旅行、集中食宿方式开展的研究性学习和旅行体验相结合的校外教育活动，是学校教育和校外教育衔接的创新形式，是教育教学的重要内容，是综合实践育人的有效途径。"也就是说，中小学生研学旅行不仅有特定的参与者（中小学生），还有特定的组织者（教育部门和学校）、特定的参与方式（集体）、明确的活动范围（校外），是具有明确指向性的。

通过查找字典上的释义，以及在中国知网上的相关文献，研读后我们得出了与研学旅行相关的不同的字义表述和解释，具体内容见表1-1-1。

表1-1-1 我国研学旅行字义解释表

字词	字义解释
研	细磨；深入地探求
学	学习掌握知识；获得知识的地方
研学	研究性学习
旅行	群行；结伴而行；去远地方游览
旅游	旅行游览；长期寄居他乡

我国学者在对研学旅行进行研究的过程中，"研学旅行"和"研学旅游"两种提法比较多。其实这两种提法之间既有相似之处，又有不同之处。研学旅游与研学旅行最大的区别其实就是目的地的对象不同。研学旅行主要针对在校生，而研学旅游不限制范围，可以是社会人等不同身份的角色去到旅游目的地。不过，研学旅行和研学旅游两者有一个共同特点，那就是：亲身体验研究性学习。学生必须有体验，而不仅是单纯出去游玩，还要达到学习的目的，要实现在"游"中"学"。从对国外研学旅行的研究来看，国外主要将研学旅行作为一种教学要求，让学生直接体验社会，学习自然文化知识，提高跨文化理解能力，因而普遍将之称为教育旅游或修学旅游。

一、研学旅行

研学旅行由"研学"与"旅行"组合而成，可以从两个方面去理解其含义：一是指研学式的"旅行"，重心在旅行旅游，实为研学式的旅游；二是指旅行式的"研学"，重心在研学，实为旅行式的教育。我国推行中小学生研学旅行的初心是推动课程改革，提升学生的综合素质，因此社会上更多的是从另一种角度来理解研学旅行。第一，教育是其本质。研学旅行的根本目的是探究式学习，是希望受到教育，这决定了其本质属性是"教育"，任何不以此为根本目的或者教育属性被弱化、形式化的行为都不是真正意义上的研学旅行。探究式学习强调问题导向、知识导向，注重过程性（有时过程比结果可能会更重要）。第二，旅行是其手段。研学旅行是一种通过外出旅行的方式进行学习的活动。因此研学旅行中有旅行旅游的元素，但不能完全以旅游为主要目的。"春游"或"秋游"活动把"游玩"当成主要目的，因而不属于研学旅行的范畴。研学旅行的这层含义，决定了研学旅行的体验性。第三，中小学生是研学旅行的主体。2016年年底，国家旅游局发布的《研学旅行服务规范》指出"研学旅行是以中小学生为主体对象"，教育部等 11 个部门联合发布的《关于推进中小学生研学旅行的意见》明确将研学旅行纳入学校教育教学计划。研学旅行是校外综合实践教育，也是一种教育旅游活动。作为校外综合实践教育的研学旅行是一门课程，应该符合综合实践教育的课程规范；作为教育旅游活动的研学旅行是一种旅游产业，应该符合旅游产业的运营服务规范。

二、研学旅游

研学旅游作为一种结合学习与旅游的教育活动，为学生提供了一种全新的学习体验。通过与旅游景点或目的地的互动，学生可以深入了解知识领域，培养实践能力和综合素养。研学旅游是一种以研修或体验为特定目的，以青少年学生为主体，有组织、有计划的寓学于游、游学相伴的旅游形式。研学旅游又称修学旅游、游学、教育旅游等。2020 年谌春玲在其发表的论文《研学旅游市场的挑战与发展问题研究》中提到"研学旅游"侧重于旅游性，较多用于旅游业等经济产业角度的研究，"研学旅行"更强调研学的教育性，较多用于政府文件以及中小学教育的研究。由于研学旅行涉及旅游和教育两大领域，旅游部门往往使用"研学旅游"一词指代广义上的研学旅行，为了与之区分，教育部门往往使用"研学旅行"一词表示狭义上的研学旅行。

三、教育旅游

教育旅游（Educational Trip/School Trip/Study Tour），主要是指本土教育与异地教育之间通过学校交流互访、校际结盟、论坛峰会等方式，以推广教育成果、联合办学，展示学生多元化学习，拓宽学生视野为基本目的的一种学习途径及方法。教育旅游是面向教育界的旅游服务，有特定的对象、时间和活动内容，包括教师的国内外教育交流、参观访问、会议服务和休养度假，学生的修学旅游，特别是长假期间各种形式的夏（冬）令营、训练营、大学学府游、家长携子游等形式。教育旅游通过各种休闲活动为学生提供与成长背景不同但年龄相仿的朋友交流互动、彼此学习的机会，以期在多元、异质的文化中促进学生各自的自我认识与成长，拓展他们的国际视野，增强他们的文化关怀意识，使他们获得整体素质的提升。

四、修学旅游

"修学旅游"一词源于日本，日本自明治维新开始鼓励修学旅行，在教学大纲中规定，小学生每年要在本市做一次为期数天的社会学习，初中生每年要在全国做一次为期数天的社会学习，高中生每年则要在世界范围做一次为期数天的社会学习，谓之"修学旅游"。修学旅游是以提高国民素质为目的，以修学资源为依托，以特定旅游产品为载体，以个人知识研学为目标，以旅游为表现形式的市场化的专项旅游项目。修学旅游目前有广义和狭义之分，广义上看其研学主体包括任何以求知、学习为目的而旅行的人。狭义上看修学旅游狭义上是以学生群体为活动对象，以获取知识、教育为目的的旅游活动。中南林学院文红认为，修学旅游是以一个专题为目标，以在校学生为主体，以教师等其他人员为补充，以增长技艺、增长见识为目的的一种专项旅游活动。修学旅游突出一个"学"字，要求参加者在旅游的过程中要有所学、学有所获。修学旅游是一种旅行方式，是人生时间、空间的一种延展，其中一个重要目的和效用就是学习知识，增加阅历。修学旅游是旅游项目中的古老品种，历史上，游与学一直紧密结合在一起，"读万卷书，行万里路"就是经典写照。

第二节　研学旅行理论基础

一、课程理论基础

研学旅行作为一种活动课程，必须把课程理论作为其最基础的理论依据。而课程理论中，最具有影响力和代表性的是拉尔夫·泰勒的现代课程理论和小威廉姆·E.多尔的后现代课程理论。这两种课程理论看似对立，实则互补，共同构成研学旅行的课程理论基础。在研学旅行课程开发与实施过程中，泰勒的现代课程理论为我们提供了课程开发与实施的基本框架，具有预设性、规范性、科学性、操作性的突出优点；多尔的后现代课程理论为我们提供了课程开发微型化、模块化、个性化的新思路和重要的理论支撑，具有生成性、选择性、个性化、人本化的突出优点。按照泰勒现代课程理论进行课程框架的设计与规划，按照多尔后现代课程理论进行课程设计的细化、微观化、操作化，实现泰勒现代课程理论与多尔后现代课程理论的有机结合，这是研学旅行课程开发与实施的最佳策略。

（一）拉尔夫·泰勒的现代课程理论

拉尔夫·泰勒是美国著名的教育学家、课程理论专家、评价理论专家、现代课程理论的重要奠基者、科学化课程开发理论的集大成者，被誉为"当代教育评价之父""现代课程理论之父"。1949年，他出版了自己的经典著作《课程与教学的基本原理》，这本著作出版以后对课程理论的发展产生了重要而深远的影响，基本上界定了课程内涵的基本要素，被誉为"现代课程理论的圣经"。1981年，泰勒的《课程与教学的基本原理》与杜威的《民主主义与教育》一起被美国的《卡潘》杂志评为自1906年以来在学校课程领域影响最大的两部著作[①]。在《课程与教学的基本原理》一书中，泰勒给出了分析、诠释和制订学校课程和教学计划的基本原理，其内容主要是围绕以下四个基本问题展开讨论：一是学校应该试图达到何种教育目标？二是如何选择有助于达成这些目标的学习经验？三是怎样有效地组织这些教育经验？四是如何评价学习经验的有效性才能确定教育目标得以真正实现？泰勒的现代课程理论作为西方课程理论的主导范式，揭示了课程编制的四个阶段——确定目标、选择经验、组织经验、评价结果，是现代课程理论最有影响的理论构架，对我国课程理论研究和实践工作具有重要的借鉴意义。

（二）小威廉姆·E.多尔的后现代课程理论

20世纪70年代以来，后现代主义作为一种世界性的文化思潮，以猛烈之势批判与撼动着被视为过时的现代主义。后现代主义思潮的突出特点是去权威化、去中心化、去普遍化，突出个性化、差异化、多元化，突出互动性、生成性、批判性、创造性。随着后现代主义思潮影响的不断扩展，以小威廉姆·E.多尔为代表的后现代课程观在批判以拉尔夫·泰勒为旗帜的现代主义课程观的基础上异军突起。小威廉姆·E.多尔是路易斯安那州立大学课程与教学系的教授，是该校课程理论项目主任。多尔批判泰勒课程理论呈现出一种封闭的、线性的、统一的、可预测的、决定论的倾向，他认为，课程目标不应预先确定，而应是生成的，具有生成性、开放性、对话性、选择性的特点，顺应了人本化、个性化时代的特点和需求，课程内容不应是绝对客观和稳定的知识体系，课程实施不应注重灌输和阐释，所有课程参与者都是课程的开发和创造者，课程是帅生共同探索新知的发展过程。小威廉姆·E.多尔的后现代课程理论是对拉尔夫·泰勒的现代课程理论的补充和发展。研学旅行是在开放、复杂的环境中开展的，必然无法做到完全的预设，必须接受和迎接生成性的内容。小威廉姆·E.多尔的后现代课程理论为研学旅行课程提供了人本化、个性化的重要理论依据[②]。

二、教育理论基础

教育理论基础主要由自然主义教育理论、人本主义教育理论、生活教育理论和休闲教育理论四种理论构成，研学旅行本身就是自然主义教育理论、人本主义教育理论、生

---

① 彭其斌.研学旅行课程概论[M].济南：山东教育出版社，2019.
② 孙月飞，朱嘉奇，杨卫晶.解码研学旅行[M].长沙：湖南教育出版社，2019.

活教育理论和休闲教育理论的有机融合与体现①。

（一）自然主义教育理论

自然主义教育在中西方都源远流长，它代表了一种遵守自然秩序、遵从自然本性的教育观。西方自然主义教育的代表人物有亚里士多德、拉伯雷、夸美纽斯、卢梭，自然主义教育最终发展成为颇有影响的教育流派。亚里士多德认为，教育应该遵守一种自然的秩序，应该从儿童身心发展的规律出发，首先要注意儿童的身体，其次留心他们的情感培养，然后才及于他们的灵魂。这种注重儿童身心教育的观点，对于改变我们重知识教育而轻素质教育的倾向，至今仍有启发。文艺复兴时期，人文主义教育家拉伯雷反对经院派的教育方式，主张受教育者应该走到大自然当中，直接学习自然知识。他要求教师指导儿童在大自然中研究天文学知识，在田野里学习植物学，在草地上观察一草一木，"做到没有一处海洋、河流和泉水里的鱼类你不知道。天空中的飞鸟，森林里或果园里的一切灌木和乔木，生长在地面的各种矿产，所有这一切你都应该知道"。这种教育方式就是通过把教育的场所由封闭的学校引向开放的大自然，观察、认识并体验大自然中的一切。这种教育方式是灵活的，也是符合儿童身心特点的。捷克著名教育家夸美纽斯，是西方自然主义教育的系统构建者，他主张教育应该符合一种"自然适应性"原则，认为儿童的成长如同自然界的植物、动物一样，要顺其自然，符合自然的规律。他指出，人所应该学的必须通过实践来学会，也就是不停地去实践并重复，才能真正学到东西。因此，那种灌输型的教育就是违背了知识传授的规律。他主张，旅游与体验的教育方式是一个人从小到大都非常重要的学习方式。因为，通过旅游体验，学生可以了解并探索自然本质以及人类所创造的事物的规律与特点。卢梭是自然主义教育的巨擘，他主要是从人的自然本性出发，强调顺其自然与主体的自由性。正如康德所说，卢梭发现了人的内在本性。卢梭的教育观注重从人的直观性出发，反对死记硬背与强硬灌输，主张减少不必要的人为因素，要求受教育者应走向大自然、走向社会，对自然万物进行直接的接触与观察。他自己晚年过着隐居生活，每天去大自然中观察植物，获取植物学的知识，他堪称自然主义教育的典范。

中国的自然主义教育更是源远流长，道家可以说是自然主义教育的鼻祖。道家认为"为学日益，为道日损"，一个人的成长要遵循一种自然而然的法则，向自然学习，正所谓"山林与，皋壤与，使我欣欣然而乐与"！在大自然中，人的情感是迸发而喜悦的。"天地有大美而不言，四时有明法而不议"，大自然蕴藏着奥秘，它需要人融入其中，

---

① 陆庆祥，汪超顺．研学旅行理论与实践［M］．北京：北京教育出版社，2019．

寻获游鱼之乐。《论语》开篇就是"学而时习之，不亦说乎"，"习"绝非坐而论道，而是不断实践的意思。孔子周游列国时"入太庙，每事问"。老子提出了"绝圣弃智"的观点。曾点的舞雩之乐，也被认为是参悟天地境界的游学方式。后世儒家也多把接触自然、观察自然看作得道的重要途径，正所谓"万物静观皆自得"。中西自然主义教育虽然有所不同，但毫无疑问的是，自然主义应该是教育发展始终坚持的一个原则。这种教育观点所倡导的受教育者走向大自然、顺其自然本性而教育的理念，是现今研学旅行活动所要重新加以思考并遵循的。

（二）人本主义教育理论

人本主义教育理论的提出者是20世纪中后期美国著名的人本主义教育家、心理学家之一罗杰斯，其教育思想至今仍有重要的影响。罗杰斯坚持教育要"以人为中心"，教育的目的应该是"整体的人"发展，应该追求"完整的人格"。他反对传统教学中注重知识的灌输、扼杀学生的好奇心和学习兴趣、把认知和情感分离的教学方式，强调教学应该知情合一。罗杰斯认为，教学应该是促进学生自由学习的过程，教师的角色应该是学生学习的"促进者"。教师的作用应该是帮助学生发现所学习的东西的意义，帮助学生安排好学习活动和材料。学生应该是学习的主人，教师应该是学生学习的助手、催化剂或促进者。在教学方法上，罗杰斯认为教学不是直接传授和灌输某种知识，而是传授获取知识的方法。他主张教学活动应该是给学生提供组织好的材料，引导和启发学生自己去学习。研学旅行课程恰恰是能够体现罗杰斯教育思想的学习载体，学生在旅行过程中通过对课程设计中安排好的资源进行选择性学习，实现全面自主发展。教师在教学过程中只是起到组织与引导作用，学生的学习是在真实体验下进行的，是真正有意义的学习，真正体现了以人为中心、以学生为中心。

（三）生活教育理论

如果说自然主义教育是研学旅行教育的原则的话，生活教育理论则指明了研学旅行的教育内容以及教育手段。倡导生活教育最著名的莫过于美国的杜威和中国的陶行知了。就教育的内容而言，所谓的生活教育就是生活中的一切都可以作为教育的内容，教育是为了生活，怎么样生活就怎么样教育。

1. 杜威生活教育理论

约翰·杜威是美国著名的哲学家与教育家，他是实用主义的集大成者。他的著作涉及了科学、艺术、宗教伦理、政治、教育、社会学、历史学和经济学多个方面，他将实用主义哲学和进步主义教育联系在一起，对美国的教育和文化产生了重大的影响。基于实用主义经验论，杜威对传统的学校教育做了深入的批判，提出了他自己对于教育本质的三个基本观点：教育即生活、学校即社会、从做中学。

2.陶行知生活教育理论

陶行知是我国安徽歙县人，中国现代伟大的人民教育家、思想家，伟大的民主主义战士、爱国者，中国人民救国会和中国民主同盟的主要领导人之一。1914年至1917年期间，陶行知赴美国留学，先后就读于伊利诺伊大学和哥伦比亚大学。在哥伦比亚大学教育学院就读期间，陶行知师从杜威并深受其教育理论的影响。但陶行知并没有照搬杜威的观点，而是在教育实践中对杜威的教育理论进行改造和发展，在继承和发扬中西方文化教育精华的基础上创立了自己的生活教育理论。生活教育理论是陶行知教育思想的理论核心。

（四）休闲教育理论

美国著名休闲学者杰弗瑞·戈比认为，"成功地使用休闲，有三个重要观念：创造性、学习和乐趣"，他积极倡议学生要自由选择去玩，去探索他居住的那片土地，去尝试一门新的爱好。有学者指出，"休闲作为教育的背景"涉及"通过休闲实现的教育"，包括在正规和非正规的学习环境中，如在教室、操场、课后活动、夏令营和社区进行的教育。因此，无论是课内，还是课外，这种休闲教育的理念应该得到普及，而走出校门进行研学旅行的教学活动，无疑是更富有成效的一种教育方式。

三、学习理论基础

（一）建构主义理论

建构主义理论融合了皮亚杰的"自我建构"理论和维果茨基的"社会建构"理论，它认为学习是个体在一定知识背景下与外在信息环境相互作用的过程，是一种"意义的建构"。建构主义理论认为，学习者的知识是在一定情境下，借助于他人的帮助，如人与人之间的协作、交流、利用必要的信息等，通过意义的建构而获得的。理想的学习环境应当包括情境、协作、交流和意义建构四个部分。研学旅行立足真实情境，让学生选择课题进行协作式的主动研究探索，老师则从旁扮演组织者、指导者、帮助者和促进者的角色，最终使学生有效地实现意义建构。要让学生成为研学旅行中的意义的主动建构者，就要求学生在研学过程中从以下几个方面发挥主体作用：用探索法、发现法等方法建构意义；要求学生主动去搜集并分析有关的信息和资料，对所学习的问题要提出各种假设并努力加以验证；要把研学内容尽量和自己的知识经验相联系，并对这种联系加以认真的思考。

(二)多元智能理论

多元智能理论是由美国心理发展学家加德纳在1983年提出的。在加德纳的多元智力框架中，人的智力结构至少由九种智力要素组成：言语——语言智力，指的是人对语言的掌握和灵活运用的能力；逻辑数理智力，指的是对逻辑结构关系的理解、推理、思维表达的能力；视觉空间智力，指的是人对色彩、形状、空间位置等要素的准确感受和表达的能力；音乐——节奏智力，指的是个人感受、辨别、记忆、表达音乐的能力；身体——运动智力，指的是人的身体的协调、平衡能力以及表现为用身体表达思想、情感的能力和动手的能力；人际——交往智力，指的是对他人的表情、说话、手势动作的敏感程度以及对此做出有效反应的能力；个人反省智力，指的是个体认识、洞察和内省自身的能力；自然观察者智力，指的是人们辨别生物以及对自然世界的其他特征敏感的能力；存在智力，指的是陈述、思考有关生与死、身体与心理世界的最终命运等的倾向性。研学旅行属于综合实践活动课程，在教学形式上采用多种方式和手段，有利于培养学生的多种智能。

(三)情境认知理论

情境认知理论强调情境在认知发展中的重要作用，学习设计要以学习者为主体，学习内容与活动的安排要与人类社会的具体实践相联通，最好在真实的情境中，通过真实实践的方式来组织教学。情境认知理论认为，学生的创新意识不可能通过书斋式教学或被肢解的实验课、实习课来培养，只能是在真实的情境中逐步熏陶出来，真实情境和实践方式更能培养学生发现问题、分析问题和解决问题的能力，激发他们锐意创新的热情，并为其创新实践提供舞台。研学旅行的开展场景就是基于真实情境，需要用情境认知理论指导实践。

四、旅游产业融合理论基础

在全球化背景下，产业融合已经成为世界性潮流，尤其是以关注民生、关注幸福为导向的旅游业与其他产业的融合，它也成为国内外众多学者关注的焦点。旅游产业融合的路径是指在产业融合动力机制作用下，旅游业与其他产业融合发展过程中呈现出的各种不同形式的状态。

(一)新旅游六要素理论

1991年以孙尚清主持出版的《中国旅游经济发展战略研究报告》为标志，提出了"食、住、行、游、购、娱"六要素概念。这一概念此后一直沿用至今，并大量出现在旅游管理专业的教科书中，很多旅游概论类教材都把旅游六要素摆到基础理论的位置。

因此，人们说到旅游六要素就会自然而然地想到"食、住、行、游、购、娱"，正是这旅游六要素精辟地概括了旅游活动全过程，它是直到目前为止对旅游业描述最简洁、最准确且传播最广的概念。这六要素之间相互依存、相互融合，形成了配套的旅游产业结构。但是到2015年，在我国的全国旅游工作会议上，新的旅游六要素"商、养、学、闲、情、奇"首次被提出并很快引起了旅游行业专家和学者的关注。与原有的"食、住、行、游、购、娱"旅游基本要素相比，新的旅游六要素"商、养、学、闲、情、奇"为旅游发展要素或拓展要素。由此可见，随着旅游业的发展，研学旅行与旅游产业的融合会越来越密切，这也是我国旅游业以后蓬勃发展的大趋势。

（二）全域旅游理论

全域旅游是指在一定区域内，以旅游业为优势产业，通过对区域内经济社会资源尤其是旅游资源、相关产业、生态环境、公共服务、体制机制、政策法规、文明素质等进行全方位、系统化的优化提升，实现区域资源有机整合、产业融合发展、社会共建共享，以旅游业带动和促进经济社会协调发展的一种新的区域协调发展理念和模式。全域旅游是把一个行政区当作一个旅游景区，是旅游产业的全景化、全覆盖，是资源优化、空间有序、产品丰富、产业发达的科学的系统旅游。全域旅游要求全社会、全民参与旅游业，通过消除城乡二元结构，实现城乡一体化，全面推动产业建设和经济提升。全域旅游所追求的，不再是停留在旅游人次的增长上，而是旅游质量的提升，追求的是旅游对人们生活品质提升的意义，追求的是旅游在人们新财富革命中的价值。研学旅行就是整合多种社会资源融入学校教育体系，追求旅游质量的提升，是我国素质教育改革所需，是人们生活品质提升的体现，也与全域旅游发展理念相吻合。

第三节　研学旅行构成要素

要说近几年来最为火热的综合实践活动形式，那一定是研学旅行。它不仅继承了中国传统儒家教育的游学模式，更因"旅行"二字迅速成为社会的焦点。但是仅关注"旅行"二字很容易忽视掉"研学"的初衷，在研学旅行火热的这段时间里，国家相继颁布了研学旅行的相关规定，笔者对这些文件进行了研读，最后总结出了以下研学旅行的八大基本构成要素：研学教师、研学学生、研学课程、研学基地、研学线路、研学机构、安全管理、教育行政管理部门和学校。

一、研学教师

学生与教师永远是教育的核心，不管教学形式如何，教师始终是影响教学结果的直接因素。2016年12月19日，国家旅游局发布《研学旅行服务规范》（LB/T 054—2016），规定应至少为每个研学旅行团队配置一名研学导师，研学导师负责制订研学旅行教育工作计划。研学旅行教师要在一个开放的环境中引导学生获取最直接的感受与知识，而不是和传统教学一样获取间接知识，这对带队教师的个人能力要求很高。教师不仅需要创新的教育思维、强大的掌控能力，还要有深厚的教学素养，教学收放合理、不疾不徐。教师要在旅行过程中结合活动内容、参观地区设置教学内容，通过一个个小的学习内容设计来逐渐烘托出大的学习主题，同时还要负责学生团队的日常管理工作。

二、研学学生

据华经产业研究院整理的统计数据，2019年我国国内与海外游学人数近600万人。学生在研学过程当中通过研究和探究事务、参与各种社交活动，不断唤醒学习求知欲，并通过主动参与，强化在研学过程中的生活体验，通过亲身实践和身体力行来解读教科书、认知世界。因而在国内中小学学生是研学旅行的主体，我国的大中小幼儿园学生占人口总数的20%左右，据《中华人民共和国2018年国民经济和社会发展统计公报》显示，截至2021年底，普通高中招生905.0万人，在校生2605.0万人，毕业生780.2万人；初中招生1705.4万人，在校生5018.4万人，毕业生1587.1万人；普通小学招生1782.6万人，在校生10800万人，毕业生1718.0万人；特殊教育招生14.9万人；在校生92.0万人，毕业生14.6万人；学前教育在园幼儿4805.2万人。如果研学旅行全面展开，那将面对数量巨大的游客群体。他们需要通过旅行体验活动获得知识和审美愉悦，提高人文素养，培养社会能力，他们是研学旅行产品存在的前提，因而提供旅游产品的旅游产业必须满足其要求。

三、研学课程

《研学旅行服务规范》（LB/T 054—2016）将研学旅行按照资源类型分为知识科普型、自然观赏型、体验考察型、励志拓展型、文化康乐型。这样的分类对研学课程的开发有指导意义，不同类型的课程也对应着不同的资源需求。研学旅行的课程往往与研学导师联系紧密，它包括的内容很多也很细。研学旅行的课程设计需要围绕研学旅行的核心主题，要设计研学线路和行程，以及其中每一个流程的学习目标与计划。

四、研学基地

在研学旅行中，基地的学习行程是十分有意义的，它不仅能让学生体验基地式的集体生活，还能让看起来松散的旅行行程更加充实。目前来说基地的场馆设施与教学设施都越来越成熟，好的基地能够提供给学生独特的学习体验与最真实的学习环境，这些是景点和公共设施无法提供的。基地的行程能更加凸显"研学"的重要性，基地与旅游景点搭配，能让学习与旅行游玩达成一种平衡。不同地区的研学基地，其课程特色通常与当地的环境吻合，选择一条研学旅行线路，主题可能是人文历史、科技魅力、自然环境，在旅行中除了欣赏沿途风景，去基地体验符合主题的教学课程更能达到研学的目的。

研学旅游基地需要提供让学生能认知、体验乡情、市情、省情、国情的旅游载体和平台。《国务院关于促进旅游业改革发展的若干意见》（国发〔2014〕31号）中指出："支持各地依托自然和文化遗产资源、大型公共设施、知名院校、工矿企业、科研机构，建设一批研学旅行基地，逐步完善接待体系。"我国有的省市已经组建了研学旅行基地联盟，有的地区已经建立了专门的研学旅行基地，如上海东方绿洲"修学旅游中心"、临沂市青少年示范性综合实践基地、南京市学生阳光体育营地等。有的旅游院校也在尝试将学校的教育资源转化为研学旅行的旅游资源，如浙江旅游职业学院就充分利用校园内的烹饪实训室、品酒实训室，开发西点DIY制作、美酒鉴赏等研学活动，并利用浙江旅游博物馆、遂园地方文化展示馆、智慧旅游体验中心等展示演示场馆开发旅游博览产品。苏州旅游与财经高等职业技术学校也在以AAA级景区的标准，积极建设和打造研学旅行基地，目前已经编写了《游学苏州，体验文化》丛书一套十册，内容涉及园林、建筑、宗教、民俗、工艺、茶艺、盆景等，可作为研学旅行的学习材料，学生可以在基地体验和研习茶艺、书法、插花、烹饪等文化。有的常规旅游景点也可以安排研学旅游活动，比如苏州的世界文化遗产留园就设计了认识和体验古典园林的研学活动项目，让学生寻找和描绘园林的花窗，根据冠云峰"瘦、皱、漏、透"的特点，探究太湖石的成因，欣赏留园三宝之一的神奇鱼化石，想象当年地质变化的情景等。研学旅行基地要利用自身的特色资源，根据不同学段和地区的学生素质教育的需要，创设研学活动情境，让学生动起来。

五、研学线路

研学线路包括计划的活动地点、交通、住宿等。要从合理、安全的角度对研学线路的设计进行规定，距离合适，旅程连贯、紧凑，保证学生的安全、学习体验良好。从教学设计上看，研学线路要围绕主题，设计沿途较为合适的活动地点，可以是景点、基地、博物馆等。所选地点要在格调上与主题具有一致性，不能偏离主题太远。从一条好的研学旅行线路可以看出设计者的用心与对教学的理解，如何通过旅行的深入来循序渐进地达成教学目的是研学旅行线路设计者要仔细考虑的。

六、研学机构

研学机构主要是提供研学旅行服务的旅行社，旅行社是联系参加研学旅行的学校学生与旅游目的地资源的中介。因为研学旅行服务对象是中小学学生，因而必须强调旅行社的专业性和安全性。根据专业性要求，旅行社要有专门服务于研学旅行的部门和专职的研学旅行导游队伍，要有系列研学旅行产品并且不断完善，具有根据学校的需要定制研学旅行线路的能力。基于安全性要求，旅行社近三年内不能有重大质量投诉记录及安全责任事故；投保责任险保险额不低于60万元/人、旅游人身意外险保险额不低于25万元/人等。同时，旅行社要对旅行车辆、驾驶员、行车线路、住宿、餐饮等严格把关，杜绝安全隐患。

七、安全管理

对于研学旅行来说，保证学生及教师人身安全是基础，一切都应该建立在安全的基础上。因而，安全管理也是《研学旅行服务规范》中一个非常重要的部分。其中要求：主办方、承办方及供应方应针对研学旅行活动，分别制定安全管理制度，构建完善有效的安全防控机制。明确安全管理责任人员及其工作职责，在研学旅行活动过程中安排安全管理人员随团开展安全管理工作。还要准备好包括地震、火灾、食品卫生、治安事件、设施设备突发故障等在内的各项突发事件的应急预案，并定期组织演练。对工作人员与学生，需要提前进行安全教育，提供安全防控教育知识读本，召开行前说明会。在旅行过程中教师要严格监督学生服从领导、遵守规则。只有每一个参与者都意识到自身承担的安全责任，才能将风险降到最低，同时也保证在危险发生时将损失降到最低。

八、教育行政管理部门和学校

教育行政管理部门和学校既是研学旅行的保障方，又是研学旅行的决策者和组织者。教育行政管理部门和学校必须为学生的研学旅行活动保驾护航，提供各类保障措施。一是组织保障。教育行政管理部门要建立工作领导机构，制定有关制度，不断总结推动，为学校开展研学旅行活动提供政策支持。学校要制定具体工作方案，建立研学旅行长效管理体系。二是课程保障。要制定研学旅行课程方案和标准，将研学旅行和课程改革结合，突出课程性，开发自然类、历史类、地理类、科技类、人文类等研学旅行课程体系。将学生参加研学旅行活动结果纳入学分管理体系和综合素质评价。三是安全保障。学校要制定详细的安全应急预案，要对参与活动师生进行安全防范知识和技能培训，要选择有较高资质、较好社会信任度和较强风险管理能力的旅行社作为实施单位，力求做到防患于未然。学校要制定科学严密的研学旅行操作流程。开展研学前要拟订计划，要精心策划，确定主题，与有关旅行社一起科学制定研学旅行实施方案（含安全方案），并上报有关教育主管部门批准。要通过多种方式宣传，告知家长。要根据学生数量和活动需要，成立专门的工作小组，明确分工，细化方案和责任，周密做好有关准备工作。在研学中要严格执行计划，做好应急处理，对各类可能的问题科学研判，未雨绸缪，防患于未然。研学后要加强后续管理，及时做好研学旅行的总结工作，转化为研学成果。要总结交流经验，不断完善学校研学旅行课程设计和方案制定，提升研学旅行活动科学化水平。

第四节 研学旅行基本类型

研学旅行活动把校内课堂活动拓展到校外广阔的大自然和丰富的社会生活之中，使书本学习与对实际事物的研究相融合，使静坐的课堂与行走的课堂相结合，使旅行、学习与研究相衔接，体现了研学旅行活动的直观体验性、综合性、整合性和多元性，形成了其实施的复杂性、灵活性与因地制宜性，也形成其分类标准的多重性。研学旅行可按照不同的分类法而使之从属于不同逻辑联系的序列，每个序列都各自构成一种研学旅行的系统。分类是为了建立科学的研学旅行体系，以加深对研学旅行的理解，提高研学旅行实施的有效性和高效性。

一、以研学旅行形式为分类依据

2023年，中国旅游研究院产业研究所副研究员、《中国研学旅行发展报告2022—2023》主笔学者张杨提出了以研学旅行形式作为研学旅行的分类依据，把研学旅行大致分为路线类研学旅行和基地营地类研学旅行两种不同类别。路线类研学旅行主要带领中小学生在既定路线中游览、探究，而基地营地类研学旅行主要围绕研学基地和研学营地中的课程展开。研学基地，可视为研学的课堂，即为中小学生研学旅行提供研学实践教育活动的场所，可以是景区、文博机构、高校、科研院所甚至是企业和工厂等各类公共文化机构和企事业单位。研学营地，是为中小学生研学旅行提供研学实践教育活动和集中食宿的场所，营地内能吃、能住、能学、能玩。

二、以研学旅行活动开展的范围为分类依据

到什么地方开展研学旅行？范围很广，小到家乡、县、市，大到省、全国和世界。我国学校根据教学实际情况灵活安排研学旅行的时间，一般安排在小学四到六年级，初中一到二年级，高中一到二年级，并根据学段特点和地域特色，逐步建立小学阶段以乡土乡情为主、初中阶段以县情市情为主、高中阶段以省情国情为主的研学旅行活动课程。以乡土乡情为基点，从乡村的公园、牧场、池塘和丛林出发，一切教材、一切知识都是以学生为中心来排列，强调直观教学、实物教学、乡土教学，使儿童从周围生活极其直观的范围中去寻求知识的始点。研学旅行试图使学生随着生活与直观范围的扩大，有机地、统一地学习知识。同时，让全体学生共同讨论日常生活中的问题，把学生主客观分离的世界观演进为主客融合的有机整体观，使学生获得关于世界有机体的综合的、整体的知识，促使学生认识大范围的"生活共同体"——整个世界。

三、以研学旅行产品为分类依据

作为校内教育的校外延展，研学旅行需要根据小学、初中、高中不同学段的教学目标，结合各资源基地的特点，为学生们开辟"行中学，学中行""践行中求真知"的研学天地。《研学旅行服务规范》（LB/T 054—2016）对研学产品的定义是以资源类型分类，主要将其分为自然观赏型、知识科普型、体验考察型、文化康乐型、励志拓展型。

自然观赏型主要包括山川、江、湖、海、草原、沙漠等资源。知识科普型主要包括各种类型的博物馆、科技馆、主题展览、动物园、植物园、历史文化遗产、工业项目、科研场所等资源。体验考察型主要包括农庄、实践基地、夏令营营地或团队拓展基地等资源。文化康乐型主要包括各类主题公园、演艺影视城等资源。励志拓展型主要包括红色教育基地、大学校园、国防教育基地、军营等资源。

四、以研学旅行课程为分类依据

研学旅行课程建设主要围绕"德、智、体、美、劳"全面发展的主线，体现德育为

先、能力为重理念，以认知为基础，强调社会责任感、创新精神和实践能力，注重研学活动的文化性、科技性、自主性和社会性，让学生通过研学旅行，在自然和社会的大课堂中提升终身发展所需的情商和智商，做全面发展的人。当前凸显核心素养的课程改革关注学科融合，打破学生偏科局限。因此，以研学旅行课程分类，主要可以分为自然类、历史类、地理类、科技类、人文类、体验类等课程。

五、以研学旅行活动的内容为分类依据

从研学旅行活动正式实施后的情形来看，我国各地所开展的各种研学活动，其内容主要有历史文化类、自然景观类、红色革命类、工业科技类、职业体验类、体育训练类、乡村体验类、城市景观类、非物质文化类[①]。以下是对这些类型活动的一些介绍。

（一）历史文化类

历史文化类研学活动带领学生走进文化遗迹，穿越历史长河。这类研学活动主要是带领学生参观一些历史悠久、文化底蕴丰富的名胜古迹、历史文化名城等，让他们触摸历史发展的足迹，感知其中蕴含的丰富的文化内涵。通过实地考察、走访、学习，学生可了解和探究历史文化、古迹遗址、民俗风情等，从而增强文化自信和历史使命感。在这类研学活动中，学生获得的不仅仅是旅行的享受，更多的是精神层面的历史感悟和文化震撼。古迹、名城等文化遗产作为人类文明史的载体，是历史的见证。

（二）自然景观类

自然景观类研学是指走入广阔的自然之中，对地质地貌、动植物、气象水文等进行探究，深切体验人与自然和谐发展的一种学习活动。我国自然景观类型多样，包括在不同地质历史时期形成的规模宏大、丰富多彩、令人目不暇接的地质、地貌和水体景观等。自然景观是大自然馈赠给人类的瑰宝，蕴藏着丰富的科学内涵和美学价值，是认识自然、探索自然奥秘的载体，许多科学发现和自然规律探索都来源于人们对自然景观的认识。自然景观类研学活动，引导学生通过观察、记录、分析自然地理现象，了解地理环境、生态系统、动植物种类等知识，有助于培养学生的科学素养和环保意识。

（三）红色革命类

红色革命类研学活动主要是通过参观红色革命旅游胜地，引导学生了解中国近现代革命的历程，增加对国家的认同感，增强他们的"四个自信"，促使他们树立社会主义核心价值观。红色革命类研学基地主要包括革命纪念地、伟人故居、承载革命精神和社会主义核心价值观的纪念馆、为中国革命做出巨大贡献的老区等。这类型基地，对于

---

① 李峰. 我的研学足迹[M]. 济南：山东人民出版社，2018.

青少年亲近英模人物，了解革命进程，塑造积极向上的人生观，探寻民族和祖国复兴之路，有着无可替代的重要价值。在我们广阔的中国大地上，红色革命类研学基地众多。比如济南英雄山革命烈士陵园、枣庄铁道游击队纪念园、江西井冈山革命圣地、河北西柏坡纪念馆、河南红旗渠等。

（四）工业科技类

工业科技类研学活动是指去一些有知名度、科技含量高的企业开展研学活动，参观其生产厂区、标志性建筑、生产操作、产品等，了解企业的历史、文化及管理经验，感知科技的发展脉络。工业科技研学以工业科技为载体，能使学生获得富有创意性和历史感的深度情感体验。比如烟台张裕酿酒公司、济南浪潮集团总部、青岛海尔工业园、山东新华印刷厂等，都是典型的工业科技类研学活动基地。它们散发着耀眼的科技光辉，体现出人类的智慧。

（五）职业体验类

职业体验类研学活动主要通过参观一些机构来促使学生了解社会机构的功能以及这个机构中工作人员的职业性能，促进学生对职业的认识和社会的了解，满足他们对职业的好奇心，促使他们提高职业生涯发展规划的实效性。这类活动在我国开展得较少，随着高中生职业生涯发展规划课程的实施，这类活动将会是今后研学旅行的一个热点。

（六）体育训练类

体育训练类研学活动主要通过军事训练活动和户外野营研学来提高学生的规则意识、耐力、毅力和团结协作的能力。户外野营研学活动是在野外露营、与大自然亲密相融的实践活动，如野外生存探险、团队拓展、环境教育和情境式的训练。它以体验式拓展为主要研学形式，锻炼学生的体魄与耐力，促进人际交流，助力学生形成良好品格，同时激发他们热爱自然、热爱生活的情感，获得生命的感悟和道德的提升。

（七）乡村体验类

乡村以其优美的自然风光和质朴的民俗风情而独具魅力。乡村的乡土文化本色，既是中华文明的根源，也是社会文化的核心组成部分，由农耕文明孕育的农事节气、生态伦理、农业景观、民间艺术、祖传家训、乡风民俗等乡土文化，都彰显着中华民族的思想智慧和精神追求，这是城市所没有的，为沉浸式乡村体验类研学提供了基础。乡村体验类研学活动能引领学生深入农村，感受原生态的乡间生活，从而认识不断变化、充满活力、富有特色的乡村。同时，乡村体验类研学活动是很有意义的身心参与之旅，参与农事、参与交流、参与生活，可获得青少年成长时期不可或缺的经历。

(八)城市景观类

城市是人类文明的结晶。城市景观是自然景观和人工景观的结合，它真实地反映着城市的精神风貌和文化风貌。每座城市都有独特的景观。比如，北京奥林匹克公园、上海东方明珠、广州新电视塔、西安钟楼、济南趵突泉、青岛五四广场等，它们分别以不同的风格展示着城市的形象。

(九)非物质文化类

非物质文化遗产，是指各民族人民世代相承的、与群众生活密切相关的各种传统文化表现形式（如民俗活动、表演艺术、传统知识和技能，以及与之相关的器具、实物、手工制品等）和文化空间。非物质文化遗产的范围包括：在民间长期口耳相传的诗歌、神话、史诗、故事、传说、民谣、谚语；传统的音乐、舞蹈、戏剧、曲艺、杂技、木偶、皮影等民间表演艺术；广大民众世代传承的人生礼仪、岁时活动、节日庆典、民间体育和竞技，以及有关生产、生活的其他习俗；有关自然界和宇宙的民间传统知识和实践；传统的手工艺技能；与上述文化表现形式相关的文化场所等。非物质文化遗产作为一种价值禀赋良好的旅游资源，它与研学旅行的结合，一方面，可以丰富研学旅行的内容层次，拓展新的活动形式；另一方面，从非遗传承角度来说，研学旅行帮助非遗开拓了传习人群体规模，将其文化内涵传输给广大中小学生，培育了未来广阔的非遗潜在消费市场。

第二章　国内外研学旅行研究进展

研学旅行作为一种教育形式,在西方国家是一种教育传统,但在中国当代教育中发展起步较晚。从 2013 年起,我国开始在个别省市地区进行研学旅行探索式试点,到 2016 年 11 月,教育部、国家发展改革委、公安部、财政部、交通运输部、文化部、食品药品监管总局、国家旅游局、保监会、共青团中央、中国铁路总公司 11 个部门联合印发《关于推进中小学生研学旅行的意见》,提出要将研学旅行纳入中小学教学计划中。至此,研学旅行才真正成为我国中小学素质教育的一项推手。

随着我国教育模式由应试教育向素质教育转变,国内研学旅行作为一种传统而现代的素质教育手段被广泛关注,逐渐兴起和推广。2008 年国家推行"国民休闲旅游计划",广东省等试点地区率先把研学旅行列为中小学必修课,将研学旅行纳入中小学教学大纲,作为素质教育的重要组成部分。2009 年,广东省提出各级各类学校可在寒暑假和黄金周等法定节假日期间组织教师和学生开展修学旅游活动,将修学旅游纳入学生综合实践课程。2012 年,教育部启动中小学研学旅行工作研究项目,在安徽、江苏、上海、西安、山东等省市地区选择部分学校开展研学旅行试点工作,取得了丰富的经验和成果。此后,项目组逐步扩大试点范围,稳步推进研学旅行的实验工作,历经几年,试点工作取得了一定的成效。我国各地建立了研学旅行活动基地,组织研学培训研讨,如西安、合肥、武汉等地均举办了全国及本地区的研学旅行论坛和研讨会。加强了部门联动,一些省市的旅游、文物、物价等部门积极支持研学旅行工作,许多家长也成为研学旅行的志愿者。有的地区将研学旅行纳入综合素质评价,有的中小学校制定了包括研学旅行在内的实施量表。各地运用社会力量,通过购买优质服务、同旅行社合作建设研学旅行基地等方式,积极为研学旅行的发展创造条件。如今,我国的研学旅行产业包含了校外教育、教育旅游、亲子体验、社会实践、营地教育、户外拓展、科学考察等领域,市场活跃度提升明显,国家政策支持力度大,发展良好。研学旅行最初是以学习为目的的,强调研学的重要性,一般适用于在校学生。而随着人们旅游动机和体验要素的增多,在山水自然间体验研学、修身养性成了众多游客的精神追求,正如近些年兴起的

"老子学院",便是山水庭院与国学的完美结合。总的来说,我国研学旅行正呈现从无序到有序、从片面到全面、从国家到社会公众的整体发展趋势。

第一节 国外研学旅行研究进展

西方主要国家在人类文明的轴心时代就有类似古代中国的游学传统,古希腊、古罗马是欧洲文明的发祥地,古代西方哲人、科学家、社会学家的游学最早在此兴起。毕达哥拉斯、阿基米德、亚里士多德等圣贤都是在游历各地的交流、考察和讲学中形成学术思想、完成著述的。如果从研学旅行的视角来考察,这种游学更有着深厚的历史传统。这种传统在16、17世纪的欧洲演变为"大游学"(Grand Tour)(亦译为欧陆游学)的研学旅行,最典型的当数英国。

英国的"大游学"又影响到欧美其他国家,各国根据自身的历史文化传统、地理特征和国情发展情况,在倡导和实践时也培育和发展了各具特色的研学旅行。19世纪,日本开始开展"修学旅行",并逐渐将其纳入学校教育体系,国家不仅负担了大部分旅行费用,还促成了"修学旅行研究协会"等专门机构的成立,帮助学生全面成长。总体而言,研学旅行在美国、欧洲各国以及日本、韩国等发达国家发展已久,是青少年教育成长的重要途径,他们称其为"教育旅游"。从国外研学旅行的研究来看,主要是将研学旅行作为教学要求,让学生直接体验社会,学习文化知识,提高跨文化理解能力,研究者普遍认为教育旅游是一项以团队形式外出学习实践的旅游项目,持这种观点的代表性学者有 Smith and Jenner(1997)、Brent W. Ritchie(2003)、Nele Menzel and Anna Weldig(2011)、Samah A A(2013)、Gunay Aliyeva(2015)、Antiado、Castillo and Tawadrous(2017)、Donald and Roberson(2018),以及 Ping Li、Huimin Liang(2020)等[①]。

研学旅行在国外研究中有不同的提法,有"Study Tourism"或"Tourism Study",还有"Educational Tourism""Museum Tourism""College Tourism",比较统一的表述为"Educational Tourism"(教育旅游),且对"Educational Tourism"(教育旅游)的研究成果比"Museum Tourism"和"College Tourism"要多。1996年Holdnak Andy在《教育旅游:假期的学习》中指出,教育旅游项目大致分为一般学习课程的旅游项目、技能学习的旅游项目两大类。国外关于"Educational Tourism"的研究大多集中于具体地

---

① 祝胜华,何永生. 研学旅行课程体系探索与实践[M]. 武汉:华中科技大学出版社,2019.

区的教育旅游研究，如 1978 年，Feez 就开始对悉尼和堪培拉的教育旅游进行了研究；2015 年，Gunay Aliyeva 对北塞浦路斯的教育旅游进行了研究；2017 年，McGladdery 和 Lubbe 对南非高中生的国际教育旅游进行了研究；2017 年，Matahir Hylmee 和 Tang Chor Foon 对马来西亚的教育旅游发展情况以及对马来西亚经济增长产生的影响情况进行了研究；2017 年，Antiado、Castillo 和 Tawadrous 对迪拜的教育旅游进行了研究；2018 年，Hayato Nagai 和 Sho Kashiwagi 对日本学生在教育旅游中的发展新趋势和新挑战进行了研究；2020 年，Ping Li 和 Huimin Liang 对中国研学旅行的学习有效性影响因素进行了相关研究。此外，国外关于"教育旅游"的研究中还有关于儿童教育旅游、青少年教育旅游、成年人教育旅游、老年人教育旅游、户外教育旅游、教育旅游的理论和实践、教育旅游的效果、教育旅游的动机、教育旅游的影响以及教育旅游的态度等方面的研究。如 2010 年，Mohamad Ismail 对儿童教育旅游的多样性进行了研究；2010 年，Tracy 对教育旅游的理论、实践和政策进行了研究；2011 年，Sue Waite 对户外教育进行了研究；2011 年，Pitman Tim、Broomhall Susan 和 Majocha Elzbieta 对教育旅游的效果进行了研究；2014 年，Branislav Kršák、Alica Tobisová 和 Michaela Sehnálková 对教育旅游的影响进行了研究；2016 年，Sie Lintje、Patterson Ian 和 Pegg Shane 对老年人教育旅游进行了研究；2016 年，Petrović Pero 和 Dželetović Milenko 对教育旅游的态度以及教育旅游者的忠诚度进行了研究；2017 年，Tim Pitman、Sue Broomhall、Joanne McEwan 和 Elzbieta Majocha 对澳大利亚成年人教育旅游进行了研究；2018 年，Donald 和 Roberson 对研学旅行如何影响人对世界、家庭和自己的看法进行了相关研究。笔者通过研读所查阅到的国外文献，发现"教育旅游"（Educational Tourism）的概念与广义的研学旅行相近，都是强调旅游活动的学习目的，参与主体更加多样化。

研学旅行作为一种国际化的实践育人方式，其开展的方式和内容各不相同，实践形式丰富多样，由于历史和文化的不同，各国家和地区对研学旅行的称谓也不尽相同，如英国的大游学、日本的修学旅行、澳大利亚的户外教育、美国的营地教育、加拿大的考察旅行、法国的研学训练营等。

一、英国大游学

英国人的研学旅行在罗马帝国时期的不列颠时代就已开始。近代以前，朝圣者、骑士和学者是英国研学旅行三股最主要的力量。朝圣者的旅行是英国人在基督教教义的感召下踏上所谓的"天路历程"，骑士则主要是借此前往欧洲其他国家进行比武交流以提升个人军事技能，而学者则通过前往巴黎大学和意大利博洛尼亚大学分别修习文科诸艺、神学与医学，以便回国后能够更好谋职。事实上，这样一种在英国逐渐形成的生活方式和文化交流行为，几乎每个时期都能找到实例。从外文文献中不难发现，早在1570年，刻画旅行者的各类画像和塑像便已开始流行于英格兰，之后的莎士比亚戏剧中也出现过不少的旅行者形象。1611年出版的《考亚特寄语》一书中包含的雕版画，表明欧陆游学已经成为当时年轻贵族绅士的必要经历和必修课程。1670年发表的《意大利游览》一书中首次使用了"Grand Tour"一词，该书反映了英国工商业者希望通过游历考察其他国家市场以扩展视野、发展商业经济的愿望。①

二、日本修学旅行

在日本，修学旅行是旨在通过集体外出住宿和亲身体验活动，让孩子们真正以"小学生"的身份去接触社会，了解社会，学习和掌握社会生活常识和必须遵守的社会习俗，规范行为习惯，起到良好的修身养性的作用。日本的修学旅行在小学、初中、高中各学段分别组织一次，原则上安排在各学段最后学年，一般都安排在学期中间进行。目前，每年实施修学旅行的学校都达到90%以上。小学的修学旅行主要以体验乡土文化、自然环境为主，中学以上的修学旅行大多以体验日本传统文化、和平教育、职场体验为主，也有自然体验、体育运动、生活文化体验（农村生活体验）等类型。修学旅行在日本已有100多年的历史。1886年东京师范学校100多位学生参加了"长途远足"，这被认为是日本修学旅行的开端。1946年，修学旅行被写入日本的《学习指导要领》，并正式纳入日本教育体系，成为学校最具特色的活动之一。同年，日本成立了全国修学旅行协会，该协会专门关注修学旅行的教育性、安全性以及经济等问题。此后，日本多次修订的《学习指导要领》都强调修学旅行是学校教育中必不可少的一部分，要把修学旅行作为落实教育目标（尊重生命、珍爱自然、保护环境）的重要载体，培养学生尊重传统和文化、热爱祖国和乡土、促进国际和平与发展的态度。发展至今，日本修学旅行内容丰富，基本涵盖了政治、经济、文化等多个领域，且针对不同地区、不同年龄段的学生，目的地和内容都各不相同。

三、澳大利亚户外教育

与日本相似的是，澳大利亚也有悠久的户外教育的传统。在原住民时代，几乎所有的教育都是在学校空间以外发生的，直到欧洲人的到来改变了这种教育情形。时至今日，澳大利亚户外教育的形式和内容都较为丰富。2012年8月，澳大利亚课程、评估

---

① 阎照祥.17—19世纪初英国贵族欧陆游学探要[J].世界历史，2012（06）：74-85.

与报告署正式公布了《澳大利亚课程的形态：健康与体育教育》，并在其中明确指出健康和体育必须包括户外教育的课程内容和实施标准。作为健康与体育课程的重要方面，户外教育不同于其他的学校课程，它是一门关注自我、他人和环境的课程。其课程特点体现在：一是主题设计上，要体现学校所教授学科的交叉组成部分，如关于国家、环境保护和可持续发展等。二是课程实施上，引导学生的自力更生、团队协作能力和领导力的发展，培养学生的冒险精神、风险管理能力和策划安全旅程的能力。引导学生通过直接经验去了解自然，并更加深入地认识人与自然的关系。三是学习成果上，是各学科学习整合的结果，包括健康和体育、地理、历史、科学、数学、英语和艺术等各学科结果的整合。此外，澳大利亚也有专门的户外教育组织——澳大利亚户外教育。澳大利亚户外教育成立于 2006 年，其使命之一便是通过倡导全国各州中小学和高等教育的户外教育，来促进州和地方户外教育的实践，并进一步提供政策建议。澳大利亚每两年 4 月会举办一次全国户外教育大会。在这个会议上，专家们会围绕安全、医疗等基础保障以及原住民教育、文化传承的各个方面做相关的梳理和报告，并注重在户外教育过程中的个人探索、团队协作以及活动结束后的个人收获与反思。

四、美国营地教育

营地教育起源于美国，有 150 多年的历史，在第二次世界大战之后获得了大发展。当时，人们发现，战后生存下来的不是最健壮的人，而是生存技能强的人，这些人大多受过营地教育。简单来说，营地教育是一种体验式教育。美国的第一个住宿营要追溯到 1861 年。当时的营地装备少得可怜，没有空调的室内网球场，没有手工缝制的足球，没有环氧树脂网球拍，没有气垫胶底运动鞋。一切都简陋至极甚至连厕所都没有，但孩子们都得到了快速的成长。如今美国全国上下对于营地教育的重视是显而易见的。正如美国营地协会副主席 Scott Brody 先生所说："美国的营地教育发展成熟，成为家庭教育和学校教育的补充，也为孩子们的发展提供了更多的可能性。"相对于学校教育和家庭教育而言，营地教育这一社会教育模式，在提升学生创新能力及社会责任感、科学技术普及、文艺体育培养、劳动技能锻炼、习惯养成等方面发挥着重要作用。

五、加拿大考察旅行

加拿大考察旅行涵盖的内容较广，根据开展场所的不同可以从学校本位的考察旅行、地方本位的考察旅行两方面来论述。其一，学校本位的研学旅行教育。加拿大近年来有许多社会力量在推广以自然环境为着眼点来组织学校，这类方案以学校为本位，学生大部分的时间在户外活动。无论是室内还是室外的课程内容，通常都紧扣自然的主题。这类公立学校的教师具有省立教学证书或资格，并且被要求遵守政府制定的教育纲领、标准和法令。课程方案经常结合儿童中心课程、生成课程、专题式或探索式学习等教学法和基本原理，引领教师和学生在与自然的活动中不断成长，被视为接触大自然的替代方案。其二，地方本位的研学旅行教育。地方本位的考察旅行以当地小区和学生生活经验为核心，以帮助教育者和受教育者认识周围环境、认识他人、认识自己为课程目标，由个人、教师和学校整体配合完成。通过学生独立或协同他人完成合作，培养他们对环境、社区和他人的责任感。强调实作与真实世界的体验，这种教学取向不仅能加强知识的学习，也能帮助学生建立与周边环境更强的联系。

六、法国研学训练营

法国对于开展研学旅行的训练营在法律上有诸多严格规定。根据法国最高行政法院有关规范训练营接待中心的法令，含住宿服务的接待中心，如果想接待没有父母陪伴的未成年人连续住宿3晚以上，必须设有至少7个属于未成年人的假期居住卧室，每个未成年人必须拥有独立的卧具。另外，接待中心还需配备病员隔离室。该法令同时要求，不少于一半的工作人员必须持有社会教育资格证书。每个活动组织者最多可看管8名6岁以下儿童，或12名6岁及以上的少年儿童。

第二节 国内研学旅行研究进展

在古代中国，文人一向有游学之风，既要读万卷书，又要行万里路，游与学一直紧密结合。春秋时期孔子周游列国可被视为中国最早的研学旅行，他带领学生周游列国，先后到过卫国、曹国、宋国、郑国、陈国、蔡国、楚国，考察各地风土人情，宣传礼乐文化，堪称世界研学旅行的先师和典范。晋代高僧法显，唐代高僧玄奘，去印度取佛经也流芳千古。唐宋八大家中的苏轼、王安石、曾巩等人，都十分善于在旅游中取理趣，创造出一篇篇流芳百世的绝妙诗句。李白和杜甫也是游历了祖国名山大川才写出多篇名垂千古的佳作，杜甫曾作《壮游》："东下姑苏台，已具浮海航，到今有遗恨，不得穷扶桑。王谢风流远，阖庐丘墓荒。剑池石壁仄，长洲荷芰香……"沈括自幼随父到处游历，成年后也是四处游学，这才有了惊世名作《梦溪笔谈》。明代著名旅行家徐霞客游历无数山川古迹、风土人情，著成"千古奇书"——《徐霞客游记》，具有极高的科学价值和文学价值。清代由于西方思想的入侵，国外游学开始盛行，这也成为近代研学旅游走出国门、走向世界的开端。

在现代中国，我国的研学旅行起步较晚，尚处于初步发展阶段。陶行知先生倡导研学旅行，并积极推动"新安小学长途研学旅行团"作全国性旅行，一路研学，一路宣传抗日，慰劳抗日军人，成为当时闻名国内外的"新旅"。改革开放后，我国与世界各国的文化交往日益增加，作为一种有特色、有意义的专项旅游项目，研学旅行在入境、出境和国内三个方面都有了较大的发展。20世纪80年代开始，研学旅行作为一项独立的专项活动受到广大社会群体的关注，随后逐渐被大家所熟知。1985年，北京市开始正式接待日本修学旅行团，入境研学旅游开始形成。1989年，山东省推出"孔子家乡修学旅游"。2000年，江苏省推出"教育旅行"计划，在全省高校、中学广泛开展跨国界的出境研学旅游活动。上海2003年成立了"修学旅行中心"，还编写出版了《修学旅行手册》，同时提出联合江浙皖等地区打造华东研学旅行黄金线路。2006年，首届"孔子修学旅行节"在儒家文化的发源地山东曲阜举办，这是中国第一个修学旅行节庆活动。其后，曲阜、苏州、潮州、韶关等地相继提出打造"修学旅游品牌"。

与国外研学旅行研究相比，我国的研学旅行理论研究虽相对起步较晚，但发展势头却非常迅猛。2022年7月1日，笔者在中国知网（CNKI）数据库以"研学旅行"为主题进行检索，共检索到期刊、报纸、会议等相关文献6000多篇，其中主题囊括了研学旅行、中小学、中小学生、教育部、研学旅游、核心素养、旅行社、地理实践力、中学生、地理核心素养、地理教学、地理学科、地理教师、课程开发、小学生、修学旅行、综合实践活动课程、中学地理、博物馆、实践育人、立德树人、学科核心素养、红色旅游、目的地、研究性学习、研学课程、知行合一、教育行政组织、课程化、课程设计、地理知识、高中地理、旅游业、沂蒙精神、旅游企业、旅行社、红色研学旅行共37个方面。通过对搜索到的文献进行整理、分析并研读，发现从1996年学者吕可风发表了第一篇关于"研学旅游"的相关论文开始，我国开始了长达20多年的对"研学旅游"的研究。但在2013年之前，只有少数几篇关于研学旅行或研学旅游研究的文献，2013年以后，国内关于研学旅行或研学旅游研究的文献数量明显呈上升趋势，这主要是因为2013年2月2日，国务院办公厅向全国印发了《国民旅游休闲纲要（2013—2020年）》，纲要中提出了"逐步推行中小学生研学旅行"的设想。2013年之后国家发布了一系列与研学旅行发展相关的文件，在国家政策的积极倡导下，研学旅行在我国得到了广泛开展，我国许多地区都尝试着把研学旅行作为推进素质教育的一个重要内容来开展。

笔者对检索到的2013—2021年的关于研学旅行的相关文章按年份进行分类统计，

得出结果，2013年有8篇，2014年有33篇，2015年有60篇，2016年有86篇，2017年有345篇，2018年有411篇，2019年有632篇，2020年有745篇，2021年有867篇，具体如图2-2-1所示。从图2-2-1中可以看出2016年到2017年的论文数量增长幅度最大，造成这一现象的关键原因是2016年《关于推进中小学生研学旅行的意见》这一文件的发布，文件提出，要将研学旅行纳入中小学教育教学计划，因此，研学旅行在我国得以空前发展，无论是理论还是实践都发展得如火如荼。

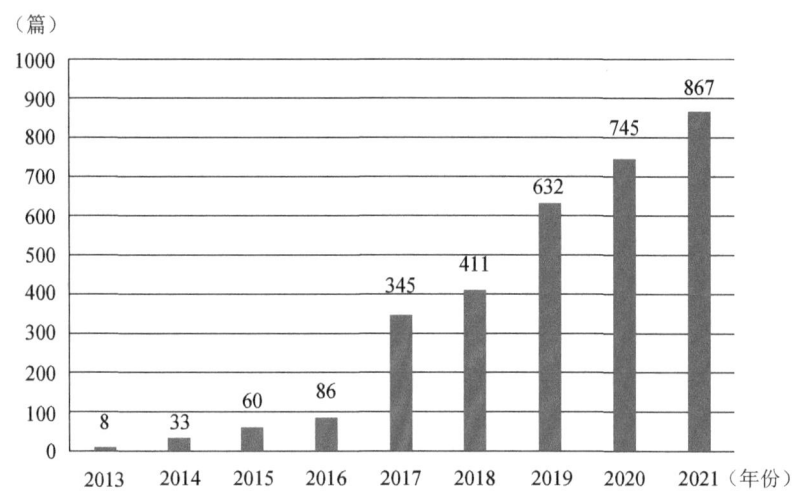

图2-2-1 研学旅行知网文献数量年数据统计表

随着我国基础教育改革发展，以及培养学生核心素养理念的提出，研学旅行成为人才培养模式创新的重要举措，研学旅行有效推动了素质教育发展和人才培养模式的创新。无论是国务院发布《关于促进旅游业改革发展的若干意见》提出积极开展研学旅行，还是教育部等11部门颁布《关于推进中小学生研学旅行的意见》将研学旅行正式纳入中小学教学计划，都体现了研学旅行发展的重要意义。通过对截至2022年7月1日中国知网（CNKI）数据库里以往有关"研学旅行"相关文献的回顾，笔者发现，关于研学旅行，国内学者在研学概念内涵与理论研究、研学课程设计研究、研学经营模式研究、研学旅行目的地和基地建设研究、研学主体特征研究、研学旅行产品研究、研学发展对策研究、研学具体实证研究等方面进行了相关的研究，推动了研学旅行的理论构建和实践发展。

一、研学概念内涵与理论研究

在国内，"研学旅行"是指以学习为主要目的的专项旅游活动，是"教育＋旅游"

的跨界产物。在此之前，学界和业界通常将其称为"修学旅游"或"研学旅游"。从概念演进的角度，对研学旅行的研究，一般会追溯到古代的游学，无论是希腊三贤，还是孔子周游列国的记载，都说明游学有着悠久的历史。世界上许多国家将游学作为在实践中获取知识的学习途径，并逐步纳入正统教育体系，其中，欧美的欧陆游学（Grand Tour）和日本的"修学旅行"是研学旅行的重要理论和实践来源。在我国，"研学旅行"这个词首次出现在《国民旅游休闲纲要（2013—2020年）》中，纲要提出了"逐步推行中小学生研学旅行"的设想，在此之前我国许多地区都尝试过把"研学旅行"作为推进素质教育的一个重要内容来开展，但没有确切定义，在此之后，政策文件与文献研究基本都采用"研学旅行"这一主题词。

在广义上，研学旅行与教育旅游的内涵较为一致，是以求知为目的的旅行活动。2014年朱立新认为，广义的研学旅行是旅游者出于文化求知的需要，暂时离开常住地，到异地开展的文化性质的旅游活动。目前，中国知网（CNKI）数据库里的研学旅行相关文献研究更多是基于狭义视角的探讨，认为研学旅行是以旅行为载体，以研究性学习为主要形式，强调其教育性原则。《关于推进中小学生研学旅行的意见》指出，中小学生研学旅行是由教育部门和学校有计划地组织安排，通过集体旅行、集中食宿方式开展的研究性学习和旅行体验相结合的校外教育活动。广义与狭义概念的差异主要体现在：一是主体定位不同。狭义概念界定的主体是中小学生，而广义概念的研学旅行主体是满足求知需求的旅游者，不仅限于学生。二是侧重点不同。研学旅行的两大要素是研学和旅行，广义概念侧重在旅行，在旅行过程中获取知识；而狭义概念侧重在研学，属教学活动，是根据教学目标开展的旅行体验。三是实施方式不同。虽然都是以旅行为载体，但狭义概念的旅行是由教育机构统一组织安排的集体旅行活动，广义的旅行具有更多的自主性和选择性。

研学旅行相关理论研究主要集中于研学旅行活动的特点、功能、构成要素等方面。由于研学旅行的教育和旅游双重属性，国内学者纷纷围绕"游"与"学"的关系探讨研学旅行及其特性。2009年陈非从动态、跨行业和跨时空的视角指出，研学旅游是教育和旅游的功能统一、文化和经济的产业统一、区域和国际的空间统一、现实和发展的时间统一。2017年朱立新提出狭义的研学旅行具有目的性（探究学习）、主体性（学校组织、学生参与）和时间上的短暂性，而在空间上不特别注重异地性。关于如何通过旅游形式实现教育功能，2017年白长虹、王红玉构建了以优势行动价值作为核心教育机制，以经验学习和情境学习为途径的研学理论分析框架。2019年钟生慧在其硕士论文中对研学旅行设计、理论依据与实践策略进行了相关研究。2020年欧阳菊、陈洪平从全域旅游视角研究了研学旅行的"知行相生，研学相长"相关理论。2020年陈东军与谢红彬对我国研学旅游发展与研究的进展情况进行了研究。

二、研学课程设计研究

研学课程设计是研学旅行的重要内容，研学旅行不同于分科的实践教学，要有系统的课程设计。2019年《地理教学》杂志四期连载探讨了研学旅行的课程标准，作为研学旅行指导性规范，促进了研学旅行的规范化、课程化和优质化。在课程性质与定位上，研学旅行是研究性学习与旅行体验相结合的教育活动，作为综合实践活动课程，研学旅行应具有自主性、开放性、探究性和实践性特征。在课程内容与实施上，根据学校教育教学特色、学科特点、不同年级学生的接受能力进行课程设计。2017年朱洪秋根据研学旅行的理论基础和实践经验，提出了"三阶段四环节"的课程开发与实施模型。2018年刘璐和曾素林通过对国外中小学研学旅行相关文献资料的研究，认为应将研学课程实施分为自然教育、生活体验、文化考察和交换学习模式，在课程的评价体系上，应结合研学旅行课程特点，兼顾过程性与结果性指标。2018年刘璐与曾素林对国外中小学研学旅行课程实施的模式与特点又进行了研究。2019年郭锋涛等将研学旅行课程内容划分为地理类、自然类、历史类、科技类、人文类、体验类六个方面，并针对不同类型的研学旅行课程提出内容标准与活动建议。2019年周银锋从研学目标制定、实施过程控制、评价机制确立三方面提出培育地理实践力的有效途径，并构建了研学旅行学生行为表现评价体系。还有一些学者针对具体地区讨论研学课程设计，2018年段向宇与陈传明针对山地的垂直地域分异规律进行地理研学旅行方案设计，认为课程设计要以具体学科知识为依托，但也强调多学科的融合；2019年吴振华、袁书琪与牛志宁以永定河峡谷为例设计了相关地理研学旅行课程方案；2019年许方林、陈昀暄、魏大明等学者以嘉陵江小三峡为例设计了相关地理研学旅行课程方案；2019年张蕾与陈晓针对长泾老街弄堂进行研学旅行的"地理+"跨学科融合课程内容设计。另外，还有一些学者针对特色主题研学课程进行了分析探究：2020年黄柳婷以共生理论的视角对红色研学旅游产品开发路径进行了相关研究；2021年张颖以滨江东路小学为例使用移动信息技术对该小学的研学旅行课程建设进行了相关研究；2021年万会群基于"研学+历史文化主题"对培养学生家国情怀的研学旅行进行了相关研究。

三、研学经营模式研究

自从研学旅行被纳入我国中小学的日常教育范畴以后，我国各地都在积极试点开展研学旅行，并且取得了一定的经验与成果，但同时也存在很多问题与挑战，主要体现在研学安全、研学经费、研学课程设计、研学师资配备、研学旅行基地建设等方面。学校主导推动研学旅行存在一定困难，学者们认为研学旅行开展应采取"校企"或"政校企"合作模式，也要积极推动区域合作和资源共享。2014年陶友华基于校企合作模式对地域文化修学旅游进行了研究。2018年李臣之和纪海吉提出要有机整合各方教育资源，建构U-S-I研学旅行专业指导共同体。研学旅行是社会性的服务产品，无论是2017年钟林凤和谭诤提出的研学旅行体系与价值构建，还是2018年钟志平和刘天晴提出的研学旅行利益相关者运行模式与研学旅行示范基地政策评价体系，都说明研学旅行的有效开展必须多方协同合作，构建社会支持系统。作为创新性的教育服务，研学旅行要依托学校的课程设计与专业指导，但在具体运作模式上要整合社会资源，发挥市场运作优势。2021年范路赟、郭利荣、张子扬与贾鑫对高校型研学旅行基地的建设路径进行了深入研究。

四、研学旅行目的地和基地建设研究

在中国首批研学旅游目的地中，北京市海淀区打造科教旅游线路，形成了较为成熟的研学旅游产品框架。安徽黄山凭借丰富的自然与人文资源，开发地质景观与徽文化研学。绍兴市着力打造"跟着课本游绍兴"研学旅行产品。曲阜市依托儒家文化资源进行研学旅行产品的开发。2016年伍静对苏州古典园林研学旅游基地建设进行了探析与研究。2017年，教育部公布了第一批"全国中小学生研学实践教育基地或营地"的名单，各地纷纷出台相关研学旅行示范基地管理文件，加强研学旅行基地规范化建设。不少学者通过对14省（市）研学旅行示范基地的政策性条款进行研究，认为研学旅行基地建设应考虑硬件设施、软件设施、服务价值、满意度、情感价值、支付意愿和安全问题等因素。2017年孙茜基于顾客满意度基础对红色研学旅游基地的可持续发展进行了研究。2018年梅雨晴则以首批研学旅游目的地为研究对象，构建了研学旅游目的地发展潜力评价体系。2018年李倩、黄小亚与董媛以重庆红岩基地为例对其红色研学旅行基地建设进行了研究。2019年马静、张河清与王蕾蕾不仅研究了研学旅游的价值与意义，而且对研学基地建设的实践进行了研究。2021年金富增、施扬、许龄文与戈素云对和顺古镇的研学旅行课程设计与实施的综合素质培养进行了比较详细和深入的研究。

五、研学主体特征研究

在研学旅行的主体构成上，不仅包含产品生产者（研学旅行活动基地）和消费者

（参加研学旅行的中小学生），还包含活动发起者（中小学校）、中介服务提供者（旅行社）和监管者（教育行政管理部门）。国内学者关于研学旅行的研究主体主要是中小学生，对研学旅行主体的关注主要体现在两个方面：一方面，关注研学旅行对学生核心素养的培育，另一方面则是侧重于对研学主体的研学旅行动机、满意度以及制约因素的调研。2016年董建英和任丽霞指出，中学生研学旅游需求动机是求知、身心、自我实现需要的推力和研学旅游吸引物拉力共同作用的结果。2016年李东和等学者通过对学生和家长样本的调研，指出安全因素和效果因素是影响研学旅行意愿的主要因素，并调研了学生对研学旅行的认知、满意度与行为意向之间的关系。2017年刘珂和张原诚研究发现研学旅行的满意度能有效提高学习成效。2018年闫润辉在《中小学研学旅行教育体系优化研究》一文中建议建设中小学研学旅行教育体系信息管理平台，以实现对研学旅行全过程、全方位的信息化有效管理。2018年郭杨在《小学研学旅行实施的现状研究》一文中针对小学生研学旅行的实施现状、影响因素以及后续如何推进进行了研究。2020年陈逸凡从教育存在论的视角对研学旅行的教育价值分析进行了相关研究。

六、研学旅行产品研究

研学旅行产品的设计除了以地域特色为主，也可以主题类型为线索。《研学旅行服务规范》将研学旅行产品分为知识科普型、自然观赏型、体验考察型、励志拓展型、文化康乐型。不同研究文献主要针对不同的地区，如南京、西安、桂林，或不同类型的旅游资源，如茶文化、地学资源、高句丽世界文化遗产等，探讨研学旅行产品的开发。2012年杨崇君提出研学旅游产品的"五双"特性及其对应要素，即旅游目的的双重性——旅游目的对应教学目标；旅游活动的双功能——旅游行程对应课程内容；活动场所的双栖息——旅游景区对应教学课堂；旅游策划的双向性——旅游指南对应专用教材；导游员的双身份——全陪导游对应授课教师。可见，研学旅行活动的开展必须对应好"游"与"学"的核心要素，而其核心价值在于教育功能的实现。2015年杜丽卿对浙江金华的研学旅行产品进行了开发设计。2015年赵壁对湖北省地质类研学旅行资源进行了开发研究。2017年邱悦在硕士论文《江苏非物质文化遗产研学旅行产品开发研究》中提到从政府、学校、传承人、研学基地、旅游企业这几个方面来保证研学旅行产品的质量。2017年陈胤丹在其论文《西安市红色研学旅游产品开发研究》中结合西安红色研学旅游发展的优势和问题对西安研学旅行产品进行了设计开发。2017年赵艺辰等学者对安徽合肥非遗园的研学旅游产品进行了体验式提质研究。2017年王丽莉根据小学、中学、大学三个细分市场的不同需求对江苏甪直水乡进行了研学旅行产品开发与设计等。2017年焦小慧对桂林研学旅行产品进行了研究。2018年濮元生与濮蓉基于RMP视角对南京市生态+研学旅游产品开发进行了研究。2019年吴瑶与马婧文对南京的研学旅游产品开发进行了研究。2019年范妮娜以沙家浜风景区为例对青少年红色研学旅游产品开发进行了研究。2019年张齐立以圭山国家森林公园为例对其森林生态旅游产品策划进行了研究。他们都是对不同主题的研学旅行基地建设进行研究，但对基地应该提供哪些研学项目缺少研究，且对基地的建设建议集中在单个基地建设上，缺乏对多个研学基地线路组合的研究，更没有站在全域旅游的视角对全域研学区进行研究。2020年刘凤升在其硕士论文中对县域研学旅行产品开发进行了非常详细和深入的研究。

七、研学发展对策研究

研学旅行在我国快速发展的同时也显露出了许多问题，国内学者纷纷开始从研学资源开发、研学产品创新、研学市场推广、研学管理规范、研学国际合作等方面对研学旅行的发展提出有益的对策与建议。研学相关对策研究主要以旅游目的地为依托并从如下四个空间层面展开。

一是有关国家旅游目的地层面研学旅行的研究，如：2017年于书娟、王媛与毋慧君对我国研学旅行发展的问题及问题产生的成因以及发展对策进行了研究；2018年李臣之与纪海吉对我国研学旅行的实施困境与出路选择进行了研究；2019年张加欣对我国研学旅行的发展现状及策略进行了相关研究；2021年刘春艳和王丽丽对我国研学旅行实施过程中存在的问题及解决策略进行了相关研究。

二是有关省域旅游目的地层面研学旅行的研究，如：2009年张潇与郑耀星对山东省的研学旅行发展进行了研究；2011年沈晓春对广东省的研学旅行发展进行了研究；2016年崔琰对陕西省的研学旅行发展进行了研究；2018年对福建省的文化研学旅行线路设计进行了研究；2019年刘丽对海南省普通高中研学旅行课程化进行了深入研究；2019年成宏峰对山西省的大学生红色研学旅行实现途径进行了相关研究；2020年张颖对四川省的特色研学旅行活动的现状及问题进行了相关研究。

三是有关城市旅游目的地层面研学旅行的研究，如：2004年唐顺英和王传武等对曲阜市的研学旅行发展进行了研究；2012年汪季清和李庆庆对黄山市的研学旅行发展进行了研究，这些城市旅游资源丰富、旅游业发展基础好，以此优势为基础较早发展了研学旅行，研学旅行又促进这些城市旅游的发展；2017年郎咸国对曲阜市的研学旅游发展进行了研究；2017年陈晓燕对湖南省株洲地区的研学旅游发展现状与对策进行了研究；2019年彭小珊、毕燕与兰瑛对南宁市的研学旅行产品开发策略进行了研究；2019年吴瑶与马婧文对南京市的研学旅游产品开发进行了相关研究。

四是有关旅游景区层面研学旅行产品的具体开发研究，如：2016年王艳平对海南呀诺达雨林文化旅游区如何开展研学旅游活动提出了建议；2016年伍静对苏州古典园林如何建设研学旅游基地进行了探析与研究；2019年范妮娜对沙家浜风景区的青少年红色研学旅游产品开发进行了相关研究；2021年向春燕和周春燕以重庆红岩景区为例对其红色旅游资源的研学旅行产品开发进行了相关研究。

八、研学具体实证研究

国内学者对研学旅行的实证研究成果十分丰富，研究视角集中于研学主体的动机、感知、体验及其相互关系；研究对象包括来华访问学者、大学生和中小学生；研究方法以定量为主，首先通过问卷调查、实地访谈获取第一手资料，进而运用因子分析、结构方程模型等方法进行模型构建和数据分析。2009年许丽丽对出境修学旅游感知价值进行研究。2000年黎洁与赵西萍对美国游客对西安的感知情况进行了实证研究。2012年梁俭基于主成分分析法对来渝留学生修学旅游的影响因素进行了实证研究。2013年周灿、钟栎娜以北京大学2011年访问学者为例对国内中长期修学旅游者动机展开了研究。2014年林杜鹃对中小学研学旅游市场特征进行了研究。2015年朴真实以来华韩国短期访问学生为例对高校修学旅游服务质量以及教育成效与满意度、忠诚度之间的关系进行了探讨。2016年吴晓霞等学者对大学生研学旅游感知进行了研究。2016年吴晓霞、陶惠敏、庄美玲等学者基于IPA分析法对我国大学生研学旅游感知进行了实证研究。2017年刘珂与张原诚对研学旅行满意度与学习成效之间的关系进行了相关研究。2020年徐旭、陈实与周玉琴运用POGIL理论对山东省沂河滨河湿地的地理研学旅行设计进行了相关研究。2022年汪小倩与路幸福运用计划行为理论对大学生研学旅行的行为意向进行了相关研究。

第三章 研学旅行发展现状分析

研学旅行是教育活动和旅游体验相结合产生的一种"寓教于游"的游学形式。十余年来,随着全球范围内国民经济的快速增长以及教育产业化的大力发展,越来越多的中小学校将研学旅行加入到学生课程培养方案体系当中,以全面推动素质教育为目的,更好地培养学生自主学习、团队合作与创新实践能力等核心素养。因此,本研究采用研学旅行的狭义概念,即研学旅行是由学校根据区域特色、学生年龄特点和各学科教学内容需要,组织学生通过集体旅行、集中食宿的方式走出校园,在与平常不同的生活中拓宽视野、丰富知识,加深对自然和文化的亲近感,增加对集体生活方式和社会公共道德的体验,以提升学生的生活自理能力、创新精神和实践能力为目的的旅行。

第一节 我国研学旅行发展现状分析

一、中小学学生人数不断增长,研学需求主体庞大

我国中小学学生数量规模呈现持续增长的趋势,这成为我国研学旅行需求规模不断持续增长的基础。截至 2021 年,全国普通初中在校学生人数 5018.44 万人,全国普通高中在校学生人数达 2605.03 万人,全国普通小学在校学生人数达 10 800 万人。历年具体统计数据见表 3-1-1 所示。

表 3-1-1 2010—2021 年全国中小学在校生人数统计情况

时间(年)	全国普通初中在校学生数(万人)	全国普通高中在校学生数(万人)	全国普通小学在校学生数(万人)
2010	5275.91	2427.34	9940.72
2011	5064.21	2454.82	9926.37
2012	4763.06	2467.17	9695.90

续表

时间（年）	全国普通初中在校学生数（万人）	全国普通高中在校学生数（万人）	全国普通小学在校学生数（万人）
2013	4440.12	2435.88	9360.55
2014	4384.63	2400.47	9451.07
2015	4311.95	2374.44	9692.18
2016	4329.40	2366.60	9913.00
2017	4442.06	2374.55	10 093.70
2018	5736.19	2522.40	10 564.00
2019	4827.14	2414.31	1056.12
2020	4914.09	4127.80	10 725.35
2021	5018.44	2605.03	10 800.00

资料来源：前瞻产业研究院统计数据，教育部统计数据

二、研学旅行行业产业链初步形成，产品类型不断丰富

目前，我国研学旅行行业的产业链已经初步形成，上游为基础资源供给方，主要是规划设计、交通、住宿、景区、场地等资源，中游主要是提供研学、营地教育服务的专业机构，下游是需求方，主要是学校和学生家长。我国研学旅行在产品层面不断丰富，且产品的开发与设计将成为未来我国研学旅行发展的重点。我国研学旅行产品开发类型主要有工业科技研学游、农业研学游、文化研学游、拓展研学游等。2017 年，根据教育部相关文件一共推荐了 204 个"全国中小学生研学实践基地"，14 个"全国中小学生研学实践教育基地"，主要涵盖的也是工业科技研学游、农业研学游、文化研学游、拓展研学游等类型的研学旅行目的地类型。工业科技研学游主要是研学与科技融合，研学旅游目的地主要是通过 VR、AR、3D/4D 等高科技手段来进行展示或引导进行科技体验，通过展示与体验实现科技教育的目的。一般科技研学旅游目的地主要包括展馆类、科研类和科技园区类。其中展馆类主要以知识普及类博物馆、科技馆为主，拥有占地面积较小、投资金额适中、内容灵活、复制性强等特点；科研类主要依托高科技企业、科研单位的实验室、生产工厂为载体，复制性差；科技园区类载体则主要是动物园与植物园，科技含量相对较低，占地面积较大。农业研学游主要是研学与农业融合，目前以农业为主题的研学旅游基地主要分为两大类型，一种是以现代化农业示范基地、农业研究院、农业示范园等为代表的农业研究型载体，另一种是以农庄、田园综合体等为代表的田园体验型载体。文化研学游主要是文化与研学融合，我国历史悠久，文化资源丰富，各类

文化类研学旅游目的地众多,每年参加文化类研学旅游活动的青少年学生数量处于领先地位,其中以传统文化、红色文化、民族文化类占据绝大多数。拓展研学游主要是研学与拓展融合,各类营地少年拓展教育提供户外体验式学习,通过室外拓展训练等活动,达到磨炼意志、增强自信、完善人格、团队协作等教育目的。青少年拓展基地以专业化的户外拓展营地为主,营地多建立在远离市中心的自然环境中,营地内除餐厅、宿舍等基本生活设施外,还配备拓展场、竞技场等训练设备以及医务室等辅助保障设施。

三、研学旅行在我国经历了三个发展阶段

研学旅行继承和发扬了游学中"读万卷书,行万里路"的人文精神和教育思想,它也是素质教育和旅游行业的全新内容。研学旅行在我国的发展主要经历了三个阶段。第一阶段是萌芽阶段(1950—1999年)。1950年,中国政府派第一批少先队员代表前往苏联参加黑海夏令营,这是中国学生第一次接触夏令营。1991至1993年,中日两国联合在内蒙古草原上开展了三届中日草原探险夏令营。第二阶段是起步阶段(2000—2015年)。2000年起,我国社会上开始出现由旅行社、教育培训机构和个人组织的夏令营项目,消费者群体亦不断扩大,年龄段下移至中小学生。2009年,中国夏令营已发展成学习类夏令营、素质拓展类夏令营、游学类夏令营三大类。第三阶段是快速发展阶段(2016年至今)。2016年12月,教育部等11个部门颁布了《关于推进中小学生研学旅行的意见》,明确了研学旅行的定义及重要意义,并将其纳入中小学教育教学计划。

四、研学旅行市场逐渐由政府主导转向由企业主导

企查查数据显示[①],2018年国内研学旅行人数达到了400万人次,市场规模达到了503亿元,人均消费3117元/次,研学旅行机构数量达12 000家,逐渐由政府主导转向由企业主导。2019年我国研学机构数量、研学旅行人数、研学人均消费价格及研学行业市场规模相比2018年都有很大提升。由于2019年底新冠疫情暴发,2020年受疫情影响,全国研学旅行发展举步维艰,各项数据都急剧下降。2021年随着疫情的好转,数据有一定回升,研学旅行在我国的发展逐步开始回暖。

---

① 企查查是官方备案的企业征信机构,主要提供全国企业信息查询,包括企业工商信息查询、信用信息查询、经营状况查询等相关信息。

五、关于研学旅行的国家政策发布日渐密集

自 2013 年以来，国内关于研学旅行的政策发布日渐密集。多个政策出台为研学旅行行业发展带来了利好，而研学旅行行业也正迎接不断扩充的市场。2013 年 2 月至 2022 年 5 月，我国国务院以及教育部等部门印发的关于研学旅行的文件达 11 个。其中，2016 年 11 月，教育部等 11 个部门联合发布《关于推进中小学生研学旅行的意见》，指出研学旅行要纳入中小学教育教学计划。2017 年 10 月，教育部印发《中小学德育工作指南》，要求组织研学旅行，把研学旅行纳入学校教育教学计划。2021 年 3 月，教育部提出为了规范研学服务，制订《中小学生研学旅行服务合同（示范文本）》和《全国中小学生研学实践教育工作指南》，要在中小学扎实推进劳动教育。

六、各省市纷纷出台研学旅行相关政策文件

2013 年 2 月，国务院办公厅印发的《国民旅游休闲纲要（2013—2020 年）》通知中首次提出了"研学旅行"这个词。2016 年 11 月，教育部等 11 个部门向全国印发的《关于推进中小学生研学旅行的意见》提出：要将研学旅行纳入中小学教育教学计划。各中小学要结合当地实际，把研学旅行纳入学校教育教学计划，与综合实践活动课程统筹考虑，促进研学旅行和学校课程有机融合。经过 7 年的发展，研学旅行已从小范围试点发展到今天的各省市积极开展，并已纳入中小学课程体系。我国各省市为规范研学旅行发展，出台了一系列研学旅行相关政策文件，部分内容见表 3-1-2 所示。

表 3-1-2 部分省市研学旅行政策文件汇总表

地区	机构	时间	研学政策文件
北京市	教育委员会	2018 年 1 月	《关于初中综合社会实践、开放性科学实践活动计入中考成绩有关事项的通知》
上海市	教育委员会	2017 年 5 月	转发教育部等 11 部门《关于推进中小学生研学旅行的意见》
重庆市	黔江区教育委员会	2017 年 12 月	《黔江区中小学社会实践教育暨研学旅行实验区建设实施方案》《黔江区中小学社会实践教育暨研学旅行管理办法（试行）》
重庆市	大渡口区教育委员会	2018 年 3 月	《关于进一步深化中小学生研学旅行试点工作的实施意见》
重庆市	渝中区教育委员会	2018 年 8 月	《渝中区教育工作委员会关于进一步加强和推荐中小学研学旅行工作的实施意见》
天津市	教育委员会	2017 年 11 月	《关于认真做好研学旅行工作的通知》

续表

地区	机构	时间	研学政策文件
山东省	省教育厅	2018年7月	《关于公布第一批全省中小学生研学实践教育基地名单的通知》
	烟台市教育局	2017年8月	《烟台市教育局等13部门关于印发烟台市推进中小学生研学旅行工作实施方案的通知》
	青岛市教育局	2018年1月	《青岛市中小学研学旅行工作管理办法（试行）》
浙江省	省教育厅	2018年5月	《推进中小学生研学旅行的实施意见》
	湖州市教育局	2018年9月	《关于推进中小学生研学旅行的实施意见》
	宁波市教育局	2018年11月	《鄞州区推进中小学生研学旅行的实施意见》
安徽省	省教育厅	2018年4月	《关于推进中小学生研学旅行的实施意见》
河南省	省教育厅	2017年9月	《关于组织实施2017年度中央专项彩票公益金支持校外活动保障和能力提升项目工作的通知》
	省教育厅	2019年3月	《关于推进中小学生研学旅行的实施方案》
	三门峡市教育局	2019年3月	《三门峡市中小学研学旅行服务机构准入标准》
	省教育厅	2022年5月	《河南省中小学中华优秀传统文化传承发展工程实施方案》
湖北省	省教育厅	2018年1月	《湖北省中小学生研学旅行服务单位基本条件》
	武汉市教育局	2017年8月	《武汉市推进全国中小学研学旅行实验区工作实施方案》
湖南省	省教育厅	2017年12月	《关于推进中小学生研学旅行工作的实施意见》
	省教育厅	2018年11月	《关于认定湖南省中小学生研学实践教育基地的通知》
	长沙市教育局	2018年1月	《关于推进长沙市中小学生研学旅行工作的实施意见》
	湘潭市教育局	2018年7月	《关于深入推进湘潭市中小学生研学旅行工作的实施意见》
	怀化市教育局	2019年4月	《关于推进中小学生研学旅行工作的实施意见》
陕西省	省教育厅	2018年6月	《举办全省中小学研学旅行推进会》
	西安市教育局	2016年11月	《关于推进中小学研学旅行工作的实施意见》
广东省	省教育厅	2018年8月	《关于推进中小学生研学旅行的实施意见》
福建省	省教育厅	2018年7月	《关于公布福建省中小学生研学实践教育基地营地名单的通知》
	省教育厅	2022年1月	《进一步激发中小学办学活力的若干措施》
江西省	省教育厅	2018年7月	《关于推进全省中小学生研学旅行的实施意见》
	赣州市教育局	2017年11月	《关于推进全市中小学生研学旅行的实施意见》
	南昌市教育局	2018年3月	《关于推进全市中小学生研学旅行工作的实施意见》
	省教育厅	2022年5月	《江西省"十四五"教育事业发展规划》
海南省	省教育厅	2017年12月	《关于推进中小学生研学旅行的实施意见》
四川省	省教育厅	2017年11月	《关于推进中小学生研学旅行的实施意见》
	省文化和旅游厅	2022年5月	《四川省"十四五"文化和旅游科技创新规划》

续表

地区	机构	时间	研学政策文件
甘肃省	省教育厅	2017年6月	《关于开展中小学研学旅行工作的实施意见》
	省政府办公厅	2022年6月	《甘肃省"十四五"旅游业发展实施方案》
吉林省	省教育厅	2017年11月	《关于推进中小学生研学旅行的实施意见》
	长春市教育局	2018年12月	《长春市教育局等10部门关于开展中小学生研学旅行工作的实施意见》
黑龙江省	省教育厅	2017年11月	《关于推进中小学生研学旅行的实施意见》
	省教育厅	2018年1月	《关于开展2018年度中小学生研学实践教育基地与营地推荐工作的通知》
新疆维吾尔自治区	新疆维吾尔自治区教育厅	2018年4月	《新疆维吾尔自治区教育厅等11部门关于开展中小学生研学旅行的实施意见》

资料来源：前瞻产业研究院

七、研学旅行行业集中度极低，格局比较分散

中国研学旅行与营地教育行业巨大的市场挖掘空间和资源整合度低的特点，决定了整个市场仍然远未进入一个充分竞争的行业格局，我国研学旅行行业或许会在未来十年之内长期处于市场参与主体共同摸索前行的一片蓝海之中，这也导致整个行业的行业集中度极低，格局比较分散，头部优势机构（仅针对泛游学与营地教育业务部分）的市场占有率水平仅在1%至2%。2020年前瞻产业研究院的统计数据显示，研学整个市场参与主体达到几千家，但其中营业收入规模在千万级以下的中小型机构占了绝大多数。

八、教育理念转变带来发展动力，研学旅行未来市场空间巨大

我国新一代的"80""90"后家长对孩子的教育理念与前代人有着不同的主张，他们更加注重互动教育方式，提倡素质教育，对新的教育产品研学旅行的接受度普遍较高。根据笔者所做的调查问卷，约四分之三的学生家长了解研学旅游，80%以上的家长表现出让孩子参加研学旅游的意愿。并且就研学旅行的消费价格来看，人均花费接受度在3000至10 000元之间的占比高达88%。新一代父母教育观念的革新和消费能力的提升，为我国研学旅行市场带来了强劲发展动力。此外，根据中国旅游研究院《中国研学旅行发展报告》中的数据，过去几年我国研学旅行市场增长迅速，国内研学旅行出行人次与市场规模均出现快速增长，出行人次年复合增长率超过34%，市场规模年复合增长率接近60%。而目前我国研学旅行的学校渗透率仅5%左右，与发达国家如日本98%的学校渗透率相比差距还很大，因此，我国研学旅行的发展潜力与发展空间都非常大。

第二节 湖南省研学旅行发展现状分析

一、省内研学需求主体庞大

湖南省含省会长沙市共有14个地州市,研学活动开展得较好的城市有长沙、株洲、湘潭、常德、衡阳、郴州等。湖南省是我国的教育大省,根据湖南统计年鉴2019年数据,2018年全省共有普通中学3957所,在校学生358.01万人,共有普通小学7335所,在校学生521.98万人。湖南省中小学学生数量规模呈现出持续增长的趋势,为湖南省研学旅行需求规模的不断持续增长提供了基础。根据湖南统计年鉴2021年数据,2020年湖南省普通本专科在校学生人数151.03万人,湖南省普通中学在校学生人数达379.30万人,湖南省普通小学在校学生人数达534.25万人。2010—2020年湖南省在校学生人数见表3-2-1所示。

表3-2-1　2010—2020年湖南省普通本专科及普通中小学在校生人数统计情况

时间（年）	普通本专科在校学生数（万人）	普通中学在校学生数（万人）	普通小学在校学生数（万人）
2010	104.43	316.82	479.16
2011	106.79	317.72	490.32
2012	108.05	313.77	473.79
2013	110.08	318.39	467.81
2014	113.50	326.34	473.84
2015	117.98	329.85	488.86
2016	122.47	335.96	501.81
2017	127.32	344.26	511.66
2018	132.68	358.01	521.98
2019	140.71	370.39	528.77
2020	151.03	379.30	534.25

资料来源：历年湖南省统计年鉴

二、省内研学旅行政策环境良好

2014年7月,教育部发布了《中小学生赴境外研学旅行活动指南（试行）》,文件中对教学主题、内容安排、合作机构选择等内容提出了指导意见，为整个行业活动划定了基本标准和规则。紧接着2014年8月国务院向全国发布了《国务院关于促进旅游业改革发展的若干意见》，意见中首次明确了研学旅行要纳入中小学生日常教育范畴。为了响应国家政策积极鼓励研学旅行的发展，2014年湖南省教育部负责人就《中小学学生赴境外研学旅行活动指南（试行）》文件举行了答记者问，在答记者问过程中明确提出了如何规范湖南省研学旅行活动、维护湖南省师生的合法权益。此外，为了贯彻落实2016年教育部等11部门发布的《关于推进中小学生研学旅行的意见》，湖南省相继出台了一系列研学旅行相关政策来推动省内研学旅行的发展。2017年，湖南省教育科学研究工作者协会研学旅游研究分会在长沙正式成立，标志着湖南省在加强研学旅游研究、促进全省研学旅游工作健康有序发展领域又迈上了新的台阶。2017年4月10日，湖南省启动了以学生群体为主要服务对象的研学旅游目的地建设。湖南省旅游发展委员会公布了《湖南省旅游发展委员会、湖南省教育厅关于做好2017年湖南研学旅游目的地和研学旅游示范基地创建工作的通知（征求意见版）》，并召开研讨会，就研学旅游培育对象、创建标准、创建方式、测评方式等广泛听取社会意见，推动湖南研学旅游目的地建设。湖南省发布的具体研学旅行政策及相关重要事件见表3-2-2所示。

表 3-2-2 湖南省研学旅行政策文件及相关重要事件汇总表

时间	机构	研学政策文件
2014年7月	湖南省教育厅	《中小学学生赴境外研学旅行活动指南（试行）》文件答记者问
2017年3月	湖南省文化和旅游厅	《湖南首份研学旅行导游图在柏乐园研学基地发行》
2017年4月	湖南省教育科学研究工作者协会	湖南省教育科学研究工作者协会研学旅游研究分会在长沙正式成立，标志着湖南省在加强研学旅游研究、促进全省研学旅游工作健康有序发展领域迈上新的台阶
2017年4月	湖南省旅游发展委员会、湖南省教育厅	《湖南省旅游发展委员会、湖南省教育厅关于做好2017年湖南研学旅游目的地和研学旅游示范基地创建工作的通知（征求意见版）》
2017年12月	湖南省教育厅	《关于推进中小学生研学旅行工作的实施意见》
2017年12月	湖南省长沙市教育局、长沙市旅游局、长沙市发展改革委联合发布	《关于确认长沙市中小学生研学旅行基地的通知》
2018年1月	长沙市教育局	《关于推进长沙市中小学生研学旅行工作的实施意见》
2018年1月	湖南省教育厅、发展改革委、公安厅、财政厅、交通运输厅等11单位联合发布	《关于推进中小学生研学旅行工作的实施意见》
2018年1月	湖南省教育厅	《关于推进中小学生研学旅行工作的实施意见》政策解读

续表

时间	机构	研学政策文件
2018年7月	湘潭市教育局	《关于深入推进湘潭市中小学生研学旅行工作的实施意见》
2018年7月	湖南省教育厅基础教育处	《多措并举 激活湖南中小学生红色研学旅行》
2018年10月	湖南省教育厅	《关于公布第一批湖南省中小学生研学实践教育基地名单的通知》
2018年11月	湖南省教育厅	《关于认定湖南省中小学生研学实践教育基地的通知》
2019年4月	怀化市教育局	《关于推进中小学生研学旅行工作的实施意见》
2019年7月	湖南省民办教育协会	成立研学旅行教育专委会
2020年10月	湖南省质量监督管理局	《研学旅游基地评价规范》
2020年11月	长沙市岳麓区政府	《长沙市中小学研学实践管理办法（试行）》
2021年3月	郴州市教育局	《关于推进中小学生研学实践工作的实施意见》
2021年8月	湖南省质量监督管理局	《研学实践教育研学导师等级评价规范》
2022年5月	湖南省发展改革委	《关于对〈湖南省中小学服务性收费和代收费管理办法〉（修订征求意见稿）公开征求意见的公告》
2022年9月	湖南省政府	《关于加快建设世界旅游目的地的意见》

三、省内研学旅行资源丰富

湖南省拥有多样的地质结构和鲜明的文化特色，作为华夏文明的重要发祥地之一，潇湘洙泗的长沙、奇山秀丽的张家界、山水一色的凤凰古城等，都蕴含着丰富的历史、文化、人文知识，为湖南省研学旅行提供了充足的自然条件。湖南省也是毛泽东、刘少奇、彭德怀等一大批革命先辈的故里，拥有着浓厚的红色文化背景，通过开展独特的湖南红色研学旅行，能让学生进一步了解革命历史，增长革命斗争知识，学习革命斗争精神，培育新的时代精神。

具体来说，湖南省研学旅行资源有以下三个方面的优势。

（1）省内资源集群状况和地域组合较好，分区分带明显。湖南各地州市旅游资源丰富多彩，地域差异导致各地资源独具个性。全省在空间上形成"两大旅游核心城市、三大旅游板块、四条黄金旅游带"，集中分片的资源组合状况，为开发研学旅行产品、开展研学旅行活动提供了良好的基础条件。

（2）省内资源具备较强稀有性、典型性，地方特色鲜明。湖南各大类型资源依托地域环境而生，特色鲜明。从旧石器遗址到湖湘文化，从五岳衡山到武陵源、崀山，从蚩尤文化到湘西山区民俗风情等，根植于此成长于斯。很多资源在国际国内均享有较高声誉，研学价值高。

（3）资源品质精美优良，潜在发掘能力强。湖南在历史文化、红色经典、民俗风情、绿色生态、地质考古、漂流温泉、科技工业等各方面，都有得天独厚的资源条件，真正是人无我有，人有我优。湖南省拥有的各类博物馆纪念馆、重点文物保护单位和传统村落等，不仅数量庞大，而且资源品位高，具有很强的研学价值和旅游吸引力，有的在旅游市场中甚至处于垄断性地位，但目前大多数资源还处于浅层次开发或未开发状态。

四、省内研学活动形式多样

湖南省开展研学旅行活动的形式多样，包括一日春秋游、亲子活动、两天一晚（三天两晚）营地研学、冬/夏令营、境外游学等。在湖南省内研学发达地区长沙市，笔者调查得知，长沙市全市中小学校均已开展了研学活动。湖南省其他各州市也已陆续开展了研学旅行活动，特别是2017年、2018年湖南省处于"研学旅行"爆发阶段，省内各地研学旅行发展如火如荼。

五、省内研学旅行市场需求旺盛

改革开放以来人民经济水平的提高促使旅游需求和优质教育消费需求迅速增长。近年来，湖南研学旅行市场迅速升温。2019年暑假，湖南研学旅行市场活力释放，旅行社、景区景点纷纷掘金研学旅行市场，推出丰富多彩的研学旅行产品，以学生为主体的游学消费者，成为文化和旅游市场的宠儿。暑期期间，湖南锦华国际旅行社已为近2万名学生提供了研学旅行服务，接待人次同比增长超15%，其中出省的学生有7000多人。长沙明珠国际旅行社2019年暑期共组织100批次约1.3万人赴省内外参加研学旅行，同比增长约20%。湖南省内热门研学旅行基地也推出了丰富多彩的项目，为学生打造"第二课堂"。如，湖南雨花非遗馆开展了"爱上非遗"主题活动，学生与纸艺花、糖画、长沙古琴、竹编、女书、瓷刻等非遗项目亲密接触。如，湖南省博物馆"我的假日在湘博"受到追捧，"探访辛追夫人的家""小小湖南人寻宝记""创意手账"等多个创意活动共吸引4万人次参与。如，远大科技集团、中车株机、华菱湘钢等企业也敞开怀抱，向省内中小学生展示工业之美。伴随旅游业的快速发展和教育形式的转型升级，研学旅行作为教育与旅游兼得的新形式，将成为两大行业发展的重大转机，依靠传统旅游道路难以挖掘出旅游潜力，而开发研学旅行作为旅游空间拓展的新举措将成为大势所趋。

第三节 永州研学旅行发展现状分析

一、市内研学需求主体庞大

永州市下辖2市辖区、1县级市、7县、1自治县。其中，2市辖区为：零陵区、冷水滩区；1县级市为：祁阳市；7县为：东安县、双牌县、道县、江永县、宁远县、蓝山县、新田县；1自治县为：江华瑶族自治县。这些县区市中，研学活动开展得较好的有冷水滩、零陵、宁远等。湖南统计年鉴数据显示，2019年永州市共有普通中学342所，在校学生36.23万人；共有普通小学469所，在校学生50万人；2020年永州市普通本专科在校学生人数3.53万人，普通中学在校学生人数达44.14万人，普通小学在校学生人数达49.87万人（见表3-3-1）。学生规模的持续增长，为永州市研学旅行需求规模的不断增长提供了必要条件。

表3-3-1 2010—2020年永州市普通本专科及普通中学、普通小学在校生人数统计情况

时间（年）	普通本专科在校学生人数（万人）	普通中学在校学生人数（万人）	普通小学在校学生人数（万人）
2010	2.51	28.45	48.29
2011	2.51	27.93	50.65
2012	2.50	25.20	46.86
2013	2.48	25.92	46.44
2014	2.49	27.21	47.68
2015	2.59	28.46	49.66
2016	2.77	30.22	50.79
2017	2.85	32.01	51.00
2018	2.99	34.38	51.00
2019	3.66	36.23	50.00
2020	3.53	44.14	49.87

资料来源：湖南统计年鉴2021

二、市内研学旅行政策环境良好

为了贯彻落实2018年湖南省教育厅等11个部门发布的《关于推进中小学生研学旅

行工作的实施意见》，2018年，永州市教育局发布了《关于推进永州市中小学生研学旅行工作的实施意见》（永教发〔2018〕4号），该文件应教育部等11部门要求，探索制定中小学生研学旅行工作规程。紧接着10月9日，湖南省教育厅在其门户网站公布《关于公布第一批湖南省中小学生研学实践教育基地名单的通知》，道县周敦颐故里入选第一批湖南省中小学生研学实践教育基地，永州市独此一家。为了响应国家政策，2019年9月永州市教育局发布《关于申报创建全市中小学生研学实践活动基地（营地）的通知》，拟对有意向申报创建全市中小学生研学实践活动基地（营地）的各级单位进行公开评选，以建立全市中小学生研学实践基地（营地）推荐目录，供全市中小学校开展研学实践活动选择。此外，永州市还开展相关活动促进研学旅行的开展，2019年11月，"校长带你游中国之永州研学"澳门特别行政区首发团抵达永州，该活动以澳门特别行政区镜平中学组团来永州研学旅行为契机，通过旅游+研学的形式宣传永州的历史、人文和旅游资源，旨在激发粤港澳中小学生及家长来永州旅游的热情，将永州打造成为粤港澳大湾区研学旅行的重要站点，进一步提升永州文化旅游的知名度和美誉度。为推动永州市内研学旅行的快速发展，永州市相继出台了一系列研学旅行相关政策。2020年，市政府发布《关于全面推动文化生态旅游深度融合发展的实施意见》，提出要进一步整合核心景区与线路，提高永州文化生态旅游目的地影响力，进一步加强旅游的对外推介宣传，积极对接粤港澳大湾区，加强与周边城市合作。2022年1月，永州市政府发布《关于促进永州市旅游发展的十条措施》，鼓励大力发展永州的研学旅行活动，对当年新评为国家级、省级研学旅行基地（营地）的一些基地（营地）进行奖励，对组织外地学生来永州研学的，参考"引客入永"奖励标准进行奖励，此外还积极开展了"百万学子研学永州"活动。永州市发布的具体研学旅行政策及相关重要事件见表3-3-2所示。

表3-3-2 永州市研学旅行政策文件及相关重要事件汇总表

时间	机构	研学政策文件
2018年3月	市教育局	《关于推进永州市中小学生研学旅行工作的实施意见》
2018年10月	市文化旅游广电体育局	道县周敦颐故里入选第一批湖南省中小学生研学实践教育基地
2019年9月	市教育局	《关于申报创建全市中小学生研学实践活动基地（营地）的通知》
2019年11月	市文化旅游广电体育局	"校长带你游中国之永州研学"澳门特别行政区首发团抵达永州
2019年11月	市文化旅游广电体育局	《关于将江永县列为永州市知青文化研学旅游示范基地的建议》
2020年12月	市政府	《关于全面推动文化生态旅游深度融合发展的实施意见》

续表

时间	机构	研学政策文件
2021年4月	市教育局	《永州市中小学研学实践活动管理办法》
2022年1月	市政府	《关于促进永州市旅游发展的十条措施》
2022年3月	市教育局	永州市第二批中小学生研学实践基地（营地）拟确定名单公示
2022年8月	市教育局	《永州市中小学生研学实践管理办法（2022年修订）》
2022年9月	江永县人大常委会	《江永县人大常委会关于对全县主要旅游景区规划建设和运营管理情况审议意见的交办函》

三、市内研学旅行资源丰富

永州是一本书，这里山川秀美，名人荟萃，历史文化底蕴深厚。这里是舜帝藏精之所及舜德文化的发祥地，有世界最早的人工栽培稻和制陶遗址，故有"世界稻作农业之源、世界制陶工艺之源、中华道德文明之源"的美誉。永州文化底蕴丰厚，自然风光优美，境内河川溪涧纵横交错，山岗盆地相间分布，堪称物华天宝之地。江永县上江圩一带至今流传的奇特的"妇女文字"，被社会学家称为"女书"文化之源，以舜陵、舜庙、三峰石、紫霞岩、宁远文庙龙凤柱为代表的九嶷山风景区，以柳宗元"永州八记"遗址、柳子庙、朝阳岩、淡岩、回龙塔、鸟沙洲、萍岛、潇湘平湖等名胜组成的永州景观区，都蕴含着丰富的历史、文化、人文知识，为永州市研学旅行提供了充足的自然条件。永州人杰地灵，名臣武将人才辈出，中国共产党的创始人之一李达，北伐名将蒋先云，为共产主义事业英勇献身的革命先驱陈为人、李启汉、何宝珍等烈士和血洒抗日战场的郑作民、王涛、昌旃蒙，中国共产党和中华人民共和国领导人陶铸等，他们都是近现代史上永州山水孕育的杰出历史人物。永州拥有着浓厚的红色文化背景，通过开展独特的湖南红色研学旅行，能让学生进一步了解革命历史，增长革命斗争知识，学习革命斗争精神，培育新的时代精神。永州市内地域资源独特，保存有独特的"三山一水一古城"格局，历史街区特色鲜明，非物质文化遗产丰富，少数民族风情及传统文化不仅内容丰富多彩，而且形式多样，特色鲜明，具有重要的历史文化价值。这些为永州开发研学旅行产品、开展研学旅行活动提供了良好的基础条件。

四、市内研学活动势头正盛

2017年、2018年湖南省研学旅行处于迅猛发展阶段，永州市积极响应政策并抓住时机，市内各地研学旅行发展如火如荼。2019年8月，国务院办公厅发布《关于进一步激发文化和旅游消费潜力的意见》。永州市结合永州文化底蕴深厚和"永州是一本书"

的美誉,打造旅游+阅读的沉浸式体感式阅读方式,实现双赢,推动公共文旅深度融合发展。永州市举办的戴斯酒店摩崖石刻拓片博物馆的拓片研学活动、九嶷山舜帝陵遗址考古研学游、"问道永州 致敬濂溪"主题研学、江永女书研学游等活动吸引了来自韩国、日本的国外友人及我国澳门特别行政区、南京、长沙等地区的大量市民参加,香港地区亚太旅游卫视等港澳媒体全程跟拍"校长带你游中国之永州研学"活动,并制作相关专题宣传片,在粤港澳大湾区进行宣传推介。其他活动也被《人民日报》《光明日报》《湖南日报》等中央及省级主流媒体报道。

五、市内主题研学旅行人气旺盛

在国民收入不断提高与休闲消费兴起的背景下,人们的旅游需求和优质教育消费需求迅速增长。近年来,研学旅行市场需求不断释放,永州也掘金研学旅行市场,推出丰富多彩的研学旅行产品,以学生为主体的游学消费者,成为文化和旅游市场的关注重点。从2019年开始,永州便开展红色研学、国学研学、科普研学等主题活动,以及"追寻英雄初心,研学濂溪故里"研学活动、永州409科普园首开地质科普研学活动、何宝珍故里红色文化研学活动、"校长带你游中国之永州研学"等活动,吸引无数中小学生参与其中。此外永州还重点打造摩崖石刻研学旅游线路,该条线路约5天行程,囊括了永州摩崖石刻文化精华,串联了舜文化、柳子文化、理学文化、瑶族文化等永州代表性地方文化符号,连接了多个A级旅游景区,体现了永州文化旅游的独特魅力。研学旅行作为教育与旅游兼得的新形式,聚焦尚未充分开发的中小学生市场,提供了新的消费选择,无疑将为产品千篇一律的旅游市场注入新的活力,将成为两大行业发展的重大转机,为永州旅游发展提供了新的方向。

第四章　永州研学旅行发展 SWOT 分析

美国营销学家彼得·F. 德鲁克（Peter F. Drucker）认为，顾客要购买什么和认为什么具有价值时，即决定了一家企业的存在、生产什么以及是否成功。因此，任何企业在决定营销战略与策略之前，都必须审视所面临的市场环境，做出正确的判断。旅游企业当然也不例外。在分析环境时不仅要对企业所面临的宏观大环境（如国家的政治、法律、经济、科技、交通、自然等环境因素、旅游业的发展趋势）做出正确的评价与分析，同时也要对每个旅游企业自身所面临的微观环境（包括企业的客源市场、竞争对手的经营状况等方面）进行分析，密切注视宏观营销环境的变化趋势，及时采取措施，做出适当的反应[①]。企业在进行环境分析时往往采用 SWOT 分析法。SWOT 分析法又称为态势分析法，它是由旧金山大学的管理学教授于 20 世纪 60 年代提出来的，是一种能够较客观而准确地分析和研究一个单位现实情况的方法，是对一个企业的优势、劣势、机会、威胁的全面评估。SWOT 分别代表：Strengths（优势）、Weaknesses（劣势）、Opportunities（机会）、Threats（威胁）。SWOT 是一种战略分析方法，通过对被分析对象的优势、劣势、机会和威胁等加以综合评估与分析得出结论，通过内部资源、外部环境有机结合来清晰地确定被分析对象的资源优势和缺陷，了解对象所面临的机会和挑战，从而在战略与战术两个层面对方法、资源进行调整以保障被分析对象的实行能达到所要实现的目标。运用 SWOT 分析法对永州研学旅行进行优势、劣势、机会和威胁分析，有利于更有针对性地分析永州研学旅行发展存在的问题，从而提出有针对性的对策与建议，促进永州研学旅行健康可持续发展。

---

① 刘晓明. 旅游市场营销 [M]. 上海：上海交通大学出版社，2017.

第一节 永州研学旅行发展优势分析

一、永州研学旅行政策扶持力度大

开展研学旅行，是新时代落实立德树人根本任务、推动全面实施素质教育的重要途径，同时，作为我国发展"旅游+"的一种重要新兴业态，研学旅行近年来得到了国家和地方政府大力的政策支持。2014年、2015年，《国务院关于促进旅游业改革发展的若干意见》和《国务院办公厅关于进一步促进旅游投资和消费的若干意见》先后颁布，提出要"建立在不同学习阶段乡情教育内涵的研学旅行体系"以及"支持研学旅行发展，把研学旅行纳入学生综合素质教育范畴"。2018年，在湖南省教育厅等部门发布《关于推进中小学生研学旅行工作的实施意见》后，永州市教育局发布了《关于推进永州市中小学生研学旅行工作的实施意见》（永教发〔2018〕4号）文件，该文件应教育部等部门要求，探索制定中小学生研学旅行工作规程。2019年9月，永州市教育局发布《关于申报创建全市中小学生研学实践活动基地（营地）的通知》，拟对有意向申报创建全市中小学生研学实践活动基地（营地）的各级单位进行公开评选，以建立全市中小学生研学实践基地（营地）推荐目录，供全市中小学校开展研学实践活动选择。此外，永州市还开展相关活动促进研学旅行的开展，如2019年11月开展"校长带你游中国之永州研学"活动。2020年，市政府发布《关于全面推动文化生态旅游深度融合发展的实施意见》，提出要进一步整合核心景区与线路，提高永州文化生态旅游目的地影响力。2022年，为加快推动全市文化、生态、旅游产业深度融合，实现高质量发展，全面提升永州的影响力和美誉度，全力打造国家文化生态旅游名城，永州市政府发布《永州市促进旅游发展十条措施》，文件明确规定要大力发展研学旅行，并给出了具体的奖励措施：对当年新评为国家级研学旅行基地（营地）、省级研学旅游基地的，由永州市财政分别奖励其所在县市区政府50万元、20万元。

二、永州研学旅行发展前景广

虽然永州研学旅行目前发展才刚刚起步，尚未形成一定规模和影响，但其发展潜力巨大，发展空间非常广阔。永州市是湖南省人口大市，也是教育大市，据永州市统计局发布的《2022年永州市国民经济和社会发展统计公报》数据，截至2022年末，永州市常住人口 514.37 万人，常住人口位居湖南省第五。其中，永州市中等职业教育毕业生 2.29 万人，普通高中毕业生 3.56 万人，初中学校毕业生 9.05 万人，普通小学毕业生 8.70 万人，在园幼儿 18.86 万人。这些数据说明永州研学旅行市场目标群体巨大，市场发展前景广阔，近年来永州研学旅行活动的增长趋势也说明了这一点。此外，永州市文化底蕴深厚，是舜帝南巡的终点，是周敦颐"出淤泥而不染"的起点，是柳宗元"独钓寒江雪"的他乡，是怀素草书大成的故乡，旅游吸引力较强。同时，永州市交通比较便利，可进入性较强，对周边邵阳、衡阳、郴州等城市的研学市场有一定的吸引力。

三、永州研学旅行资源非常丰富

（一）生态景观资源

永州市境内复杂多样的地形地貌与热带大陆性季风湿润气候的结合形成了婀娜多姿的自然生态环境，截至 2021 年底全市共拥有国家级森林公园 10 处、国家级自然保护区 4 处、国家湿地公园 8 处，森林覆盖率达 65.3%，常年空气质量优良率为 100%。永州市动植物资源种类繁多，分布较广，国家级保护物种颇多。全市共有维管束植物 2712 种，占据全省 68%，国家级保护植物共有 46 种，省级保护植物 29 种；其中有不少珍稀树种，如银杉、水杉、伯乐树、银杏等。根据永州市永州概况物产资源统计，全市共有野生动物 1000 余种，其中国家级保护动物有 31 种。永州九嶷山国家森林公园为湖南省首批省级研学实践基地之一，其地理位置优越，动植物资源丰富，溶洞景观奇异，江河潭水点缀其间，高山平湖融合，山水一体，山在水中生，水在山中流，动静之美，极具观赏性，为湖南新"潇湘八景之一"。

（二）地质地貌资源

永州市地处北回归线附近，气候条件优良，雨热同期，四季较为分明，结合永州多山的特点，气象旅游资源丰富，且独具特色，风格各异，春夏有阳明山的杜鹃花海，秋冬有云冰山的云海雾凇。永州雨水资源丰富，受永州复杂地形类型的影响，水体资源总量丰富，拥有河流、湖泊、水库与瀑布等大量资源，湘江之源——潇水，发源于永州蓝水县，与湘江交汇于萍岛，造就了永州别称潇湘。永州已开发数十处漂流河段，金洞漂流被誉为"亚洲第一漂"。又因临近云贵高原地区，处南方喀斯特地貌的末端，故溶洞资源颇多，其中以九嶷山的溶洞景观为之最。阳明山国家森林公园位于永州双牌县，为首批国家森林公园之一，国家 AAAA 级旅游景区。受地壳运动影响，公园内沟壑纵横、山地破碎，海拔千米以上的山地占据 70%，其中望佛台海拔高达 1624.6 米。阳明山国家森林公园于2019年获批为省级研学旅行实践基地，景区内环境优美，生物种类丰富多样，景色宜人，配套设施完善，山间民宿散布，山顶露营体验绝佳等，是开展中小学生户外自然科普实践研学旅行的好去处。

（三）名人名胜资源

上古时期舜帝封其弟象为有庳，象发明了象棋；西汉司马迁游历全国，窥九嶷，考证舜帝南巡；东汉蔡邕避难潇湘留下遗篇《九嶷山铭》；唐代元吉开创浯溪碑林，颜真卿书写《大唐中兴颂》，柳宗元被贬永州创作《永州八记》；理学开山鼻祖周敦颐诞生于道州营道（今永州道县），永州书院林立，奠定了湖湘学派的深厚底蕴。近代以来，永州英才辈出，马克思主义传播的先驱者李达，无产阶级革命家陶铸，断肠明志陈树湘，以及革命抗战以来留下的革命旧址、纪念馆、故居等。现在永州人仍在各个领域书写传奇，有著名科学家、艺术家、文学家、音乐家及世界体育名将等人才，湖湘名人灿若星河。名人名胜资源已经成为永州研学的独特地方特色文化，如冷水滩的李达故居，坐落在冷水滩区与零陵区之间，交通位置便利，附近有多所高校以及中小学，非常适合开展独具永州地方特色的红色研学旅行活动。

（四）古建筑遗迹资源

永州历史悠久，历史建筑瑰宝熠熠生辉，古镇古村如钻石点缀。2019年2月28日，湖南省第十批省级文物保护单位正式公布，永州市共有24处文物保护单位列入名录。其中，古遗址类2处，古建筑类16处，石刻及石窟寺类1处，其他类5处。截至2022年，永州市收录的省级文物保护单位种类丰富，数量达140余处，其中国家级文物保护数量达30处，省级文物保护数量达70余处，其价值突出，标志性地位和省级性意义突出，有利于突出中华文明的历史文化价值，体现中华民族的精神追求，向全国人民展示永州的历史风貌，向世界展现中华文明的风采。近年来，永州市加强对文物古迹的保护，积极推动申报国家级或省级文物保护单位，同时构建较为完善的地方文物保护机制，助力推动县市区传统村落申报国家级传统村落。2018年12月公布的中国第五批国家传统村落名录中，永州市上榜61家。江永、江华作为永州市瑶族自治县，其中瑶都水乡——井头湾、上伍堡平地瑶寨——牛路村、千年瑶寨——香草源、勾蓝瑶寨——黄家村，是典型的少数民族村寨。零陵区周家大院被誉为"中国湘南地区清代民居建筑中的一颗明珠"。宁远下灌村坐落在"十里画廊"的灌溪与冷江河畔，号称"湖南第一村"。浯溪摩崖石刻为"中国八大碑林之一"。玉蟾岩遗址，为湖南最重要的新石器时代文物古迹之一，其中发掘的稻谷遗存，代表了中华民族最早的稻作农业。宁远县的舜帝陵，位于永州市宁远县九嶷山舜源峰北麓，是中华民族始祖"五帝"之一舜帝的安寝福地，是永州市的廉政文化教育基地与爱国主义教育基地。

（五）民族民俗文化资源

特殊的地理环境与历史相互作用致使永州市民族民俗文化各异。从氏族部落到楚文化，永州逐渐形成了独具特色的柳文化、宋明理学思想、女书文化、湘绣文化、东安武术文化、饮食文化、茶文化、酒文化和瑶文化等。除汉族以外，永州有瑶、壮等48个少数民族，少数民族人口占全市总人口的10%。瑶族文化最为突出，世居的规模较大、居住较为集中，他们在语言、信仰、风俗习惯、生活饮食、服饰、节庆、婚俗以及建筑等方面都表现出独特的气息。各少数民族古朴浓郁、特色鲜明的民族风情，孕育了各具特色的人文环境，极大地丰富了永州民俗旅游资源。永州市的瑶族主要分布在江永、江华、蓝山、宁远、道县、新田等地。瑶族创造了丰富多彩的文化艺术，苗族的长鼓舞、瑶绣、瑶族歌曲等，在国内外都享有盛誉。女书文化是永州最具地方特色的文化成果，为当地女子所使用的文字，具有极高的文字学、语言学、社会学、民族学、人类学、历史学等多方面的学术价值，因而被国内外学者叹为"一个惊人的发现""中国汉语文字历史上的奇迹"。

第二节　永州研学旅行发展劣势分析

一、研学旅行安全隐患较突出

根据笔者进行的相关问卷调查和实地访谈调研可知，研学旅行出行安全问题是永州市中小学生开展研学旅行活动最重要也是最受关注的影响因素。中小学生尚未成年，中小学生的年龄特征和个性特点决定了他们处于发展的特殊时期，自我安全意识比较淡薄，好动，情绪不稳定，自我保护能力比较薄弱；同时，在户外尤其是不熟悉的区域开展研学旅行，接触到的危险源和突发情况也相应增多，大大增加了安全监管的难度，这成为研学旅行实践中最大的风险隐患。近几年，中小学生校外活动安全事故经常见诸媒体，导致学生、家长和老师都忧心不已，甚至因噎废食。据调查得知，永州的一些学校或者教育行政部门为了预防学生集体外出时出现意外事故，造成不良社会影响，发文停止组织学生开展春游、研学旅行等校外实践活动，严重阻碍和制约了研学旅行的健康发展。从目前的实际情况来看，永州市中小学校领导最担心研学旅行的安全防控及连带的系列责任问题，因此产生的"畏惧""畏难""畏责"等不良情绪，致使很多学校丧失了对研学旅行这一新育人举措的参与热情，甚至对其产生消极抵触情绪。因此，如何落实永州中小学生研学旅行的安全保障、健全安全管理措施，是当前永州教育主管部门和学校面临的一大难题。

二、研学旅行产品体验感不强

有学者说，如果说张家界是一幅画，那么永州就是一本书，可见永州的文化底蕴非常深厚。永州虽然历史文化底蕴深厚，旅游资源丰富，景点众多，很多研学机构也想抓住机遇主打研学旅行，但是，永州研学旅行产品目前很多都只是在原有的常规旅游线路上进行简单包装，对产品没有深入研究，开发的教学点不够，甚至不能称其为研学产品。相关的例子很多，如目前永州市内研学旅行行程安排参观博物馆、参加乡村研学或者是参观红色革命圣地，但却没有安排研学专业导师进行全程陪同，参观过程完全是走过场，跟普通旅游没有任何差别。目前永州很多已开设的研学项目形式多停留在参观、游览上，或者把研学旅行等同于夏令营、冬令营，内容上也多是将普通旅行产品冠以"研学旅行"的名头，产品同质化现象比较严重，研学产品开发比较单一，吸引力不够强。此外，目前永州现有的研学旅行产品对永州历史文化的认识和挖掘仍然不深，在研学旅行产品开发过程中未能很好地融入当地文化元素，研学旅行的体验感不强。

三、组织研学旅行的人员配比过低

根据《研学旅行服务规范》，每20位学生宜配备一名带队老师，带队老师全程带领学生参与研学旅行各项活动。带队老师应是最熟悉学生的群体，是学生研学旅行中最直接的组织者、管理者、指导者和保障者。永州市内大部分旅游企业或者研学机构组织的研学旅行，大部分都只安排了一位导游全程陪同，有些为了保证安全，每次研学旅行团人数会控制在30人以下，在研学旅行目的地也会安排好协助咨询的人员。同时，出于对成本的控制，大部分旅游企业或者研学机构会选择降低其研学旅游人员的配比，从而导致研学旅行效果得不到保证。事实上，研学旅行活动要顺利开展实施，就需配备相关人员来进行管理和指导。一次有质量的研学旅行活动，应包括研学导师、学校领导、带队老师、安全员、家长志愿者等人员。研学导师、学校领导、带队老师、安全员、家长志愿者等人员都是研学旅行的导师队伍，各级导师要通力配合，形成研学旅行师资队伍体系，才能保证研学旅行达成既定目标。

第三节　永州研学旅行发展机会分析

一、研学旅行经费投入稳步增长

我国教育部发布的2022年全国教育经费统计快报显示，2022年全国教育经费总投入为61 344亿元，比上年增长6%，其中国家财政性教育经费为48 478亿元，比上年增长5.8%，2022年全国学前教育、义务教育、高中阶段教育、高等教育、其他教育经费总投入分别为5137亿元、26 801亿元、9556亿元、16 397亿元、3454亿元，比上年分别增长3%、6.7%、8.5%、6.2%、-1.8%。根据统计快报，2022年全国幼儿园、普通小学、普通初中、普通高中、中等职业学校、普通高等学校生均教育经费总支出均比上年有所增长，增幅分别为7.3%、5.2%、3.6%、2.8%、1.2%、1.3%，其中与研学旅行相关的经费将会直接拨款到各地教育主管部门和各级中小学校，用以组织每学年1~2次的研学旅行活动，各地学校和教育局有责任和义务在每个学期里，给学生提供小学3天、初中5天、高中7天的出校、出市、出省的研学旅行教育活动。此外，《关于推进中小学生研学旅行的实施意见》文件中还提出"各地可采取多种形式、多种渠道筹措中小学生研学旅行经费，探索建立政府、学校、社会、家庭共同承担的多元化经费筹措机制"。2018年，湖南省教育厅、湖南省发展和改革委员会、湖南省公安厅、湖南省财政厅等11个部门联合下发了《关于推进中小学研学旅行的实施意见》，此文件中指出，研学旅行要坚持普惠性的原则，研学旅行应面向以中小学生为主体的全体学生，保障每个学生都能享有均等的参与机会。2021年永州市教育局发布了《永州市中小学研学实践活动管理办法》，2022年还对其进行了修订，管理办法中提到要促进永州研学旅行基地的建设与奖励，在经费上大力支持永州研学旅行的发展。2022年，永州市人民政府办公室印发《永州市促进旅游发展十条措施》，其中第六条指出要"大力发展研学旅行"，文件还给出了针对永州市研学旅行基地（营地）的奖励及优惠措施："按照国家和省相关标准，在永州市规划建设的研学旅行基地（营地）项目，同等享受本文件第二条措施优惠条件，并在市内组织的研学活动中优先推荐。对当年新评为国家级研学旅行基地（营地）、省级研学旅游基地的，由市级财政分别奖励其所在县市区政府50万元、20万元。开展'百万学子研学永州'活动，每学期组织全市50万名以上中小学生在永州开展研学活动。"

二、研学旅行消费需求强劲

近年来，随着我国研学旅行市场需求不断释放，永州研学旅行市场需求也不断增加，很多研学机构和旅行社推出了丰富多彩的研学旅行产品，以学生为主体的研学旅行消费者，成为文化和旅游市场的宠儿，研学旅行消费需求也越来越旺盛。从2019年开始，红色研学、国学研学、科普研学等主题活动，"追寻英雄初心，研学濂溪故里"研学活动，永州409科普园首开地质科普研学活动，何宝珍故里红色文化研学活动，"校长带你游中国之永州研学"活动，等等，永州市大力开展的这些研学旅行活动成功吸引了大量的中小学生。2020年，永州市统筹文旅广体局与教育局的职能，联合印发《永州市关于中小学加强地方历史人文通识教育的方案》，将景点打造与红色文化、舜德文化、柳宗元"永州八记"、周敦颐濂溪理学和江华瑶族、江永女书等民族文化和地方文化弘扬融合起来，成功打造了13条精品旅游线路、1处全国爱国主义教育基地、6处省级爱国主义教育基地、12处市级爱国主义教育基地，这些都成为永州研学旅行课程设计的良好依托和开展研学旅行活动的优秀基地。伴随旅游业的快速发展和教育形式的转型升级，研学旅行作为教育与旅游兼得的新形式，研学旅行的发展将目光投向了尚未得到充分开发的中小学生市场，增添了新的消费选择，刺激了庞大的中小学生群体及其背后家长群体的消费潜力。据笔者调研得知，目前永州市许多中小学校一学期至少开展一次校外以班级为单位的集体研学旅行活动，幼儿园根据实际情况，有些每个周末都会开展一次为期一天的研学旅行活动，主要以亲子研学为主；有些每个月开展一次，大部分至少每个学期开设了一次亲子研学活动。从调查访谈中发现，永州市的研学旅行消费需求潜力巨大，后劲强劲。

三、我国旅游发展进入了4.0时代

改革开放以前，真正意义上的旅游特别是自己出钱消费的旅游在这个阶段基本上不存在。改革开放以来，旅游业才开始真正起步。过去的40年，中国旅游发展可分为3个阶段，即起步阶段、高速成长阶段、成熟阶段。从2018年开始，即以党的十九大召开和改革开放40周年为重要标志，中国旅游迈入第四个阶段，即中国旅游4.0阶段——跨界融合阶段（中国旅游新时代）。因此，2018年可以称为中国旅游4.0元年。中国旅游进入4.0时代，标志是跨界融合，特点是"旅游+"。旅游通过跨界，与文化、健康、农业、体育、生态、考古、研学等融合发展，形成文化旅游、健康旅游、养生旅游、休闲农业旅游、生态旅游、非遗主题旅游、研学旅游等多个新兴产业。中国旅游4.0，就是以互联网、物联网、大数据、智能化等现代科技为支撑，以消费者驱动为理念，以大旅游产业为核心，通过旅游供应链上下游利益相关者线上线下的平台化运营实现跨界融合，共同打造互利共赢生态圈，迈向以跨界发展、全域旅游为标志的新时代。

中国旅游 4.0 的主要内涵，可以归纳为"三个全"：一是全域旅游。旅游行业积极回应人民对美好旅游生活和全面美好生活的重要关切，开展全域旅游，在未来很长的时间内，都会成为社会广泛关注的焦点、热点。二是全行业导入。旅游业作为关联度大的综合性产业，必须向开放的"旅游+"融合发展转变。通过大力推动"旅游+"，不断衍生出工业旅游、体育旅游、研学旅游、中医药健康旅游、科技旅游等新业态、新产品、新供给，既为旅游业发展自身拓展了全新空间，也为其他产业发展提供了巨大动能。三是全民参与。增进民生福祉是旅游发展的根本目的。以往用"吃穿住行"来概括人们日常所必需，今后旅游不仅涵盖了吃穿住行，更是从"食住行游娱购"到"医养研学居"发展，涵盖了不同年龄、不同群体。

研学旅行作为旅游业与教育行业跨界融合衍生出的新业态、新供给、新产品，既为新时代中国旅游业的发展提供了巨大动能，也为新时代教育事业的发展拓展了新的广阔空间。

在中国旅游 4.0 时代，永州的旅游业也拥有了极好的发展前景。永州旅游行业涉及多种业态，它们因趣味性、综合性、包容性等特征，被普遍应用于研学活动中，产生了多种研学+旅游产品的组合形式。目前永州研学旅行发展最受欢迎且前景最广阔的是研学+乡村组合形式和研学+红色旅游组合形式。一是研学+乡村。乡村旅游包含的范围很广，如农耕、田野自然教育、农产品科普等，都属于乡村旅游研学范畴，且其中的每一项都可以再细分出多个子研学项目，因此研学+乡村旅游产品具有普适性、广泛性、易操作等特点，它们成为研学旅游市场上较为基础、客单价较低、产品分布最广的研学旅游产品。2024 年 9 月文化和旅游部以"橙黄橘绿 乡村胜景"为主题，推出 149 条全国乡村旅游精品线路，邀请大家走进美丽乡村赏秋景、品秋韵、享秋实，共赴橙黄橘绿的秋收之旅。其中，永州"金秋魅力田野之旅"线路入选。这条线路，包含祁阳三家村、双牌桐子坳村、宁远下灌村、江永勾蓝瑶村 4 个全国乡村旅游重点村，着重展现永州乡村旅游助力乡村振兴的新风貌，呈现一幅幅新时代乡村振兴的美丽画卷，线路上的各处景点，都是非常好的乡村研学旅行基地。二是研学+红色旅游。红色研学产品带有强烈的地域属性和文化属性，与乡村旅游相比客群范围较小，可延伸空间也较为有限，一直以来在旅游市场不瘟不火。但近年来随着政策的推动和新技术的赋能，红色研学旅游受到越来越多人的重视，更是中小学进行红色教育和爱国主义教育的首选。永州，是红色精神密码的追寻地，这里诞生了一大批烙有湖湘精神深刻印记、具有独特湖湘风骨，为中国革命、建设、改革做出不朽贡献的杰出党史人物，留下了许多非常宝贵的红色研学旅行资源，为永州市研学旅行的发展提供了丰厚的基础。

第四节　永州研学旅行发展威胁分析

一、永州研学旅行监督评估机制不健全

目前，永州研学旅行活动虽发展得如火如荼，但缺乏相关规范和标准，缺乏监督和效果评估机制。永州研学旅行活动开展的具体指导细则还没有出现，并且很多学校不具有单独组织游学活动的能力和条件，所以将研学活动的组织交由第三方机构（如旅行社、专业研学机构）负责。但是，对于第三方的监管和研学过程的监督保障机制还是存在明显的缺失，从而导致学生的研学旅行效果大打折扣。此外，不少永州市中小学校在实施研学旅行活动中都缺乏对学生研学效果的评价，没有兼顾过程性评价和结果性评价，没有重视学生研学过程中的体验和感受，而对教育目标的达成和学生综合实践能力的提升等关注得也还不够。

二、永州研学旅行政策执行推进力度不足

当前从国家到地方，各项鼓励发展研学旅行的政策文件不断出台，永州市也积极响应，出台了研学旅行的相关政策文件，但是从实际情况看，大多关于研学旅行的政策措施仍然停留在纸面上，相关职能部门对研学旅行的执行和推进力度严重不足。究其原因，一方面，可能是永州市教育主管部门和学校没有经验可循，不清楚如何执行和落实；另一方面，还存在着中小学校对学生综合实践认识不够充分的问题，从而导致了在推进研学旅行活动过程中出现推荐力度不足的现象。根据笔者所做的问卷调查和实地访谈调研可知，目前永州市很多学校、老师、家长和学生对研学旅行的重视程度还不够，认为会占用正常的课程教学时间，"唯分数论"现象依然很严重，这必然会导致研学旅行课程只是流于形式，无法实现真正的效果。

三、永州研学旅行的学生主体地位不突出

研学旅行是以学生为主体的校外实践教育活动。但是从目前永州研学旅行发展现状

来看，其研学旅行活动的主导权依然在永州教育主管部门和学校老师这边，广大中小学生只能按照旅行社、学校等之前制定规划好的统一研学旅行行程进行研学活动，在这样的研学旅行安排中学生的自主参与度不高、只能被动地接受既定的研学活动安排，这会极大地影响研学活动对学生的吸引力，未能充分体现学生在研学旅行活动全过程中的主体地位。此外，据调研得知，永州市有些中小学校不想投入精力设计与监督研学旅行产品，直接将研学旅行活动外包给旅行社等第三方机构，这样学校就成了为旅行社等第三方机构提供客源的"摇钱树"，未能充分考虑部分家庭困难学生的实际情况，更不能充分发挥研学旅行在立德树人、知行合一和践行素质教育中的显著效果。

第五章 永州研学旅行资源与旅行基地概况

研学旅行是旅游资源导向的开发模式，是指依托区域旅游资源本底，寻找开发研学旅游项目的切入点，通过"旅游+教育"的产业联动，促进旅游资源的整合及旅游业态的创新，从而构建区域经济发展新动能。研学旅行最理想的基地、营地应满足学生教育、体验、审美的多重需要，能为学生提供学、游、行、吃、住等多项服务，具备教育与游览、校园与景区的多重功能。

第一节 永州研学旅行资源概况

一、自然研学旅行资源

（一）生态景观资源

永州境内复杂多样的地形地貌与热带大陆性季风湿润气候的结合形成了婀娜多姿的自然生态环境，潇湘流域风光旖旎，秀美如画。九嶷山白云缥缈，红霞万朵；舜皇山树深林密，野趣盎然；阳明山杜鹃遍布，堪称"天下第一杜鹃红"；湘源温泉、八妙温泉，常年恒温，妙趣天成。截至2021年底永州市共拥有国家级森林公园10处、国家级自然保护区4处、国家湿地公园8处，森林覆盖率达65.3%，常年空气质量优良率达100%。全市共有旅游资源7类56种类型313处景观，其中自然旅游资源4类21种类型150处景观，人文旅游资源3类35种类型163处景观。著名旅游区（点）有九嶷山、阳明山、舜皇山、金洞、千家峒、江华秦岩、浯溪碑林、濂溪故里、柳子庙、宁远文庙、零陵周家大院、新田龙家大院、祁阳李家大院、江永上甘棠、女书园、江华民族文化园等。

（二）地质地貌资源

地处北回归线附近的永州市，气候条件优良。永州多山，阳明山国家森林公园位于永州双牌县，为首批国家森林公园之一，国家 AAAA 级旅游景区；九嶷山九峰耸立，山峰耸翠，巍峨壮丽，溶洞密布，绿水长流，自然风光十分秀丽；舜皇山层峦叠翠，山峰险峻，瀑布纵横，溶洞壮丽，山、水、石、林巧合成景，岩、泉、树、藤自然成趣。永州多水，河流、湖泊、水库与瀑布等资源非常丰富，湘江之源潇水，发源于永州蓝水县，与湘江交汇于永州萍岛，故永州别称潇湘。

二、人文研学旅行资源

（一）名人名胜资源

永州是一代草圣怀素，理学鼻祖周敦颐，清代著名书法家何绍基，党的主要创始人、党的早期主要领导人之一李达，断肠明志陈树湘，无产阶级革命家陶铸和江华的诞生地，拥有大量的革命旧址、纪念馆、故居等。上古时期舜帝南巡的最后一站是永州境内的九嶷山；西汉司马迁游历全国，窥九嶷，考证舜帝南巡；东汉蔡邕避难潇湘留下遗篇《九嶷山铭》，唐代元吉开创浯溪碑林，颜真卿书写《大唐中兴颂》，柳宗元被贬永州创作《永州八记》，永州书院林立，奠定了湖湘学派的深厚底蕴。

（二）古建筑遗迹资源

永州历史悠久，历史建筑瑰宝熠熠生辉，古镇古村如钻石点缀。2019 年 2 月 28 日，湖南省第十批省级文物保护单位正式公布，永州市共有 24 处文物保护单位列入名录。其中，古遗址类 2 处，古建筑类 16 处，石刻及石窟寺类 1 处，其他类 5 处。截至 2022 年，永州市收录的省级文物保护单位种类丰富，数量达 140 余处，其中国家级文物保护数量达 30 处，省级文物保护数量达 70 余处。

（三）民族民俗文化资源

永州文化独具特色，逐渐形成了柳文化、宋明理学思想、女书文化、湘绣文化、东安武术文化、饮食文化、茶文化、酒文化、瑶文化等多种文化。截至 2020 年底，永州市列入国家级非物质文化遗产项目名录的共 7 项，列入省级非物质文化遗产项目名录的 15 项，列入市级非物质文化遗产项目名录的 96 项，诸如江永女书、对山歌、唱小调，腰刀舞、伞舞、舞龙、舞狮等，还有东安武术、祁剧等。江永县千家峒瑶族乡是中国瑶族的发祥地，江华瑶族自治县是全国瑶族人口最多的自治县。长期以来，瑶族同胞保持着独特的传统文化习俗，信仰盘王，穿戴民族服饰，住吊脚楼，过盘王节、敬鸟节和倒稿节，吹芦笙，跳长鼓舞，保存有入赘"招郎"和"拿篮子"等特色婚姻形式。洋溢着浓郁的乡土气息和民族风情。

三、永州市精品旅游线路

永州是一本书，是历史之书，文化之书，生态之书，神秘之书，美食之书，励志之书。永州是千年打卡胜地，锦绣潇湘，多少文人墨客汇聚于此，成就了"不到潇湘岂有诗"的千古名句。双牌用"来双牌，我'氧'您"诠释了永州的生态之美。江华用"神州瑶都 潇湘源头 生态江华"向大众展示了神秘之书——瑶文化。来永州，重温历史文脉，探寻生态奥秘，共赏锦绣潇湘。

永州市经典旅游线路有以下13条：

（1）潇湘第一城，欢乐冷水滩——冷水滩区旅游精品线路

第一日：宏源拓展基地—永州市森林植物园—潇湘平湖

第二日：敏村景区—李达故居—仁山湖美田园综合体

（2）潇湘之源，诗画零陵——零陵区旅游精品线路

第一日：萍洲书院—柳宗元文化旅游区—零陵古城

第二日：东山景区—异蛇世界—周家大院

（3）闻道浯溪，祁阳有戏——祁阳市旅游精品线路

浯溪碑林（陶铸纪念馆）—八尺景区—香湖湾休闲旅游度假区—李家大院—陶铸故居

（4）舜风楚韵，德武东安——东安县旅游精品线路

聚德生态文化园—湘江第一湾·沉香寺—高岩景区—南溪花海—舜皇岩—舜皇山

（5）中国"和"乡，生态双牌——双牌县旅游精品线路

桐子坳—阳明山—花千谷

（6）红色文旅，理学胜地——道县旅游精品线路

陈树湘烈士生平事迹陈列馆—红军渡—何宝珍故里—濂溪故里—濂溪书院

（7）惊世女书，香约江永——江永县旅游精品线路

瑶族古都千家峒—千古之谜女书园—千年古村上甘棠—勾蓝瑶寨

（8）神州瑶都，生态江华——江华县旅游精品线路

民俗展示馆—盘王殿—天河瑶池—千年瑶寨桐冲口—宝镜古民居—古瑶部落花海—中国爱情小镇·水口—秦岩

（9）德孝之源，福地九嶷——宁远县旅游精品线路

九嶷山景区（舜帝陵—紫霞岩—舜帝庙考古遗址博物馆）—下灌古村—宁远文庙

（10）南有新田，富硒之乡——新田县旅游精品线路

龙家大院—谈文溪—武当山庄—南国武当山—金陵湖

（11）湘江源头，神美蓝山——蓝山县旅游精品线路

百叠岭景区—大洞景区—毛俊民俗文化村—云冰山景区—湘江源风景区

（12）人间仙境，魅力金洞——金洞管理区旅游精品线路

楠木主题公园—宝成农庄—玉苑天成生态园—鸭婆凼生态旅游景点—牛头山接待中心—金洞漂流

（13）南国橘花缘·醉美回龙圩——回龙圩旅游精品线路

新风村—八仙洞村—神仙洞村—小学路口—回龙湖景区

第二节　永州研学旅行基地概况

2018年6月发布的《教育部办公厅关于开展"全国中小学生研学实践教育基（营）地"推荐工作的通知》（教基厅函〔2018〕45号）中，给研学实践教育营地下的定义为：研学实践教育营地主要指具有承担一定规模中小学生研学实践教育的活动组织、课程和线路研发、集中接待、协调服务等功能，能够为广大中小学生开展研学实践活动提供集中食宿和交通等服务的单位。同年，中国质量认证中心、教育部学校发展建设规划发展中心在浙江绍兴发布了《中小学生研学实践教育基地、营地建设与管理规范》及《中小学生研学实践教育基地、营地建设与管理规范评分细则》。该规范给研学旅行实践基地下的定义是：研学实践教育基地是具备开展研学实践活动的资源与接待条件，能够提供明确的教学主题与配套课程的资源单位。

2018年，根据《教育部办公厅关于开展"全国中小学生研学实践教育基（营）地"推荐工作的通知》（教基厅函〔2018〕45号）要求，永州市开展了第一批永州市中小学生研学实践教育基地（营地）创建工作，确定了将零陵区福田茶场等26个单位命名为永州市第一批研学实践教育基地（营地）。2019年11月24日永州市教育局正式向各县市区教育（体）局、有关市直单位发布了《关于开展全市第一批中小学研学实践教育基（营）地推荐工作的通知》。2022年3月22日永州市教育局又正式发布了《关于开展全市第二批中小学研学实践教育基（营）地推荐工作的通知》，拟确定永州市绿生源农业基地等21家基地（营地）为永州市第二批中小学生研学实践基地（营地）。

2018年永州市教育局发布了《关于推进永州市中小学生研学旅行工作的实施意见》（永教发〔2018〕4号），2022年永州市公布《永州市中小学生研学实践管理办法（2022

年修订）》，文件明确了各方具体职责：教育行政部门负责中小学生研学实践活动的具体业务指导和监督。学校负责中小学生研学实践活动的组织和实施。学校和基地（营地）是中小学生研学实践课程开发、实施的主体，要认真研发研学课程，杜绝听讲式、走看式、游戏式、纯技能训练的研学实践课程，要与学校综合实践活动课程密切衔接。同时，文件还明确了永州市各级学校开展研学实践的审批与组织方式。该文件的发布，使永州研学旅行在市场规范化、费用明细化、学生主体自愿化方面提供了依据和支撑，有助于各方以实际行动落实立德树人根本任务，提升中小学生综合素质。永州市各县市区研学实践教育基地数量分布情况见表5-2-1所示，永州市第一批中小学生研学实践教育基地名单分布情况见表5-2-2所示，永州市第二批中小学生研学实践教育基地分布情况见表5-2-3所示。

表5-2-1 永州市各县市区研学实践教育基地数量分布情况表

永州市各县市区	第一批永州市中小学生研学实践教育基地数量（个）	第二批永州市中小学生研学实践教育基地数量（个）
冷水滩区	3	3
零陵区	10	2
祁阳市	1	2
双牌县	2	0
道县	1	0
江永县	1	1
江华瑶族自治县	1	1
宁远县	3	7
蓝山县	2	2
新田县	1	2
东安县	2	1
合计	27	21

表5-2-2 永州市第一批中小学生研学实践教育基地名单分布情况表

永州市各县市区	永州市第一批中小学生研学实践教育基地数量	永州市第一批中小学生研学实践教育基地名单
冷水滩区	3	宏源野外拓展培训实践基地、潇湘意书法研学基地（营地）、永州森林植物园
零陵区	10	福田茶场、东山景区（AAAA）、异蛇科技实践基地（营地）、零陵古城潇湘非遗馆、荷塘月色美丽乡镇、石岩头中学劳动实践基地、潇湘源生态科技基地、后湖国际教育基地、零陵气象站、永州水务向家亭水质净化有限公司

续表

永州市各县市区	永州市第一批中小学生研学实践教育基地数量	永州市第一批中小学生研学实践教育基地名单
祁阳市	1	德辉现代农业基地（营地）
双牌县	2	桐子坳风景区（AAAA）（营地）、龙洞文化生态产业园
道县	1	陈树湘烈士纪念园
江永县	1	江永三千文化研学实践基地（营地）
江华瑶族自治县	1	江华县综合实践学校（营地）
宁远县	3	九嶷山公众考古研学基地、宁远县烈士公园、宁远文庙
蓝山县	2	百叠岭茶园（营地）、云冰山旅游景区（AAAA）（营地）
新田县	1	枧头综合研学实践基地（营地）
东安县	2	舜皇山国家森林公园（AAAA）（营地）、紫水湿地公园（营地）
合计		27

表 5-2-3　永州市第二批中小学生研学实践教育基地名单分布情况表

永州市各县市区	永州市第二批中小学生研学实践教育基地数量	永州市第二批中小学生研学实践教育基地名单
冷水滩区	3	永州市绿生源农业基地、湖南湖美田园研学基地、永州市冷水滩区人工智能青少年校外活动基地
零陵区	2	永州市绿田野农业基地、永州市思源综合实践教育基地
祁阳市	2	湖南省唐家山油茶基地、永州市祁剧非遗文化基地
双牌县	0	
道县	0	
江永县	1	永州湘南旭日升生态基地（营地）
江华瑶族自治县	1	湖南天河瑶寨旅游基地（营地）
宁远县	7	宁远县九嶷山国防教育基地、宁远县九嶷山国家湿地公园生态教育研学基地、宁远县下灌状元耕读园研学实践基地、宁远县九嶷山紫霞岩自然科普教育研学基地、宁远县汤泉红色文化研学教育基地、永州新四季研学实践基地、宁远县潇水函清综合研学基地
蓝山县	2	湖南蓝山县雷家岭研学基地、蓝山县花果庄园基地
新田县	2	新田县龙家大院研学实践基地（营地）、新田县旺通研学实践教育基地（营地）
东安县	1	东安溪水以南休闲旅游基地
合计		21

第六章　永州研学旅行产品设计开发与市场营销推广

研学旅行是衔接学校教育与校外教育的创新形式，是培养学生核心素养不可缺少的重要方式与途径。设计出一个好的研学旅行产品能够激发学生体验的内驱力，拓展学生体验的活动空间，促进学生素质能力的养成，培养学生解决问题的能力，使他们成为有益于家、国、天下之人。市场营销推广是提高产品知名度和市场占有率的必要手段。通过市场营销推广可以吸引潜在客户，并培养忠实客户。通过市场营销推广，研学旅行产品可以保持与市场接轨，适时调整产品和服务以符合消费者需求。同时，如果永州研学旅行产品不进行良好的市场营销推广，无论设计与开发出多么好的研学旅行产品和服务，也无法被消费者所知晓。

第一节　永州研学旅行产品设计开发

研学旅行产品的核心吸引力是"游"还是"学"，这是考验研学旅行产品设计与开发的硬指标。研学旅行产品与其他旅游产品的根本区别是看以"学"为主还是以"游"为主，那种靠"游"去吸引中小学生的研学旅行，不仅会让产品提供者迷失方向，还会令消费者无法实现既定目标。

一、研学旅行产品设计与开发原则

研学旅行产品设计与开发应遵循教育性原则、实践性原则、综合性原则、安全性原则等。教育性原则，即研学旅行作为"教育+旅行"有机结合的产物，是校内外教育衔接的创新形式，是培养中小学生综合素质的新教学方式，具有教学目标性。实践性原则，即将书本知识与生活经验相结合，通过开展各类研学活动、中小学生亲身参与体验,最终实现知行合一的目的。综合性原则,即以整合资源、统筹全局为突破口,要以现有研学旅游资源为基础,考虑学生兴趣方向、家长支付能力、学校育人目标等多方面影响因素,方能开发出适销对路的研学产品。安全性原则,即将安全问题摆在首位,要求对研学旅行产品进行安全风险评估,把握安全工作薄弱环节,将安全意识贯穿于整个研学旅行的行程。

二、研学旅行产品设计与开发思路

研学旅行产品在设计与开发思路上可选取多种多样且富有特色的研学旅行资源,开发设计体验感好、互动性强、活力性高的项目,给学生带来良好的研学体验感。整合研学、课程资源,例如优质师资、特色自然、文化资源、课程标准设计等,建立不同类型的研学基地,分层次开发,加强研学与课程的融合性。根据课程目标、课程计划、课程标准和评价将研学旅行课程化。在研学旅行产品设计与开发过程中,树立研学旅行品牌。将旅行与研学两者深度整合,打造适合本土研学主题的品牌,通过加大与学校的合作力度,以及加强基础设施建设、提高研学管理服务水平、建立安全保障机制等措施,打响研学旅行品牌的知名度与影响力。

三、永州研学旅行产品设计与开发思路

永州历史文化底蕴深厚,自然资源丰富,是集古代与现代、人文与自然、体验与生活为一体的胜地。红色文化、女书文化、濂溪文化、瑶文化等众多文化在这里生根、发芽、成长。有人说,永州是一本读不完的书。在全国都倡导素质教育、积极推广研学旅行的大背景下,结合永州独具特色的自然及人文资源,永州推出了系列研学旅行产品。这些产品,设计与开发以"聚焦当地文化,推动实践教育,倡导知行合一,打造行走课堂,助力学生成长"为理念,探索永州"五书+主题"的研学旅行模式,以期让学生感悟忠义、亲近自然、传承非遗、文化、践行孝廉。

1. 山岳之书——品山岳峰岭之秀,探自然奇观之趣

永州境内地貌复杂多样,山川秀丽风光独特。地处五岭山脉之都庞、萌渚、越城三岭之中,拥有十数家国家级森林公园,其数量位居全省第一。永州森林旅游资源丰富、动植物种类繁多,是全省四大重点林区之一,森林覆盖率达到65.39%。永州有素享"北有庐山,南有阳明""天下第一杜鹃红"等美誉、"古、奇、秀"三大特色融于一体的阳明山;有以丰富的文物古迹、独特的自然风光、奇异的溶洞和别具一格的民俗风情著称于世的九嶷山;有相传是舜帝南巡驻跸之地,为现今唯一用帝王字号命名的天下名

山——舜皇山；更有山幽林深、洞奇瀑美、瑶族风情浓厚，被称为"瑶族古都千家峒"、全世界瑶胞寻根访祖圣地的千家峒。以自然主义教育、生活教育、人文教育等教育理念为引领，将山岳资源与当地人文资源融合，是设计永州山岳专题研学活动内容的重要依托，能更好地让学生在研学旅行中亲近自然、感知自然、感受自然妙趣。

2. 非遗之书——探寻非遗文化根，传统文化显魅力

永州作为国家历史文化名城，拥有丰富多彩的非物质文化遗产。2020年7月24日，永州市文化旅游广电体育局发文《永州市非遗工作获省先进》，指出永州现有各级非遗保护项目316项，其中国家级项目6项、省级项目16项、市级项目96项；各级代表性传承人292人；非物质文化遗产保护中心12家。其中，永州江永女书文化，底蕴深厚，价值独特，2005年以"全世界最具性别特征的文字"被收入《吉尼斯世界纪录大全》，2006年经国务院批准列入中国第一批国家级非物质文化遗产名录，是目前世界范围内绝无仅有、独特唯一的一种人文旅游资源，具有历史传承价值、艺术审美价值、经济开发价值等多方面的重要价值。开展以"非遗"为主题的永州研学课程设计既能充分展现永州传统文化魅力，强化民族认同感，又可以在非遗文化传承体验过程中发现问题、分析问题、解决问题，激发非遗文化活力，保护文化多样性与创造性。

3. 爱国之书——读爱国英雄故事，颂不朽红色经典

永州红色文化资源底蕴厚重，拥有以下资源优势：红色资源分布广；红色人物数量多；红色故事影响大；红色旅游发展快。红色地标比较知名的有道县禾塘决策旧址、新田小源会议旧址等几十处，红色景区比较知名的有陈树湘烈士纪念馆、何宝珍故居、李达故居、陶铸故居、江华故居等十余处。道县为重要资源地，是全国"重走长征路"红色旅游精品线路县，现有红色景区2个，即陈树湘烈士纪念馆、何宝珍故居，另有陈树湘养伤地、"断肠明志"牺牲地、葫芦岩红军渡等6个红色遗址，有中国工农红军长征转战潇水战役及道县红军墙、红军渡、蒋家岭战斗遗址等58处长征主题遗址。其中，1处五级资源，10处四级资源、18处三级资源，省级文物保护单位3处。李达、陶铸、江华、蒋先云、李启汉、陈为人、郑作民、何宝珍等一批永州革命先烈成就了永州辉煌的红色文化。因此，在永州开展以"爱国"为主题的永州研学设计不仅能够提高学生对于红色文化的感知度，同时也能培养学生们的爱国情怀，更好地传承红色文化。

4. 水文之书——悟大千山水之意，品人文古韵之理

湘江流到湖南永州与潇水汇合，称为"潇湘"。潇水流经了永州九个县区，汇成湘江一路向北，绵延在跌宕的丘陵之中，是湘江的发源和湖湘文化的源头。"潇湘八景"沿湘江岸分布，潇湘承载着深厚的历史文化。濂溪是潇水的一支细流，其中蕴藏着湖湘

文化之源——理学；阳明山下，黄溪则是潇水的另一支细流，柳宗元在此留下了著名的《游黄溪记》。小石潭因柳宗元而得名，到小石潭来感受怡人的景色，可以闭上眼睛感受一下竹林自然的气息，想象当年柳宗元在此的心境。因此，在永州开展以"水文"为主题的研学课程设计可以培养学生们的理性思考能力，最终实现"文有所悟""理有所学"的课程目标。

5. 孝廉之书——寻濂溪柳子之根，溯舜德文化之源

古有举孝廉，正所谓"百善孝为先"，孝是中国文化的首要核心价值观念与文化精神。《史记》载："天下明德皆自虞帝始。"虞帝即舜帝，舜帝是道德文化的鼻祖，德孝文化必言舜，言舜必知永州。永州是舜帝南巡的终点，《史记·五帝本纪》记载：舜"南巡狩，崩于苍梧之野。葬于江南九疑，是为零陵"。相传，舜帝就葬于九嶷山主峰舜源峰山脚下。舜帝崩葬九嶷后，永州市宁远县的九嶷山舜帝陵就成为历代帝王、地方官员、名人祭祀舜帝、咏颂舜帝的胜地，留下了大量的祭文及碑刻。历代名人如屈原、蔡邕、李白、杜甫、柳宗元等，写下数以千计的咏颂舜帝及娥皇女英的诗文。以孝为核心的道德文化，是舜帝留给后世最重要的历史文化遗产之一。

柳宗元是唐代历史文化名人，唐宋八大家之一。柳宗元被贬永州十年，这十年是其思想最成熟、创作大丰收的十年。柳宗元在永州创作的《永州八记》是中国山水游记王冠上的明珠。"八记""八愚""潇湘八景"的影响波及大江南北，使得永州山水文本至今仍是传统文化中最具活力和影响力的精神资源。柳宗元在永州，以"廉洁自持、忠信是仗"为立身之本，他的廉洁自持、为民务实经受住了时间的考验，为他留下了千古的好名声。

周敦颐是宋代理学的开山鼻祖，他世居濂溪，人称其为"濂溪先生"，其理学思想对后世产生了深远影响。周敦颐《爱莲说》中名句"出淤泥而不染，濯清涟而不妖"传颂千古，其廉洁风骨构成中国优秀人文精神的一杆标尺，影响深远。

因此，以濂溪柳子文化和舜德文化为主题的永州研学课程设计能够充分体现永州浓厚的历史人文底蕴和道德内涵，促使学生在学习和研究永州孝廉文化的同时发现古人的智慧，思考哲学道理，接受孝、廉之风的熏陶，在研学之旅中逐步提升个人修养。

四、永州研学旅行产品设计与开发主题

根据永州研学旅行产品设计与开发的思路，可将永州研学旅行产品设计与开发主题提炼为：博览潇湘五书，品尝研学百味。

第二节 永州研学旅行经典产品

一、山岳之书——品山岳峰岭之秀，探自然奇观之趣

（一）课程介绍

山岳无言，默立于大千世界中，孕育、滋养万物，吸引无数文人墨客登高赋诗，是绝大多数游客必行打卡之处。经构造运动、岩浆侵蚀以及长期物化风化作用，永州市形成了以丘岗山地为主的地貌。永州地形基本特征为"三山围夹两盆地"，"三山"即宁远九嶷山、双牌阳明山、东安舜皇山。可以"三山"为依托地开展研学活动：带领中小学生游楚南十二名洞之首九嶷山紫霞岩，探究地质奇观喀斯特地貌，动手制作有趣好玩的科学小实验；走进全国三大沟谷雨林之一的阳明山兰溪谷，沿溪慢行，细听蛙鸣鸟语，沉浸于大自然之中；将课堂从教室搬进大自然，翻越一座"红军长征中翻过的第一座难翻的大山"舜皇老山界，以自然为师，以万物为友，激发中小学生的好奇心和求知欲。因此，通过开展以山岳文化为主题，以观光游览、寻奇探险、科学考察等为主要形式的研学活动，不仅能让中小学生与自然亲密接触，在大自然中学习、观察、认识自然万物，身临其境感受自然的绝妙之处，还能在研学过程中，引导学生了解永州山体景观的成因和发展演变，扩大中小学生的知识面，丰富中小学生的课外生活，提高学习乐趣与学习效率。因此，以山岳文化为研学主题，品山岳峰岭之秀，探自然奇观之趣，是永州研学旅行产品设计与开发的一大特色。

（二）课程设计

以山岳文化为主题，"品山岳峰岭之秀，探自然奇观之趣"研学课程设计主要从小小探索家、小小运动家、小小绘画家和小小地质家四个方面展开，具体内容见表6-2-1。

表6-2-1 "品山岳峰岭之秀，探自然奇观之趣"研学课程设计内容

"品山岳峰岭之秀，探自然奇观之趣"研学课程设计	小小探索家： 1. 对永州自然景观进行研学体验，发现不认识的奇异植物进行报告 2. 开展动植物科普讲堂，认识奇异植物
	小小运动家： 1. 参与登山、百里行等多种体育竞技项目，在运动中展现自我、强身健体 2. 参与探险寻宝等智能型体验项目，提高逻辑思维能力，呼吁爱绿护绿理念

续表

"品山岳峰岭之秀，探自然奇观之趣"研学课程设计	小小绘画家： 1. 绘制研学所见自然景观生态形象，思考自然生命本质 2. 寻找花草树叶，发挥想象力和创造力，制作一幅各具特色的创意画
	小小地质家： 1. 了解山体等自然景观形成的成因、经过及演变原理 2. 开展地质成因原理科学小实验，解释多种地质奇观 3. 思考大自然为什么会出现这样奇妙的景观
课后作业	1. 尝试去了解永州山体自然旅游资源 2. 写一篇研学日记

（三）研学行程

以山岳文化为主题，"品山岳峰岭之秀，探自然奇观之趣"研学行程主要安排3天完成，第一天主要体验九嶷山国家森林公园（紫霞岩—瑶寨山庄—舜源峰—舜帝陵），第二天主要体验阳明山国家森林公园（兰溪谷—杜鹃花海—大黄江瀑布群），第三天是舜皇山国家森林公园（舜皇山森林公园正大门—老山界—舜皇山阳江漂流），具体行程内容见表6-2-2所示。

表6-2-2 "品山岳峰岭之秀，探自然奇观之趣"研学行程具体安排

第一天：九嶷山国家森林公园（紫霞岩—瑶寨山庄—舜源峰—舜帝陵）		
时间	地点	行程安排
7:00—8:00	酒店	吃早餐，做好出发准备
8:30—11:30	紫霞岩	探访神秘溶洞，了解紫霞岩喀斯特地貌原理，开展水质检测小实验
11:30—12:30	瑶寨山庄	品尝九嶷山地区特色美食
13:30—15:30	舜源峰	攀舜源峰，观万山朝九嶷，设趣味拼图、对接吟唱活动
15:30—19:00	旅游大巴	前往舜帝陵
19:00—20:30	酒店	吃晚餐，交流总结，为明天行程做准备
第二天：阳明山国家森林公园（兰溪谷—杜鹃花海—大黄江瀑布群）		
7:00—8:00	酒店	吃早餐，准备出发
8:30—11:00	兰溪谷	开展动植物科普小活动，了解植物生活习性，感知气候变化与动植物之间的关系，制作一幅简单而有创意的植物标本
11:30—12:30	特色餐厅	吃午餐，学员之间相互交流研学所感所得
13:30—15:30	杜鹃花海	观赏被文人骚客誉为"天下第一杜鹃红"的杜鹃花海，把杜鹃花海的美景画出来，轮流展示并分享绘画心得
15:30—17:30	大黄江瀑布群	了解大黄江瀑布群的成因原理，欣赏大自然的鬼斧神工
17:30—19:00	酒店	吃晚餐，交流总结，准备明天返程
第三天：舜皇山国家森林公园（舜皇山森林公园正大门—老山界—舜皇山阳江漂流）		
7:00—8:00	酒店	吃早餐，准备出发

续表

8:10-10:30	旅游大巴	前往舜皇山国家森林公园
11:00-12:30	舜皇山森林公园正大门	徒步攀岩，在指定地点进行打卡，在运动中释放激情，感受舜皇山独特的自然风光
12:30-13:30	老山界	午餐（自备干粮），休整
14:00-16:00	舜皇山阳江漂流	学习漂流安全小知识，开展一场刺激和欢快的漂流活动
16:30	舜皇山森林公园正大门	返程

二、非遗之书——探寻非遗文化根，传统文化显魅力

（一）课程说明

"女书"又名"女字"，起源于湖南江永县，是世界上独一无二的女性文字符号体系，整体轮廓呈长菱形，形体修长，造型独特，所以也被称为"长脚文"。女书文化采取"母传女、老传少"的方式世代相传，与女性特有的婚嫁、节日、刺绣等民俗文化紧密相融，涵盖了女性文化、民俗文化、民族文化和地域文化等多个领域，内容丰富多彩，带有鲜明的地域性、唯一性、独特性等特征。2006年经国务院批准，女书被正式列入中国第一批国家级非物质文化遗产名录；2012年永州利用非物质文化遗产资源优势，以女书习俗为核心发展旅游产业；2019年为提升女书国家级湖湘非遗文化品牌，展示女书文化的传承与创新，打造了湖南首条非遗研学旅游线路——"女书铜官窑研学之旅"。因此，以非遗之书为主题，"探寻非遗文化根，传统文化显魅力"课程设计，以上甘棠村—女书园一带为依托，安排体验女书斗牛节、洗泥节等节日文化，学写女字、唱女歌、耍歌堂、穿戴打造瑶族银饰等艺术文化活动，以及品尝瑶家十八酿、学做女书特色糕点等饮食文化活动。让学生在参与非遗文化课程的过程中，体验江永女书的民俗风情与文化魅力，增进文化认同和文化理解，促进非遗的传播与发展。

（二）课程设计

以非遗文化为主题，"探寻非遗文化根，传统文化显魅力"研学课程主要从探寻神秘女书、体验女书民俗、学习女书手艺和传承女书文化四个方面展开设计，具体内容见表6-2-3所示。

表6-2-3 "探寻非遗文化根，传统文化显魅力"研学课程设计内容

"探寻非遗文化根，传统文化显魅力"研学课程设计	探寻神秘女书 1. 前往江永女书生态博物馆，了解女字的构造、来历和传承的过程 2. 探访上甘棠古村，赏山水、品建筑、读文化

续表

"探寻非遗文化根，传统文化显魅力"研学课程设计	体验女书民俗 1. 接受唱女歌、耍歌堂、女子成人礼等体验民俗的文艺熏陶 2. 参与斗牛节、洗泥节等传统节日，感受女书的民俗风情
	学习女书手艺 1. 学会女书刺绣的基本针法，小组合力完成一幅简单绣品 2. 学习瑶族银饰的制作，亲手完成一副创意银饰 3. 品尝瑶家十八酿，了解并体验瑶家十八酿的制作方法
	传承女书文化 1. 读写女字，赏析女书文化 2. 拜访女书传承人，学习和传承女书文化
课后作业	1. 写一篇研学日记 2. 向父母分享自己的非遗之旅 3. 动手制作瑶家十八酿给父母品尝

（三）研学行程

以非遗文化为主题，"探寻非遗文化根，传统文化显魅力"研学行程主要安排3天完成，第一天行程的主题是"魅力女书，深入体验"，主要去往女书生态博物馆、上甘棠村聚福楼土菜馆、上甘棠家学讲堂；第二天行程的主题是"非遗研学、历史传承"，主要去往女书意象艺术馆、勾蓝瑶寨；第三天返程，主要以反思与总结为主。具体行程及体验内容见表6-2-4所示。

表6-2-4 "探寻非遗文化根，传统文化显魅力"研学行程具体安排

第一天：魅力女书，深入体验 女书生态博物馆正门—女书生态博物馆体验区—上甘棠村聚福楼土菜馆—上甘棠古建筑群—上甘棠家学讲堂—上甘棠村聚福楼土菜馆—民宿		
时间	地点	行程安排
8:00-8:30	女书生态博物馆正门	开营仪式：介绍本次研学旅行安排，讲解研学活动纪律，发布研学活动任务
8:30-11:00	女书生态博物馆体验区	导游讲解女书起源、构造等文化知识，开设女字认读、女红制作及女歌吟唱等体验活动
11:00-12:30	旅游大巴	前往上甘棠村
12:30-14:00	上甘棠村聚福楼土菜馆	品尝当地美食、休整
14:30-16:00	上甘棠古建筑群	学习上甘棠建筑的类型以及作用，体会古代人的智慧，增强学生对传统建筑技艺的文化自信
16:30-17:30	上甘棠家学讲堂	学习上甘棠古村的道德文化，读写流传下来的家风家训，传承优良家风
18:00-19:30	上甘棠村聚福楼土菜馆	晚餐，休整
20:00-7:00	民宿	休息

续表

第二天：非遗研学，历史传承 民宿—女书意象艺术馆—勾蓝瑶寨——民宿		
时间	地点	行程安排
7:00—8:00	民宿	起床、整理行装、早餐
8:30—11:30	女书意象艺术馆	观看女书宣传片，女书传承人传授女字，感受女书文字的智慧与魅力
12:00—13:00	餐馆	午餐、休整
13:00—13:30	旅游大巴	去往勾蓝瑶寨
13:30—17:30	勾蓝瑶寨	体验瑶族洗泥节、盘王节等民俗节日，学习瑶族十八酿的制作方法，并学做特色小吃
17:30—19:00	餐厅	品尝瑶族特色美食
19:30—20:30	民宿	闭营仪式：研学总结大会（给每位学员颁发研学证书与奖状，导师总结发言）
第三天：反思与总结 返程。结束后开一次班会，交流两天的非遗研学成果，发表看法。将所学、所知、所想记录下来，形成研学日记		

三、爱国之书——读爱国英雄故事，颂不朽红色经典

（一）课程介绍

在中小学生成长的关键时期，通过对永州近代各位革命先辈以及爱国精神的了解，可以让中小学生深刻领悟现在和平生活得来的不易，明白应当不仅要珍惜当前生活，更要奋发图强，从小开始确定自己的目标和人生规划。因此，在永州开展以"爱国"为主题的永州红色研学课程设计，既有利于提高学生对于永州红色文化的感知度，又能培养他们的爱国情怀，使他们更好地传承红色文化，这一主题也是永州研学旅行产品设计与开发的一大亮点。

（二）课程设计

以红色研学为主题，"读爱国英雄故事，颂不朽红色经典"研学课程主要从历史小达人、故事小达人、志愿小达人和学习小达人四个方面展开设计，具体内容见表6-2-5所示。

表6-2-5 "读爱国英雄故事，颂不朽红色经典"研学课程设计内容

"读爱国英雄故事，颂不朽红色经典"研学课程设计	历史小达人 1.在英雄故里了解各位英雄的生平事迹 2.与同学、老师交流自己的初步认识
	故事小达人 1.讲述一个我国革命前辈的故事 2.革命前辈人物角色扮演，演绎舞台剧

续表

"读爱国英雄故事，颂不朽红色经典"研学课程设计	志愿小达人 1. 了解革命前辈艰苦奋斗的历史 2. 学习党的精神，了解景区志愿者
	学习小达人 1. 交流本次研学中学习到的知识点 2. 在生活中学习革命前辈的精神
课后作业	1. 尝试了解中国共产党历史 2. 写一篇研学日记

（三）研学行程

以红色研学为主题，"读爱国英雄故事，颂不朽红色经典"研学行程主要安排1天完成，具体行程及内容见表6-2-6所示。

表6-2-6 "读爱国英雄故事，颂不朽红色经典"研学行程具体安排

陈树湘纪念园—烈士墓—红色岁月饭店—李达故居—连村红六军团旧址		
时间	地点	行程安排
7:00-8:00	旅游大巴	说明本次红色研学旅行的目的和意义，让学生对本次研学有一个初步的认知
8:00-10:00	陈树湘纪念园	参观陈树湘纪念园，听研学导师讲解，了解烈士陈树湘的英勇事迹和作战环境
10:30-12:30	烈士墓	参观烈士墓，听取研学导师的讲解，感受当时战争时期的险峻环境，珍惜今天的美好生活
12:30-13:30	红色岁月饭店	品尝永州特色菜肴
13:30-15:00	李达故居	参观李达故居，听取李达革命事迹讲解，体会李达矢志不渝坚守马克思主义信仰的革命精神。参观结束后一起到李达同志塑像前唱红歌、诵读经典。以活动弘扬奉献精神，激发学生的奋斗精神，鼓励他们努力学习，为实现中华民族伟大复兴的中国梦做出自己的贡献
15:00-17:30	连村红六军团旧址	参观红六军团旧址，学习党史，听取"半截象牙筷"的故事讲解，近距离感受红六军团的革命精神，增强红色记忆，传承红色基因，培养爱国情怀
16:30-17:30	酒店	进行研学总结

四、水文之书——悟大千山水之意，品人文古韵之理

（一）课程介绍

永州位于湖南省南部潇、湘二水汇合处，故雅称"潇湘"。潇水流经了永州九个县区，汇成湘江一路向北，是湘江的发源和湖湘文化的源头。"潇湘八景"沿湘江岸分布，潇湘承载着厚重的历史文化。饮水思源，节约用水，保护水资源，这是我们每个人

的责任，不要让最后一滴水成为我们的眼泪。古人云："水之性格为上善，水利万物而不争。"水，以其原始宇宙学的精髓内涵渗入人类文化思想的意识深层。潇水支流濂溪，蕴藏着湖湘文化的源头——理学；阳明山下，潇水支流黄溪汩汩流淌，柳宗元在此留下了著名的《游黄溪记》。因此，在永州开展以"水文"为主题的研学课程设计，既可以引导学生品悟山水人文，又可以培养学生的理性思考能力，最终实现"文有所悟""理有所学"的课程目标。

（二）课程设计

以水文研学为主题，"悟大千山水之意，品人文古韵之理"研学课程主要从探索小能手、吟诗小能手、净水小能手和记录小能手四个方面展开设计，具体内容见表6-2-7所示。

表 6-2-7 "悟大千山水之意，品人文古韵之理"研学课程设计内容

"悟大千山水之意，品人文古韵之理"研学课程设计	探索小能手 1. 对永州水文资源进行研学探索 2. 互相交流发现的不认识植物，进行探讨
	吟诗小能手 1. 沿潇水河畔欣赏美景并进行古诗词飞花令 2. 评选出吟诗小专家
	净水小能手 1. 在小石潭研学，进行水资源净化小实验 2. 互相交流水资源保护办法
	记录小能手 1. 将本次研学旅行中所感、所悟记录下来 2. 探寻萍洲春涨时为什么会出现那样奇妙的景观
课后作业	1. 尝试去了解永州水文资源 2. 写一篇研学日记

（三）研学行程

以水文研学为主题，"悟大千山水之意，品人文古韵之理"研学行程主要安排1天完成，行程安排主要是围绕潇湘及其附近的"永州八景"和小石潭展开，具体内容见表6-2-8所示。

表 6-2-8 "悟大千山水之意，品人文古韵之理"研学行程具体安排

萍洲书院—小石潭		
时间	地点	行程安排
7:00—8:00	酒店	吃早餐，做好出发准备
8:30—11:30	萍洲书院	游览萍洲书院景区，听研学导师讲解萍洲书院的来历以及它和"永州八景"中其他景观的关联，认真思考，做好研学记录

续表

萍洲书院—小石潭		
时间	地点	行程安排
11:30—12:30	特色餐厅	品尝用永州地区生态食材做成的特色美食
13:30—16:30	小石潭	实地体验,探究柳宗元当时在小石潭的心境,并开展净水小实验
17:30—18:30	特色餐厅	品尝永州风味美食
18:30—20:00	酒店	开小班会,交流今天所感受到的风景和学习到的净水知识,轮流发言

五、孝廉之书——寻濂溪柳子之根,溯舜德文化之源

(一)课程介绍

以孝廉研学为主题,"寻濂溪柳子之根,溯舜德文化之源"研学课程设计以濂溪故里、上甘棠古村、柳子庙、舜帝陵为依托,安排景点参观讲解、孝廉故事分享、濂溪课堂、祭拜舜帝等行程活动,让学生感悟孝廉文化,在研学过程中学习孝廉品德,在潜移默化中提升道德修养。濂溪故里,是宋代理学鼻祖周敦颐的故乡,位于永州道县清塘镇楼田村,被列为全国重点文物保护单位、省廉政教育示范基地,景区内主要有周敦颐诞生故居、濂溪祠、道岩等景点。上甘棠古村隶属于永州市江永县夏层铺镇,迄今已有1000余年历史,被史学界誉为"千年古村"。上甘棠村的周氏一族以儒学为宗、耕读传家,上甘棠绵延的文脉和周氏严谨的家风使得这一大族在僻远的湘南小镇常盛不衰。村内保存着200多幢明清时代的古民居,著名景点有文昌阁、步瀛桥、月陂亭等,上甘棠博物馆为湖南省首家村级博物馆,全方位展示古村的村史文化、民俗风情和独特的人文魅力。柳子庙位于湖南省永州市零陵区柳子街,地处潇水西岸、愚溪之滨,建于北宋至和三年(1056年),2001年6月25日被列入第五批全国重点文物保护单位名录。砖木结构、三栋进深的柳子庙保存了《荔子碑》《捕蛇之歌》《愚溪怀古》等碑刻。舜帝陵位于九嶷胜地、德孝之源的历史文化名城永州宁远县九嶷山,占地面积约5万平方米,是舜帝的陵庙,是我国始祖陵中最高最大的陵,被称为"华夏第一陵"。《史记》载:"舜南巡狩,崩于苍梧之野,葬于江南九嶷。"舜源峰猴山位居"九嶷山"之首,乃舜帝崩葬之地,有"中国第二花果山"之美誉。走进濂溪故里、上甘棠古村、柳子庙、舜帝陵,感受孝廉文化的厚重,跟随人文踪迹,探寻根源于人类品质的美好德行,让学生在旅途中学习,在研学中成长。

(二)课程设计

以孝廉文化研学为主题,"寻濂溪柳子之根,溯舜德文化之源"研学课程主要从"濂溪柳子,哲思世范""古村寻访,孝廉传承""舜德天下,颂歌礼赞"三个方面展开

设计，具体内容见表6-2-9所示。

表6-2-9 "寻濂溪柳子之根，溯舜德文化之源"研学课程设计内容

"寻濂溪柳子之根，溯舜德文化之源"研学课程设计	濂溪柳子，哲思世范 1. 前往柳子庙，游玩柳子街，学习柳宗元相关历史及其作品，研学导师带领学习和解读庙内《荔子碑》等碑刻，集体朗诵《小石潭记》选段 2. 前往濂溪故里，走访明清古民居建筑，研学导师科普明清古民居建筑文化 3. 由研学导师向学生科普有关周敦颐的历史知识，在周敦颐诞生故居景点讲解周敦颐理学文化，在濂溪祠开展古文学习课堂，仿古私塾，组织学员学习《爱莲说》
	古村寻访，孝廉传承 1. 参观上甘棠村博物馆，学习上甘棠古村以儒学为宗、耕读传家的发展史 2. 游玩文昌阁、步瀛桥、月陂亭，寻找文天祥在步瀛桥上的题词"忠孝廉洁"和月陂亭摩崖石刻
	舜德天下，颂歌礼赞 1. 游览舜帝陵，了解舜帝德善事迹，分享感受，参与舜帝祭拜活动 2. 游玩舜源峰猴山，感受九嶷山景区优美的自然风光，让学员们亲近大自然
课后作业	1. 向父母、朋友分享孝廉文化 2. 查询从古至今的孝廉故事1~2个，在研学最后一天进行分享 3. 写一篇研学日记

（三）研学行程

以孝廉文化研学为主题，"寻濂溪柳子之根，溯舜德文化之源"研学行程主要安排3天2晚。第一天行程主题是"濂溪柳子，哲思世范"，主要去往柳子街柳子庙及濂溪故里各景点；第二天行程主题是"古村寻访，孝廉传承"，主要去往上甘棠古村、上甘棠村博物馆、步瀛桥；第三天行程主题是"舜德天下，颂歌礼赞"，主要去往九嶷山舜帝陵感受舜德文化。具体内容见表6-2-10所示。

表6-2-10 "寻濂溪柳子之根，溯舜德文化之源"研学行程具体安排

第一天：濂溪柳子，哲思世范 柳子街（柳子庙）—濂溪故里—周敦颐诞生故居—濂溪祠		
时间	地点	行程安排
8:00-8:30	零陵古城景区门口	介绍本次研学旅行安排，让学生对本次出游有一个初步认知；举行开营仪式（研学导师宣布研学纪律，发布研学任务，给每位学员颁发一枚研学徽章）
8:30-9:30	柳子街	走访柳子街石板路，欣赏道路两旁古屋建筑
9:30-11:30	柳子庙	参观柳子庙，研学导师介绍柳宗元相关历史及其作品，带领学习、解读庙内《荔子碑》等碑刻，最后集体朗诵《小石潭记》选段
11:30-12:30	柳子街	品尝当地美食、休整
12:30-14:30	前往濂溪故里	沿途研学导师科普明清古民居建筑文化

续表

第一天：濂溪柳子，哲思世范		
柳子街（柳子庙）—濂溪故里—周敦颐诞生故居—濂溪祠		
时间	地点	行程安排
14:30—16:00	濂溪故里（周敦颐诞生故居）	参观游览濂溪故里及周敦颐诞生故居，由研学导师介绍周敦颐，解说古居建筑知识
16:00—18:00	濂溪祠	研学导师普及周敦颐理学思想，开展古文学习课堂，仿古私塾，组织学员学习《爱莲说》
18:00—19:30	濂溪故里景区内	品尝当地美食、休整
19:30	入住景区民宿	休息

第二天：古村寻访，孝廉传承		
濂溪故里—上甘棠村博物馆—步瀛桥—月陂亭—上甘棠古村		
时间	地点	行程安排
7:30—8:00	濂溪故里景区民宿	起床、整理行装、吃早餐
8:00—9:30	大巴	前往上甘棠村
9:30—12:00	上甘棠村博物馆、文昌阁	参观上甘棠村博物馆及文昌阁，学习上甘棠古村以儒学为宗、耕读传家的发展史
12:00—14:00	午餐和民宿休息	品尝当地特色美食，午休
14:00—15:30	步瀛桥	寻找文天祥在步瀛桥上的题词"忠孝廉洁"，研学导师介绍步瀛桥历史
15:30—17:30	月陂亭	参观月陂亭摩崖石刻，研学导师讲解月陂亭景点及石刻内容
17:30—18:00	返回民宿	用晚餐以及休整
18:30—20:00	上甘棠古村	划定范围自由参观
20:00	景区内民宿	休息

第三天：舜德天下，颂歌礼赞		
九嶷山舜帝陵—舜源峰猴山		
时间	地点	行程安排
7:30—8:00	濂溪故里景区民宿	起床、整理行装、早餐
8:00—9:30	大巴	前往九嶷山舜帝陵
9:30—12:00	九嶷山舜帝陵	游览舜帝陵，研学导师普及舜帝德善事迹与故事，邀请学员分享参加"舜德故事会"后的感受，并组织学员开展舜帝祭拜活动，歌颂礼赞舜帝
12:00—14:00	九嶷山舜帝陵	午餐和景区内休息
14:00—16:00	舜源峰猴山	游玩舜源峰猴山，体验九嶷山景区优美的自然风光，研学导师普及舜源峰猴山自然资源知识
16:00—18:00	景区内	结束后开一次班会交流研学成果，互相发表自己的看法，分享各自的研学感受
18:00		结束研学之旅

第三节　永州研学旅行市场营销推广

2023年12月19日，QuestMobile发布的《中国互联网核心趋势年度报告（2023）》显示，2023年中国移动互联网月活用户规模已经突破12.24亿人，全网月人均使用时长接近160小时，全网日人均使用时长达5.3小时。2024年4月发布的《中国网络视听发展研究报告（2024）》显示，截至2023年12月，我国网络视听用户规模达10.74亿人，网民使用率高达98.3%；2023年，移动互联网用户人均单日使用时长为435分钟，其中移动端视听应用人均单日使用时长为187分钟。笔者于2019年暑假所做的问卷调查显示，90%以上的被调查者是从网络上获取信息。因此，永州研学旅行市场营销推广可以线上营销方式为主，以线下营销方式为辅。因此，将永州研学旅行产品市场营销推广主题提炼为：博览潇湘五书，品尝研学百味。"览"与"尝"体现了永州研学旅行的目的，"百味"彰显了永州的文化底蕴之浓、文化品类之丰富，"五书"则是与永州研学产品主题相契合。

一、线上营销

（一）旅游网站营销

旅游网站是指在互联网上，使用HTML等工具制作的用于展示旅游信息的相关网页的集合。简单而言，旅游网站是一种展示工具，就像布告栏一样，旅游企业可以通过旅游网站来发布旅游资讯，或者利用旅游网站来提供相关的旅游网络服务。旅游网站营销是旅游企业常用的网络营销手段，通过建立旅游企业网站宣传企业形象、介绍企业产品、传播企业信息。旅游网站营销广泛地应用于旅游景区、旅行社、旅游饭店、旅游交通等各方面。永州研学旅行市场营销与推广应首先建立自己的研学网站，将永州研学旅行产品投放在自己的网站上进行营销推广，由网站直接向旅游消费者销售研学旅行产品。也可以与国内知名旅游网站如携程、途牛等进行合作，间接推广永州研学旅行产品。此外，还可以通过永州研学旅行攻略、游记等形式，让研学学员以及旅游消费者和平台进行互动。以马蜂窝为例，我们都知道找攻略、看游记就上马蜂窝，马蜂窝成了游客之间交流和互动的平台。永州研学旅行网站可不定期通过优惠券、专题活动等形式，来吸引用户的关注并刺激用户消费。

（二）微信营销

微信营销是网络经济时代企业或个人营销模式的一种，是伴随着微信的火热而兴起的一种网络营销方式。微信不存在距离的限制，用户注册微信后，可与周围同样注册的"朋友"形成一种联系，用户订阅自己所需的信息，商家通过提供用户需要的信息推广自己的产品，从而实现点对点的营销。永州研学可建立自己专属的微信公众号，公众号坚持发布具有吸引力的永州研学旅行产品资讯、优惠信息等文章，还可以设置微信朋友圈转发集赞活动，根据集赞数量设置不同等级的奖品，例如单项旅游项目免费、相关景点免门票等，以及在公众号评论区抽取幸运留言者赠送永州研学主题研学大礼包等。另外在微信"看一看""视频号"等新功能平台同步跟进宣传。还可在微信上建立永州研学旅行产品微商城，将永州研学旅行产品全部放在微信商城上进行线上销售，扩展销售渠道，这样有需求的消费者就可以在微信上找到永州研学旅行产品下单消费；另外，还可以灵活运用微商城的拼团、优惠券、多人砍价、会员积分、分销等社交电商营销工具，为微商城吸引更多永州研学旅行产品消费者。

（三）微博营销

微博营销是指通过微博平台为商家、个人等创造价值而执行的一种营销方式，也是指商家或个人通过微博平台发现并满足用户的各类需求的商业行为方式。微博营销以微博作为营销平台，每一个关注者（粉丝）都是潜在的营销对象，企业利用更新自己的微型博客向网友传播企业信息、产品信息，树立良好的企业形象和产品形象。每天更新内容就可以跟大家交流互动，或者发布大家感兴趣的话题，以此达到营销的目的。永州研学可建立自己的微博账户，积极发布永州研学旅行产品相关信息，积累人气，同时也可与知名微博博主进行合作，推广永州研学旅行产品。此外，可设置永州研学旅行关键词，用机器人抓取微博，并紧跟回复，留下永州研学旅行产品的销售线索，直接在微博上发掘潜在研学旅行客户。开展研学活动前还可进行活动预热，邀请微博大V们转发评论，开展#永州主题研学旅游#话题讨论，在微博评论区开设投票通道，并采取有奖竞答的方式吸引更多的人参与到相关话题中，激励大众转发评论，形成多平台联动宣传的态势。

（四）新闻媒体营销

新闻媒体营销是以新闻为宣传的一种营销方式。新闻媒体营销在营销活动中综合运用新闻报道传播手段，创造最佳传播效能。新闻媒体营销通过新闻的形式和手法，多角度、多层面地诠释企业文化、品牌内涵、产品机理、利益承诺，传播行业资讯，引领消费时尚，指导购买决策。这种模式非常有利于引导市场消费，在较短时间内快速提升产品的知名度，塑造品牌的美誉度和公信力。永州研学可借助电视广告、杂志广告、广播广告等新闻媒体展开营销，引导消费，迅速提升永州研学旅行的知名度和影响力，同时，利用新华网、新浪新闻等线上渠道，前期设置曝光点，吸引大量用户关注，增加永州主题研学识别度，并在中后期发布永州主题研学旅行专题内容，开放留言频道，追踪最新动态消息。此外，永州研学也可通过赞助公益活动等来提高自身的知名度和可信度。

（五）软文营销

软文营销，就是指通过特定的概念诉求，以摆事实讲道理的方式使消费者走进企业设定的"思维圈"，以强有力的针对性心理攻击迅速实现产品销售的文字模式和口头传播模式。比如：新闻，第三方评论，访谈，采访，口碑。从本质上来说，软文是企业软性渗透的商业策略在广告形式上的实现，通常借助文字表述与舆论传播使消费者认同某种概念、观点和分析思路，从而达到企业品牌宣传、产品销售的目的。永州研学要想提高自身知名度与影响力，就要多进行曝光。因此，可以在各大论坛发布文章，可以是研学攻略或者游记的形式，也可以在今日头条、搜狐自媒体等平台发布高质量研学旅行文章，提升永州研学旅行的吸引力。

（六）视频营销

视频营销，基于以视频网站为核心的网络平台，以内容为核心、创意为导向，利用精心策划的视频内容实现产品营销与品牌传播的目的；是"视频"和"互联网"的结合，具备二者的优点；具有电视短片的优点，如感染力强、形式内容多样、创意新颖等，又有互联网营销的优势，如互动性强、主动传播、传播速度快、成本低廉等。视频营销形式多样，既有由专业团队制作的精美"微电影"，如益达口香糖的视频广告，又有中小企业的独立制作、小型外包甚至众包。抖音、快手、哔哩哔哩等众多的视频软件，拥有庞大的用户群，可借助这些平台邀请一些拥有一定粉丝基础的网络红人对永州主题研学进行宣传。同时，可发布主题视频挑战（创意变装、旅行Vlog等）活动，邀请流量短视频博主、网红参与创意视频拍摄，利用流量大规模宣传永州主题研学活动，吸引更多用户关注。视频营销归根到底是营销活动，因此成功的视频营销不仅要有高水准的视频制作更要发掘营销内容的亮点。永州研学旅行可拍摄具有自己特色的微视频进行宣传推广，尤其是设计与拍摄当下最热门的抖音小视频进行宣传推广，不仅成本较低，而且传播时效性较强，容易迅速提升知名度和影响力。

（七）电子邮件营销

电子邮件营销是通过电子邮件向目标客户传递有价值信息的一种网络营销手段。2024年3月22日，中国互联网络信息中心（CNNIC）在北京发布第53次《中国互联网络发展状况统计报告》。报告显示，截至 2023 年 12 月，我国网民规模达 10.92 亿人，较 2022 年 12 月新增网民 2480 万人，互联网普及率达 77.5%。这为邮件营销提供了巨大的客户群。电子邮件产生于 20 世纪 70 年代，90 年代后被广泛使用。最早的电子邮件营销来源于"垃圾邮件"，由于电子邮件具有应用范围广、适用性高、针对性强、操作方便、成本低廉等特点，电子邮件营销在旅游营销中逐渐盛行。电子邮件营销不是传统直邮广告在网络上的延伸，更不是垃圾邮件，而是网络营销方法体系中相对独立的一种，既可以与其他网络营销方法相结合，也可以独立应用。永州研学旅行可设计有吸引力的电子邮件有针对性地进行发送，可实现低成本、高效率的市场营销与推广。

二、线下营销

（一）与旅行社进行团购销售

旅行社连接各种旅游产品消费市场，它也是风景区、旅游项目与消费者链接的重要枢纽。因此通过旅行社建立合理的永州研学旅行产品的包装以及有吸引力的推荐是吸引消费者的重要途径。研学旅行产品作为新兴旅行产品，在市场营销方面主要依靠旅行社的市场人群基础，因此占有游客市场，成为其发展不可或缺的基础。目前永州研学旅行发展态势较好的旅行社有永州中国青年旅、永州湘青研学旅行社、永州万里路研学旅行社、永州康辉旅行社等。因此，可以选择与这些发展态势较好的旅行社进行合作，积极推进永州研学的线下营销推广。

（二）与学校直接进行长期合作销售

根据问卷调查可知，永州研学旅行产品的主要目标市场为永州市的中小学生，与学校直接合作不仅减少了中间商差价，降低了永州研学旅行产品价格，而且可以直接听取学校学生需求，不断完善与改进研学旅行产品，更有利于达到研学最佳效果；最重要的是，与学校直接合作可以根据其需求设计有针对性的个性化的特色研学旅行产品。相关数据资料显示，截至 2020 年 8 月，永州市中小学一共有 558 所，在校中小学生人数高达 50 万人以上，由此可见，永州研学旅行市场规模庞大，有巨大的潜力。

（三）与研学旅行基地进行合作

2022 年 1 月 11 日，永州市发布 10 条措施促进旅游发展。其中，第六条明确规定要大力发展研学旅行。永州市被评为国家级研学旅行基地（营地），并开展"百万学子研学永州"活动，每学期组织全市 50 万名以上中小学生在永州开展研学活动。研学政策的推动势必会推动永州当地研学基地的不断发展与完善。目前永州研学旅行基地的缺点在于项目服务总体的单一性及数量限制，由于缺乏开发经验和具有借鉴意义的典型研学基地,目前永州研学旅行基地发展势头较缓,但优点在于多方面研学政策的支持以及部分企业与在建研学基地的合作投入,可为永州研学旅行提供基础设备设施的支持,并且可以依托其已经积累的游客市场进行宣传,同时研学旅行基地可以通过为永州研学旅行项目提供研学服务和基础设施服务来获取收入,达到合作双赢。

第七章 永州研学旅行发展中存在的问题及发展对策与建议

近年来,全国各地的中小学校开展研学旅行活动已经成为一种发展趋势,永州研学旅行也发展得如火如荼。但目前永州研学旅行发展中还存在不少问题:研学资源有待进一步开发,整合力度不强;宣传力度不够,知名度较低;产品开发的创新性与针对性不强;研学旅行专业导师人才比较匮乏;研学旅行基地建设方向交叉可能导致产品雷同等。针对以上问题,可从以下方面着手改善:大力整合研学资源,加快永州研学品牌建设;加强宣传力度,提升核心竞争力;打造专题研学,有针对性地开发研学旅行产品;制定人才吸引战略,统筹研学专业人员队伍建设;从促进永州研学旅行基地之间合作研究等方面探讨解决对策与建议,以期解决永州研学旅行发展中存在的问题,提升永州研学旅行的教育价值。

第一节 永州研学旅行发展中存在的问题

随着研学旅行市场规模逐渐扩大,相关主题激增,竞争者增多,研学旅行行业发展面临的挑战不容小觑。2020年12月9日,中国社会科学院财经战略研究院、中国社会科学院旅游研究中心及社会科学文献出版社联合发布《休闲绿皮书:2019—2020年中国休闲发展报告》,报告指出,我国研学旅行起步晚,国内研学市场上普遍存在着准入门槛低、退出机制不完善等问题。研学旅行是我国推进素质教育的一个重要突破口,从长期来看,国家将会持续加大对研学旅行产业的支持力度,研学旅行政策也必将逐步严格和完善。同时,研学旅行能够弥补课堂教学和学校教育的不足,拓展学生的学习空间和内容,培养学生的学习兴趣和习惯,学生对于研学旅行的需求必将对企业的师资、收费、内容等实力提出更为严格的要求。永州研学旅行发展晚于国内一、二线城市,发展基础非常薄弱，还有很多地方需要尽快完善。

一、资源有待进一步开发，整合力度不强

永州自然风光秀丽、人文底蕴深厚，旅游资源丰富。近年来，随着研学旅行的发展，永州不断借助其自身生态、古迹遗址、民俗文化、人文资源等优势，开发设计了摩崖石刻研学、文化研学、非遗研学等多条研学路线，形成了多种主题化的研学旅游产品。然而，目前永州研学旅行产品开发仍然存在旅游资源开发程度浅的问题，即绝大部分都是在现有旅游资源的基础上进行开发或简单组合，导致研学形式单一，大多停留于"观光+讲解"的形式，缺乏专业性设计，难以达到研学旅行所要求的内涵高度，难以满足研学旅行"教育"+"旅游"的双重属性。

二、宣传力度不够，知名度较低

2021年"双减"政策落地后，研学旅行成为素质教育领域的重要赛道之一，大批教育培训和文旅机构主动涌入研学市场，打造研学实践教育基地，开设研学实践课程，市场竞争十分激烈，倒逼研学行业转型升级。因此，唯有高质量、高服务、高标准，遵循教育性、实践性、综合性、安全性等原则的研学旅行产品才能被市场认可与接受。而现阶段永州研学旅行还处于初级发展阶段，现有资源优势发展不充分，很难创造无法复制的研学产品，宣传手段主要是通过《永州日报》、红网等地方媒体进行宣传，主流媒体宣传次数少，未形成有效的宣传机制，导致研学产品集聚效应低、发展后劲不足，辐射范围受限，知名度较低。

三、产品开发的创新性与针对性不强

研学旅行作为一种区别于其他旅行的服务产品，其本质是教育，应当以中小学各年龄阶段所呈现的特征、需求、知识接受能力等差异因素为依据开发个性化、定制化的研学旅行产品，满足各主体的差异需求，真正达到实践育人的效果。目前，永州研学旅行产品的开发类型主要是以"文化+体验"复合型为主，研学产品相对比较单调，体验形式也比较单一，基本上是对景点、文化以及可利用的优势研学资源进行简单组合，在开发与设计研学产品上过度依赖现有的研学旅游资源，导致对市场缺乏深入调研，没有具体考虑到中小学生群体差异性需求，难以实现供需对接。此外，永州研学旅行产品的教育资源并未得到全面开发，研学旅行内容范围受限，缺乏学科知识，使其教育功能弱化或者缺失，研学教育效果也在很大程度上降低。

四、研学旅行专业导师人才比较匮乏

研学旅行活动的顺利开展需要大量懂教育懂旅行行业的复合型人才，研学导师就是需求最大的专业人才，而现实情况却是研学旅行专业人员的数量与质量难以满足市场需求。一般来说，研学导师不同于传统学校教师，研学导师不仅需要负责制订或实施研学旅行教育方案，协调配合其他职业人员的工作，还需要有序合理指导学生开展各类体验活动，保证研学活动有效实施。因此要求研学导师是具有专业理论知识和较高教学水平的全能型专业人才。现阶段，永州对研学导师的任职资格要求不够严格，对其能力水平的考评还不够完善，导致从业人员素质参差不齐，难以为中小学生提供满意的研学旅行服务，直接影响到研学旅行活动的质量，在一定程度上对永州研学旅行的发展起到了制约作用。

五、研学旅行基地建设方向交叉可能导致产品雷同

研学旅行基地可分为两类：一类是依托资源条件而建立的研学基地，另一类是为开展研学旅行专门建立的综合研学基地，而二者都需要对资源进行深度挖掘，创造优质研学产品。近两年，永州大力支持研学旅行，招商引进了很多研学基地项目，2022年发布的《永州市第二批中小学生研学实践基地（营地）拟确定名单公示》中就有21个基地，大部分属于投资新建的，只有4个基地是在原有的景点上进行拓展。永州研学旅行基地大量涌现，一方面可以丰富研学旅行产品，更好地满足中小学生体验性、个性化、多样化需求；但另一方面研学旅行基地同时过多涌现，且其建设与已经存在的研学旅行基地的方向和产品存在交叉，产品大多设计同质化，这样就会使得旅游资源和旅游市场出现恶性竞争现象，不利于永州研学旅行的可持续良性发展。

六、统筹协调机制缺失，管理责任落实不到位

研学旅行涉及学校、政府、研学基地、学生和家长等相关主体，目前永州研学方面存在的问题是各相关主体之间缺乏统筹协调。在研学旅行的日常监督和方向引导上，永州各部门还没有很好地全面履职，从而导致研学旅行或者研学实践基地的评选尚未规范，标准不明确，信息不对称，落地性不够强。笔者通过查阅相关资料了解到，直到现在，永州还尚未按照文件要求成立"中小学生研学旅行领导小组"。正是由于永州市研学旅行领导小组尚未建立，县区多数相关部门实际上对研学旅行管理较少，一些部门着力推动，但实际操作过程中难以统筹协调。

七、安全责任体系不健全，学生安全存在风险隐患

研学旅行对于青少年的成长十分有益，可以满足青少年求知、冶趣、释压等方面的需求。但是研学旅行组织环节多，流程复杂，需要把学生带到校外，在往返交通、景区设施设备、食宿以及传染病预防等方面都存在安全风险。而安全问题一直是如今学校管理中的难题，学生无论是在校内还是在校外，只要出了安全问题，学校承担无限责任。这也导致了学校与教育主管部门总是担心安全问题的发生，对研学旅行的实际推动力度较小。同时，在研学旅行组织过程中，学校对相关旅行社的资质及服务水平缺乏选择依据，这也增加了学生外出的安全风险。此外，中小学生尚未成年，自我安全意识和自我保护能力薄弱，安全监管难度很大，成为研学旅行实践中最大的风险隐患。永州某些地方的一些学校或者教育行政部门曾发文停止组织学生开展春游、研学旅行等校外实践活动，以避免因意外事故造成不良的社会影响，从而严重阻碍和制约了研学旅行的健康发展。因此，落实中小学生研学旅行的安全保障、健全安全管理措施与安全责任体系，成为教育主管部门和学校要解决的首要问题。

八、经费保障问题制约研学旅行发展，廉政风险较大

教育部等部门《关于推进中小学生研学旅行的意见》指出，各地可采取多种形式、多种渠道筹措中小学生研学旅行经费，探索建立政府、学校、社会、家庭共同承担的多元化经费筹措机制。但在实际操作中，政府、学校、社会承担的部分有限，家庭仍然是研学旅行经费的主要来源，客观加重了学生家庭的经济负担。特别是对农村家庭和城市收入较低的家庭来说，家长长时间体力劳动赚来的辛苦钱往往是家庭日常生活开支所需，而在这些家长眼中，研学旅行活动带有休闲玩乐意味，故难以被他们理解和支持。甚至部分家长对学校组织研学旅行有误解，认为这是学校的敛财手段，从而产生抵触情绪。从永州研学旅行开展的现状来看，积极参与研学旅行的孩子家庭经济状况大都较为宽裕，低收入家庭学生参与率不高，这种情况可能造成学生形成攀比心理或自卑心理，一定程度上也影响了教育均衡发展。

研学旅行大都要向学生收费，但是目前湖南省发展和改革委员会尚没有确立研学旅行专项收费许可，旅行社缺乏行业规范，从而造成研学旅行市场管理混乱，收费标准不一，甚至出现到同一个目的地研学，不同学校、不同旅行社价格不一的情况，这极易引发家长投诉。并且，对于参与指导研学旅行的带队老师，是否可以发放补助，用什么经费发放补助，尚无明确规定。个别旅行社直接给老师和校长补助又被查处，这大大增加

了学校管理中的廉政风险。

九、研学旅行评价内容比较片面，评价形式比较单一

研学旅行在我国作为一门新兴的实践类课程，在具体实践中，没有可供参考的权威性评价方式，因此研学旅行的评价主要还是采取作业评价和口头评价方式。考虑到评价方式的多元性，允许学生进行自我评价，但是缺乏评价标准，学生往往会对自己或者自己的好朋友、小组组长等成员进行一些"无关痛痒"的正面评价。没有标准、根据的评价使得课程评价的准确度也难以保证，不能达到促进学生成长进步的目标。在研学旅行中，对学生的评价内容应包括信息资料收集和处理能力、学习方式、知识整理与综合、思维方式、动手能力、意志品质、人际交往等各个方面，但就笔者进行问卷调查和实地访谈的情况来看，虽然大部分的学生都认为研学旅行的评价对自己很有帮助，但实际上依然有不少教师缺乏课后评价意识，且学校的评价内容比较单一，缺乏更为全面的评价方式，需要进一步完善。评价主体将研学旅行的评价内容过多地放在了"知识学习"和"能力锻炼"两部分，这样的结果往往会忽略学生其他方面的表现，如学生在团队合作时表现怎么样，有没有帮助同伴，有没有动脑思考，参与过程是否积极等。而多数学校以学生的研学成果作为最终评价，或是评选出一二三等奖这种量化的评价方式，未涉及学生在整个研学旅行过程中的表现。

第二节 永州研学旅行发展对策与建议

目前，永州市各级部门积极响应国家研学政策，积极探索制定适应于永州研学旅行发展的相关政策和方案，制定实施适应于永州研学旅行的"研学旅行规范"，笔者查阅相关文献资料，并对永州研学相关管理人员和工作人员进行了调研，整理得出以下关于优化和完善永州研学旅行发展的相关对策与建议。

一、大力整合研学资源，加快永州研学品牌建设

政府可以立足于永州文化，打造独具特色的研学旅行项目。永州目前有六个代表性的研学旅行项目，分别是江永勾蓝瑶寨生态博物馆项目、江永县女书园景区建设项目、摩崖石刻主题文化旅游线路开发项目、怀素草堂文化旅游项目、长征国家文化公园（道县段）建设项目、新田龙家大院国家AAAA级旅游景区项目。政府可引导旅行社、旅

游企业和研学机构等围绕这六个代表性的研学旅行项目开发相关研学旅行产品。此外还可拓展新的研学旅行项目和开发新的研学旅行产品，推荐学校在教学中加入孝廉文化、红色文化等教育，串联永州主题研学各板块，将各色主题相关旅游景点串联，形成一条或多条成熟的、完善的研学旅行线路，整合分布相对较分散的旅游单体，形成系列研学。在进行特色开发的同时，积极打造研学品牌，设计创意 IP 形象或 IP 故事，将旅游目的地形象具象化，赋予研学产品特有的内涵与价值。目前永州正在打造"永州之野"品牌，研学旅行可以主动融入其中，扩大影响力，促使研学旅行市场辐射度更广泛。

二、加强宣传力度，提升核心竞争力

永州研学旅行的宣传推广应该采取线上线下相结合的方式，系统全面地抓住市场，逐步完善线下推广，拓宽线上营销推广。

（一）线上推广

1. 微信推广

通过建立永州研学微信公众号，规范公众号管理，适当发布具有特色的研学旅游活动文章来宣传永州研学旅游。设计开发研学相关的微信小程序，根据市场细分的类别分别设计研学相关知识的竞赛活动，符合参与者的特点，增加互动环节，激发参与者对研学产品的兴趣，竞赛获胜者参加研学旅行可享受适当优惠。

2. 微博推广

首先，要建立永州研学旅游官方微博账号，实时更新精彩的研学活动文章。其次，请经常旅游的旅拍达人和网络红人来实地体验永州的研学旅游产品，并发布一些永州研学活动的微博动态。再次，可以根据目标细分市场，选择合适的有影响力的人群发布有关永州研学旅行活动的文章，让更多的人了解研学旅行，鼓励更多的人参与研学活动。最后，可以在微博上设置关注＋评论＋转发抽奖活动，中奖的用户可以免费参与一次短期的研学旅游，以此鼓励和吸引更多的人参与研学活动。

3. 网站推广

建立永州研学旅行的官方网站，根据研学旅行市场细分，设置不同类型和特点的板块，及时更新与永州研学旅行有关的信息，供用户参考选择。网上征集有关"永州研学精彩瞬间"的图片、视频及其他相关内容上传至网站，通过浏览量与转发量和网络投票的方式评选出一二三等奖，每位参与比赛者都可获得精美礼品一份，以竞赛的形式扩大研学活动的影响力。

4. 小视频推广

小视频是近些年来出现的新型营销推广方式，使用小视频的群体偏年轻化，这种营销推广方式主要针对的人群为中小学生和大学生群体。研学机构可以和小视频网络公司合作，可以联合举办研学旅游活动视频征集大赛，主要通过网络人气投票和视频转发量来决定最后的排名，以此达到宣传推广的作用。

5.APP 推广

首先，旅行社和研学机构可以与携程、途牛、马蜂窝、驴妈妈等旅游 APP 合作推出一些永州研学旅行产品，让更多的人了解永州独具特色的研学旅行产品，打开市场。其次，可以研究开发一款关于永州研学旅游的 APP，根据细分市场，设置不同的模块，发布适合的研学旅行产品，吸引客户，助力永州研学旅行的发展。另外，可以设置私人定制模块，根据参与者的需求特点设计研学产品，提供个性化服务，为研学旅行的发展提供便利。

（二）线下推广

1. 宣讲会营销推广

为了中小学生的身心健康发展，国家大力支持研学旅行，近年来发布多项重要文件，要求为学生创造更加丰富的研学课程，创造更安全的研学环境。研学机构可利用国家要求中小学生每个学期必须进行研学旅行的政策优势，由旅行社和研学机构牵头，结合学校的宣讲会，进行研学旅行的宣传推广。

2. 户外广告营销推广

当前，研学旅行客源市场相对集中，但在地域上受距离衰减规律影响，应利用户外广告，拓展研学旅行品牌宣传及合作影响力，实现市场多元化。此外，研学旅行严重依赖于组团社、社会研学教育机构，游客的稳定性较弱。对此，更要加大户外广告媒体的渠道宣传力度，准确定位客源市场群体，选择高质量的调研案例进行专项推广，开展互动宣传，向公众普及，营造良好的市场氛围，形成行业领军品牌效应。

三、打造专题研学，有针对性地开发研学旅行产品

研学旅行产品文化内涵的丰富性和特色性既是吸引和招徕中小学生的关键因素，也是提高旅游者体验质量的重要因素。而研学旅行产品特色化的打造需建立在主题的基础上，将研学所在地特有的民族文化、地域文化、历史文化等元素融入研学旅行产品的开发中，依据学生年龄阶段、兴趣爱好以及学校教学目标等影响要素打造出无可复制的专题旅游产品。在内容的安排与形式的设计上，应注重中小学生的研究收获与体验感

受。只有这样，才能吸引中小学生并满足其需要，有效提高中小学生在研学过程中的积极性与参与性，将"研"与"学"完美结合，真正发挥研学旅行对学生综合育人的重要作用。

四、制定人才吸引战略，统筹研学专业人员队伍建设

人才是研学旅行产品主要的研发者与创造者，是提高产品竞争力与影响力的主要资源。对此，永州大力实施新时代人才强市战略，扩宽人才引进渠道，吸引大学生返乡就业，实施动态监控管理，全面掌握研学市场各领域人才短缺情况，精准筛选最契合人才，提高人员能力与岗位工作要求的匹配度，统筹专业人才队伍建设，建立灵活管理体制机制，引导人才对研学旅行产品进行开发与研究。同时，鼓励研学导师对外交流，与国内研学行业专家学者进行交流与学习，提高教学能力，做到"理论+实践"的搭配教学，提高其专业素养和能力。

五、促进永州研学旅行基地之间的合作研究

合作研究是研究的必然趋势。"听一听、看一看、拍一拍"此类简单研学旅行形式不仅大大降低了研学旅行的研学效果，也让研学活动本身失去了其教学意义，因此教育部门及研学基地力求完美结合教育的专业性和旅游的服务性，打造教育与旅行有机融合的研学模式，推动研学旅行研究逐渐深化、研学领域方向开始向多元化发展。单一的研学基地学术视野和专业知识有限，这限制了其深化研究。因此，基地之间应建立长期稳固的合作关系，一方面，各基地之间相互交流与合作，有利于充分发挥各自的资源优势，减少因生源交叉而产生的过度竞争；另一方面，有利于基地研究者及时掌握研学旅行实施中存在的问题或者不足，相互借鉴，更好地推动永州研学旅行的发展。

六、健全各方运行机制，促进研学旅行高质量发展

研学旅行涉及学校、政府、研学基地、学生和家长等相关主体，因此，要想保证研学旅行长期、健康、稳定发展，必须健全研学旅行运行机制。为协调政府、学校、研学基地等各方合作关系，永州市政府需要出台支持开展研学旅行的相关政策，鼓励、支持并引导企业积极与永州市研学景点开展合作。此外，政府还应该提供资金和技术支持，开发景区潜力，同时配合旅行社推出高质量、高标准的永州研学旅行产品。研学基地培训研学导师应当结合永州本土文化，开设更有趣、更本味、更可学的研学课程、参加研学的学生要提前做好课程预备知识，同时需要家长做好支持工作。所以，永州研学旅行

只有从政策、经费、技术、组织、安全、课程体系等方面一起抓,才能促使永州研学基地稳步、高质量地长久发展。

七、做好研学安全防范,健全安全责任体系

(一)做好研学安全教育和防范措施

研学旅行的主要对象是中小学生,这一群体的安全意识还不强,生活知识较为缺乏,盲目性和随意性较大;很多学生心理素质较差,遇到困难或危险不能冷静处理,往往紧张而不知所措;处于叛逆期的学生甚至还会故意做出与安全要求相悖的行为。学校的安全教育是增强学生安全意识、提高安全能力的主要途径,学校应以防患于未然的姿态加大安全教育的力度与强度。学校应从纪律和知识两方面入手,既从纪律层面做好安全管理,又从知识层面提供应对安全问题的方法和策略,加强培养学生的安全防范意识、应急处理能力、防范能力,重视学生心理健康教育,提高心理承受能力。另外,也可制作紧急联络卡,以备出现安全问题时可根据卡片信息联系到相关人员。紧急联络卡可做三张,一张留给学生自己,一张留给研学导师,一张留给一起研学的学员。

(二)建立健全研学安全责任体系

研学旅行是教育部等11个国家部门共同推进的活动,在安全保障上也应该共同应对。2016年11月教育部等11部门发布的《关于推进中小学生研学旅行的意见》中提出,各地要制订科学有效的中小学生研学旅行安全保障方案,探索建立行之有效的安全责任落实、事故处理、责任界定及纠纷处理机制,实施分级备案制度,做到层层落实、责任到人。教育行政部门负责督促学校落实安全责任,审核学校报送的活动方案(含保单信息)和应急预案。学校要做好行前安全教育工作,负责确认为出行师生购买的意外险,必须投保校方责任险,与家长签订安全责任书,与委托开展研学旅行的企业或机构签订安全责任书,明确各方安全责任。旅游部门负责审核开展研学旅行的企业或机构的准入条件和服务标准。交通运输部门负责督促有关运输企业检查学生出行使用的车、船等交通工具。公安、食品药品监管等部门加强对研学旅行涉及的住宿、餐饮等公共经营场所的安全监督,依法查处运送学生车辆的交通违法行为。保险监督管理机构负责指导保险行业提供并优化校方责任险、旅行社责任险等相关产品。

(三)尽力避开研学安全隐患

在研学旅行的实施过程中,存在着诸多的安全隐患,最好的办法就是尽可能地避免出现安全问题。如果学校是委托开展研学旅行,要与有资质、信誉好的委托企业或机构签订协议书,明确委托企业或机构承担学生研学旅行的安全责任。旅游企业组织和操

作研学旅行产品应该坚持安全优先的原则，防止过度降低成本、使用劣质产品等不良现象，要做好研学旅行产品的安全风险评估，强化日常风险预防。研学旅行行程设计上，尽量不要选择没有开发的景点，以免因安全设施不到位而出现意外；也应适度避开人流量大的景区或走人流量大的马路，以免因拥挤推搡而发生事故。如涉及跨省等长线研学旅行，应尽量减少学校与目的地省份之间的换乘次数，不建议采用长途大巴送至目的地省份。晚上要住宿的研学旅行行程，需关注酒店环境，做好学生晚上查寝工作。在研学旅行的实施过程中，也可能碰到前期预设中没想到的安全问题，组织人员必须时刻观察，发现问题及时解决。此外，在开展研学旅行过程中，学校应根据需要配备一定比例的学校领导、教师、安全员、队医等，也可吸收少数家长作为志愿者，负责学生活动管理和安全保障，最终形成科学合理的户外教育安全保障体系。

八、倡导社会公益组织积极参与研学旅行，建立经费收支监管制度

社会公益组织作为社会发展的第三方力量，在推动社会创新方面具有巨大的优势。而这种创新优势，如果运用到对永州研学旅行内容的开发上，对于规范永州研学旅行市场内容会有很大帮助。永州专注研学旅行内容开发的非营利组织众多，政府要在这方面予以支持，鼓励社会公益组织进行永州研学内容的开发与设计，让永州研学旅行市场运行更加规范。面向深度贫困县的研学活动，永州市政府应该出台相关政策，鼓励更多社会公益组织参与，鼓励公益基金资助深度贫困县研学旅行活动，并给予资金及政策支持，实现永州市中小学生参与研学活动的公平性。

根据永州市教育厅《关于进一步规范教育收费管理有关事项的通知》要求，城市义务教育阶段学校，在坚持学生自愿原则的前提下，可向接受相关服务的学生收取校外活动费。建议永州研学旅行费用照此执行，学校按次据实收取，不得按月或按期收取。在永州教育公用经费中，要为永州研学旅行工作经费开口子，带队教师和指导教师要有一定的经费补助。要建立政府、学校、社会和家庭共同承担的多元化经费筹措机制，并逐步走向常态化。要有研学旅行专项财政补助，对特困人员子女实施费用减免政策。要建立永州研学旅行活动收费动态管理机制，杜绝商业化操作，避免教育事业被侵蚀，给学生和家长带来过重的经济负担。

九、完善研学旅行评价机制，丰富研学旅行评价方式

2016年11月30日，教育部等11部门发布《关于推进中小学生研学旅行的意见》，指出学校要对学生参加研学旅行的情况进行科学评价，并纳入学生综合测评体系。只有

解决好研学旅行的评价问题，才能真正达到以评价促进学思结合、知行统一的目的，才能真正落实立德树人的根本任务。

一是研学旅行的评价主体要多元化。研学旅行是校内教育和校外教育相融合，其实施过程涉及的每一个人都能对学生在研学旅行过程中的表现情况和效果进行评价，成为评价主体。因此要打破以往单一的教师评价方式，评价者可以是研学旅行过程中的研学导师、带队人员，也可以是同伴、学习小组和学生家长。保证学生在活动过程中评价的全面性才能真正反映出学生在整个活动中的表现，多元化的评价主体使每一个参与者都变成了评价者，能提高学生在研学旅行过程中的参与感和积极性。在学生自我评价、教师评价、研学导师评价、同伴评价、家长评价等多元化的评价中，最重要的是鼓励学生多实行自我评价，提高学生自我评价意识。研学旅行的目标是以学生为主体主动参与学习和探究，不仅是实施过程中强调主体性，其评价更要强调主体性，要让学生既成为研究性学习的主体，又成为自我评价、与学习同伴互相评价的主体，进一步发挥其主体性作用。

二是研学旅行的评价方法要多样化。每个学生都是独立的个体，有不同的个性和特点，那么对于学生的评价方法也要有所不同。部分教师喜欢用书面作业的完成程度来对学生进行评价，这种单一的只注重结果的评价往往会忽略学生在其他方面的表现，也会对学生参与研学旅行活动的积极性产生不良影响。我们应该采取多样化的评价方式，如制定一套符合小学生年龄特点和班级实际情况的、系统的、多元的评价表，客观、全面地反映学生在研学旅行过程中的表现。同时，教师可以让学生互相观察，并记录他们是如何参与到活动中去的，有没有开动脑筋积极思考，有没有主动帮助他人等。

三是研学旅行的评价内容要全面化。研学旅行强调让学生把在课堂上学到的知识、掌握的技能应用到实践中去，在实践的过程中培养他们的观察能力、表达能力和动手操作能力，同时还获得生活体验和感性知识。在小学阶段，我们应该注重学生能力和人格的培养，因此评价主体对学生的评价不能只是以"知识"和"能力"作为评价内容对其进行评价，还应对学生在研学旅行过程中收集和整理信息、发现和提出问题、解决问题以及协同合作和个人的意志品质等进行全方位评价。在评价内容上更多地关注学生素质能力的提升，在信息化高速发展的时代，获取知识的过程比知识本身更重要，我们要转变只注重学生知识技能培养的教育理念，把学生实践能力和创新精神，以及学生的思想道德、心理素质等指标作为衡量学生综合素质的标准，旨在通过这种多维度的评价鼓励学生对外部世界和科学知识产生好奇心与探究心，增强其学习能力和社会责任感。

第八章 永州研学旅行实践研究案例

案例一 永州研学旅行产品开发与营销推广研究

前言

在文旅融合新时代，研学旅行以"旅游＋教育"模式迅速引起社会广泛关注。自2013年国家颁布《国民休闲旅游纲要（2013—2020年）》提出要逐步推行中小学研学旅行的设想以来，在中央和教育部门一系列政策的推动下，在国民收入提高、素质教育理念深入及文旅融合升级的背景下，旅游＋教育双结合发展模式越来越受到群众的欢迎，研学旅行在各地展开规模化实践，已经成为备受瞩目的发展热点。提及湖南旅游，如果把张家界比作一幅画，那永州就是一本书。永州，自秦以来史称"零陵"，雅称"潇湘"，为国家历史文化名城、国家森林城市、国家卫生城市。如何让永州这本书被更多的人赏识？旅游＋教育双结合发展模式有助于提升永州旅游的知名度和美誉度，因此，深入挖掘与整合永州旅游资源，开发永州特色研学旅行产品，打造永州研学品牌，加强宣传推广，使得永州这本书更富有吸引，让人来了不想走，走了还想留，不仅有游玩时的体验，而且有游玩过后的回味。

一、永州研学旅行发展现状分析

（一）研学旅行产品开发现状

2018年湖南省教育厅为贯彻党的十九大和全国教育大会精神，落实立德树人根本任务，发展素质教育，加强中小学生德育和校外教育载体建设，积极推动中小学生研学实践教育活动深入开展，根据《教育部办公厅关于开展"全国中小学生研学实践教育基（营）地"推荐工作的通知》（教基厅函〔2018〕45号）要求，在省内开展了第一批湖南省中小学生研学实践教育基地创建工作。2018年10月湖南省教育厅正式向各市州教育（体）局、有关省直单位发布了《关于公布第一批湖南省中小学生研学实践教育基地名单的通知》，文件中明确，湖南韶山毛泽东同志纪念馆等49个单位命名为第一批湖南省中小学生研学实践教育基地，永州的周敦颐故里就是其中的一处。2018年11月湖南省教育厅正式发布了《关于认定湖南省中小学生研学实践教育基地的通知》，文件中说明，在第二批湖南省中小学生研学实践教育基地认定中，将省级以上爱国主义教育基地认定为湖南省中小学生研学实践教育基地，全省共认定124处，永州有10处，分别是陶铸故居、柳子庙、浯溪碑林、舜帝陵、宁远文庙、永州市博物馆、李达故居、濂溪故里、阳明山国家森林公园、蒋先云故居。此外，经过实地调查发现，永州森林植物园、女书园、树德山庄等也是永州旅游市场公认的正在开展研学旅行的研学基地。由此可见，目前永州开发的研学旅游基地主要以冷水滩、零陵和江永等地为主。永州市目前主要有两大类型的研学机构，一种是旅行社兼顾开发，如正大东方旅行社；一种是专注研学旅行产品开发，如潇湘研学机构、新华启承研学等。2019年12月，笔者实地访谈与调研后得知，目前永州的研学机构及研学产品线路相对较少，研学线路较单一，涉及的区域较窄，以一日游居多，研学线路具有同质化现象（具体内容见表8-1-1所示）。

表 8-1-1　永州研学旅行线路

研学旅行机构	研学旅行线路
潇湘研学旅行	"寻找春天的足迹"植物园一日游
	"访古寻柳迹"柳宗元景区一日游
	"百年树人 盛德遗范"树德山庄一日游
新华启承研学	"大写的字，大写的人"浯溪碑林、陶铸纪念馆一日游
	"炎黄一脉 德华天下"舜帝陵一日游
百橙研学	江永道县文化主题上甘棠、勾蓝瑶寨、女书园二日游
世纪美虹研学	"追寻革命足迹 书写民族华章"浯溪碑林、陶铸故居一日游
宏源研学旅行	"书法探索，相约浯溪碑林"研学一日游
	"我和夏天有个拥抱"素质拓展研学一日游
诺贝尔摇篮教育	"问道永州 致敬濂溪"研学一日游
行而思研学	"爱护青山绿水，做快乐好学少年"植物园、浯溪碑林一日游
华政研学	潇湘文化研学旅行公益体验活动一日游
正大东方旅行社	"千人游永州"研学夏令营零陵古城、东山一日游

（二）研学旅行营销推广现状

目前永州研行旅行客源市场主体主要是永州市中小学生，永州中小学研学旅游试点学校主要有：永州市二中、京华中学、滨江小学、黄冈学校、泓文学校、珊瑚学校、梅湾小学。永州共有887所学校，通过访谈与实地调查，发现在永州进行研学旅行的只有1.5%，整体市场覆盖面窄，受众范围小。调查过程中发现大部分受访学生主要通过旅行机构与学校宣讲了解研学旅行，形式简单；大部分受访家长和老师主要通过微信分享了解永州研学，研学宣传渠道较为单一。

二、永州研学旅行产品开发与设计

永州旅游研学资源种类繁多，内涵丰富，表现形式多样。目前永州研学市场主要客源群体是中小学生，受制因素多，产品开发上同质化现象严重，产品设计单一，缺乏深度和广度。因此，永州研学旅行产品在开发与设计时，可以选择扩大研学旅行主体，依据学生年龄层次设置不同的课程，扩大受众群体范围。

（一）3~6岁儿童研学

习近平总书记强调青年要自觉践行社会主义核心价值观。因此，我们以3~6岁儿童成长为基，设计儿童教育专线之旅，依据"五育并举的思想"，分为德育之旅、智育和体育之旅、美育和劳育之旅，以期培养新时代有道德、有理想、有纪律、有文化的小接班人。

1. 儿童德育之旅

研学目的：了解孝文化知识，加强亲子之间沟通，引导儿童学会如何表达对父母的爱。

场所依托：新田孝文化主题公园。

研学活动：参观中心广场，讲述舜帝和二十四孝故事。参观至善轴和至孝轴，讲解各个雕像含义。组织儿童和家长共同做手工，制作泥塑雕像，绘制全家福，扮演角色孝义故事。

研学时间：1天。

2. 儿童智育和体育之旅

研学目的：接触大自然，刺激感官器官，锻炼运动技能、创造力、团队合作技能。

场所依托：潇湘公园、虎岩公园。

研学活动：带领儿童与大自然进行交流，拓宽视野，和同学一起植树、种花，设计攀登、跳跃等一系列竞赛小游戏，加强合作精神。

研学时间：1 天。

3. 儿童美育和劳育之旅

研学目的：参观特色民俗体验区，体验瑶族生活，理解劳动创造价值，了解民族风情，学习瑶族舞蹈。

场所依托：勾蓝瑶寨、瑶族文化博览园、盘王殿。

研学活动：参观瑶族特色风景区，体验瑶族生活，感受瑶族习俗，学习简单瑶族歌曲和舞蹈，举办小型特色服饰表演大赛。

研学时间：1~2 天。

（二）中小学生研学

中小学生研学旅行是目前研学旅行中发展热度最高的。可依据教学课程目标设计系列课程教学之旅。这些研学专线主要有柳文化专线、科学文化专线、红色文化专线等文化专线旅程。

1. 柳文化专线

研学目的：在学习了《江雪》《小石潭记》《捕蛇者说》等课文的基础上，通过研学，深入挖掘这些文章的背景历史，深刻领悟学习用意，了解柳文化发展。

场所依托：柳宗元文化景区、异蛇山庄、朝阳公园。

研学活动：漫步青砖石瓦柳子街，感受唐代朴实民风。游览愚溪、柳子庙、小石潭，实时体验柳学讲堂，进行趣味柳学知识竞赛，回顾加深对诗文的理解；参观异蛇山庄，认识各种异蛇品种，观察其生存条件，了解异蛇酒酿泡过程。

研学时间：1~2 天。

2. 科学文化专线

研学目的：体验大自然的神奇魅力。

场所依托：永州森林植物园、永州博物馆。

研学活动：通过导师和 AR 技术认识大自然中的百态植物和部分昆虫。可细细观察各种动植物的区别，组织拓印、描绘叶脉、制作叶脉书签活动。通过 VR 技术，了解植物动物从出生到离开的整个生命过程，感受时间及生命的短暂、珍贵，体验角色扮演，感受古代生活的淳朴及现代科技的先进。

研学时间：1 天。

3. 红色专线之旅

研学目的：学习毛主席的文章，深入了解红色文化，培养爱国主义教育精神。

场所依托：陶铸故居、李达故居、老山界、楼田惨案遗址。

研学活动：参观名人故居，学习名人名言，亲身体验当时生活，自己动手安排食宿，做一顿饭，体验帐篷生活。

研学时间：2~3天。

（三）亲子研学

亲子研学是一种亲子活动方式，以孩子为中心，注重亲子关系，鼓励孩子亲手做、亲眼看、亲自体会，让孩子获得教育和游玩的双重体验，通常和户外课堂、旅行相结合。亲子研学是值得关注的一个重要市场，因此可以通过设计亲子研学促进亲子交流与沟通，增进亲子感情。

1. 历史研究专线

研学目的：深入了解本土文化。

场所依托：濂溪故里、周家大院。

研学活动：游览濂溪故里，领略理学风范。参观濂溪书院，感受濂溪学子读书之气，祭拜濂溪祠，由周家后裔讲解理学文化精粹。参观周家大院，体验三朝礼，即抓周礼、成童礼、成年礼。

研学时间：1天。

2. 避暑度假之旅

研学目的：了解山水文化，保护山水之真。

场所依托：金洞、九嶷山、阳明山、涔天河。

研学活动：体验漂流行动，学习山体构造知识，开展保护山水活动，打捞或清除垃圾。

研学时间：2~3天。

3. 兴趣文化之旅

研学目的：了解当地戏曲文化，陶冶自身情操。

场所依托：祁阳艺术馆、永州群众艺术馆。

研学活动：欣赏祁剧、祁阳小调、零陵花鼓、渔鼓戏，了解发展历史、流变过程，学习经典剧目片段唱腔，体验戏曲装扮。

研学时间：2~3天。

三、永州研学旅行营销推广策略

（一）坚持政府主导与校企合作

目前永州市中小学研学旅行应坚持政府引导，进行有重点、有层次的研学产品开发和宣传。可以采取将研学旅行落实到永州市教育具体规划中的方式，与各个教育机构进行密切沟通，并给予机构一定的奖励措施，宣扬研学旅行的重要意义。同时积极与市外各地进行交流合作，宣传永州本土文化，推广永州研学产品，鼓励支持永州研学旅行市场向其他省区市及国外重点城市延伸，进一步密切旅游合作关系，开创新时代下永州研学旅行产品的新局面。

（二）拓宽研学旅行线下推广形式

永州研学产品主题内容的线下推广形式可包括分类制作海报、宣传册、小赠品等，综合推广在永州九县两区每个高速路口投放空中广告位；在各中心城区的公交车上播放永州研学产品视频，投放车身广告；在各县区中心人流点分发宣传册、小赠品等。通过这些措施，交互沟通，提升永州研学品牌形象，积累研学种子用户群体。此外，可抓住永恒不变的公益主题，让爱伴随研学旅行前行。如可以研学旅行为主题，设计一项原创永州研学之旅综艺节目，邀请贫困地区的学子免费参加研学旅行，学习永州历史文化，增强学子对永州文化的感知度，以及对研学旅行的兴趣度，以此提高永州研学产品的知名度。

（三）举办永州研学旅行节

节事旅游作为一种重要的社会经济和文化活动形式，在永州旅游发展中扮演着越来越重要的角色。可借助永州比较成熟、知名度高的旅游节庆，如阳明山和文化节、零陵区乡村文化旅游节、九嶷山祭舜大典等节庆流量，策划举办永州研学旅行节。通过研学旅行节突出永州文化的独特性，展现永州研学旅行的魅力，提高永州研学旅行产品的参与性与知名度。

（四）积极完善与推广线上营销

在互联网时代线上营销比线下营销更容易被受众关注，线上营销的方式也更为多样，内容更具吸引力，目前最为常见的线上营销方式有：网站营销、微博营销、微信营销、旅游 APP 营销、网络直播营销与短视频营销。

网站营销：永州研学网站是外界了解永州的主要流量入口，承担着公共宣传的作用。网站主要内容是永州研学产品的主要信息导览服务。网站可分为四个板块：永州研学文化，永州研学历程，永州研学基地，永州研学旅游机构。每个板块随发展进行不断更新。

微博营销：建立永州研学旅行官方微博号，实时推出永州研学产品，紧扣市场分类推广宣传；提供在线服务，借助 KOL 引流，邀请人气用户参与，如赞助其进行研学旅行体验，要求其对研学旅行途中的信息进行实时更新，借助他们的知名度和人气增加点击率，传播研学旅行产品，提高永州研学旅行知名度。

微信营销：可建立永州研学微信公众号，适时推广精彩研学旅行活动。举行朋友圈点赞活动，宣传推广永州研学旅行产品；设计研学旅游邀请函，进行分享传播；设计H5页面小游戏，知识竞赛活动等，引发用户对永州研学旅行的兴趣，为部分参与者提供优惠的研学旅行产品；建立微信群，注重游客答疑反馈，增添小互动，不断调整完善研学产品。

旅游APP营销：前期可与携程、同程、途牛、驴妈妈、马蜂窝等在线旅行平台合作，借助平台广泛传播永州研学产品。通过云计算、数据和分析，抓住游客流量来源，个性化推出产品供应范围，人性化流动服务，使游客更容易接受永州研学产品。永州研学旅行发展后续可开发类似"研学去哪儿"的软件，这类手机APP专门为研学学子服务，用户可以搜索到研学产品线路、景区景点、食宿设施，甚至可以看到其他用户评价，以此实现真实可靠亲切到位服务。

网络直播营销：在全民看直播时代背景下，事件营销是必不可少的营销手段。邀请直播大咖进行一次永州研学之旅直播，实现与用户实时互动、深入沟通，以情感共鸣的方式轻松引起关注和传播。

短视频营销：短视频营销是新型媒体营销，弱化了传播者与受众者的界限，提供了双向交流。永州政府或者研学机构可与视频网站如抖音小视频、火山小视频、快手视频等合作，开展永州研学旅行视频竞赛。可将精彩研学片段或者研学广告创意拍摄成短视频，放在网站上进行票选，可进行大量转发不断传播，达到网红打卡研学景点效果。

结论

目前国家大力倡导发展研学旅行，永州研学旅行市场目前尚未完全打开，处于萌芽起步阶段，而永州研学旅行资源丰富，因此，永州可借鉴国内外各种成功的研学旅行经验。可将市场定位于各个年龄阶段，尝试开发适宜各种人群特点的研学旅行产品，并安排有经验的研学导师、文化传承人等面授交流。应培育一批适合开展研学旅行的活动基地。应结合线上线下营销方式，让永州研学旅行产品深入人心，广泛传播，以利于树立永州研学旅行品牌，提高永州旅游知名度与美誉度，为永州旅游健康可持续发展提供新思路；同时也有助于为我国素质教育增添新内容和新方式，促进学生践行社会主义核心价值观。

案例二　永州茶旅研学产品开发研究

前言

茶旅研学是一种以茶文化为主题的研学教育旅游。"茶旅+研学游"是旅游业界的新热点，同时也引起了旅游学术界的关注。目前的研学旅行市场存在茶旅研学产品跟不上市场需求的问题，因此茶旅研学产品的设计开发刻不容缓。党和政府始终高度重视中小学生的健康成长，教育问题也始终是社会的热点和焦点。研学旅行作为国家新的教育模式，不仅是对现有教育制度的改革，也可有效地促进教育发展，使教育方式更有活力、更富动能、更为多元、更具开发性和拓展性。从旅游模式多样化的发展趋势来看，以某种元素为主题的旅游将成为最重要的旅游组织形式之一。目前，以茶或茶文化为主题的深度游、体验游、研学游已经成为旅游发展的一股潮流，其未来的发展前景更是广阔。因此，文章主要对永州的茶旅研学产品进行相关研究，依托永州茶产业发展优势及优秀的地方特色文化，开发具有创新性、实践性、教育性的茶旅研学线路及相关旅行产品，提升中小学生对茶文化的理解与认识，与此同时促进中小学生的实践能力与创新能力的发展，可以说是从真正意义上做到游中学，学中游。

一、相关概念

（一）旅游产品开发

旅游产品开发就是深入分析市场需求，根据市场需求特点，结合本地的旅游资源状况或旅游产品开发现状，向市场提供旅游新产品或改进旧旅游产品，以更好地满足旅游市场的需求。可见，旅游产品开发包括对现有产品的改进和旅游新产品的开发。因此不管是改进旧产品还是开发新产品，其根本目的都是创造或提高产品价值，以更好地满足旅游市场的需求，最终达到获取最大经济效益的目的。旅游产品开发主要包括两个方面的内容，一是对旅游地的规划和开发，二是对旅游路线的设计和组合。旅游地开发是在旅游经济发展战略指导下，根据旅游市场需求和旅游产品特点，对区域内旅游资源进行规划，建造旅游吸引物，配备旅游基础设施，完善旅游服务，落实区域旅游发展战略的具体措施。旅游路线开发就是把旅游资源、旅游吸引物、旅游设施和旅游服务按不同目标游客的需求特点进行特定组合。

（二）研学旅行

在该篇文章的研究过程中，我们使用的是研学旅行的狭义概念，即研学旅行是由学校根据地方特色、学生年龄特点和各学科课程内容需要，组织学生通过集体旅行、集中食宿的方式走出校园，在与平常不同的生活环境中拓宽视野、丰富知识，加深与自然和文化的亲近感，增加对集体生活方式和社会公共道德的体验，以提升中小学生的生活自理能力、创新精神和实践能力为目的的旅行。简单来说，研学旅行由学校组织，以学生为主体，由老师或辅导员带领，主题确定，以获得知识为目的，是一种集体的教育旅游。

（三）茶旅研学

茶旅是一种以茶为主题的新兴旅游模式，是茶产业与旅游产业深度融合的一种创新发展方式。茶旅是指在茶旅融合发展中，依托众多的特优名茶、生态茶园风光、精湛的加工工艺、深厚的茶文化以及优雅的茶艺展示等丰富的茶产业资源，同当地旅游资源进行深度整合，融合茶叶生产与加工、茶爱好者相互交流、体验茶文化、休闲健身、度假、民俗体验、茶餐饮茶民宿共同发展等的旅游综合体。茶旅研学是以茶文化为主题的研学游，研学活动围绕茶文化展开，整个研学活动的开展可分为四个环节，依次为探索茶文化、传承茶文化、传播茶文化、发展茶文化。茶旅研学活动的开展需要茶企业、旅游业、教育部门、学校以及政府的共同参与，并且各方要各司其职，发挥好各自的优势强项（见图8-2-1）。

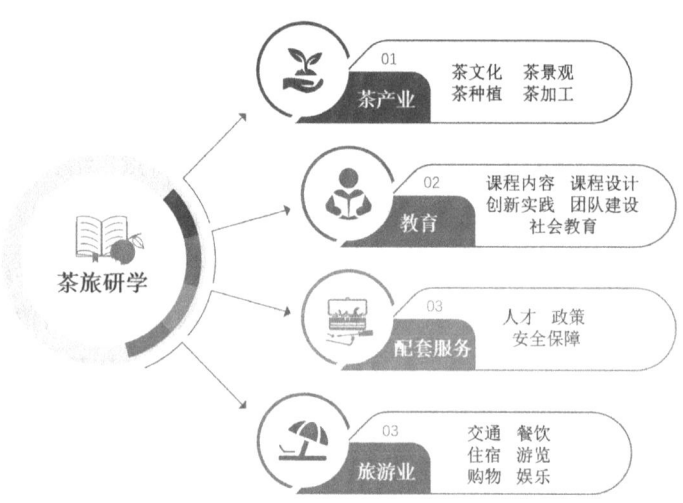

图 8-2-1　茶旅研学图

二、永州茶旅研学产品开发现状及优势分析

（一）永州茶旅研学产品开发现状

永州市位于湘江源头，境内有众多的文物古迹以及独特的民风民俗，自然风光秀美。近年来，永州积极响应国家号召，大力发展研学旅行，积极整合当地旅游资源，创新推出一系列"旅游+研学"相关活动。此外，永州许多可以开展研学旅行活动的景区景点也积极抓住这个机遇申报研学旅行基地称号。目前永州大大小小的研学活动也开展了很多，已开展过的部分研学活动详见表8-2-1。目前，永州已有濂溪故里、柳子庙、浯溪碑林等10个景区景点入选首批"湖南省中小学生研学实践教育基地"，有27个中小学研学实践基地（营地），以及3个中小学生研学实践创建基地（营地）（见表8-2-2）。在永州举办的众多研学旅行活动中，小规模的研学团是十几人，如道县举行的"体验国学文化"研学活动；大规模的研学活动有"千人游永州"，人数多达1000余人。在2020年开展的活动中，典型的有湖南广播电视台芒果少儿艺术团与永州5~15岁青少年一起进行的栏目《带着课本去旅游》，该栏目是研学旅行的升级版，把永州的人文文化、风景名胜、企业文化、风俗民情等独有的特色，以学生角色扮演的方式摄制成电视纪录片，再在电视上播放；这种形式既能让学生身临其境地感受文化，增加其体验感，又能为永州进行旅游宣传。

表8-2-1 永州已开发的研学旅行产品统计表

产品名称	开发机构	开发主题	参与人次
书上初识零陵，行中结缘永州，《古韵湘南壮美河山之永州研学旅行》	伟人故里国际研学机构	主要开发永州的古城文化，围绕"古"开发一系列的研学活动产品	约15 000人
《访古寻柳记》，《探山水古瑶窥字间千年之永州经典研学旅行》	潇湘研学	精心研发设计从小学一年级至高三学生的一系列研学旅行校外教育课程，课程分为自然科普类、人文情景类、现代科技类	约30 000人
神兽归笼，军事研学	九嶷山文旅	以锻炼身体为目的的研学游	约3500人
"校长带你游中国之永州研学"	永州市文化旅游广电体育局主办	澳门特别行政区学子研学游，由学校校长带队，游览了永州一些有代表性的研学景点	约1500人
体验国学文化	道县教育局	以缅怀周敦颐、传承理学文化、感受理学文化为目的，开发了穿古装、读古经等一系列传统的上课活动	约5000人
"经典传承"主题研学综合实践活动	永州市第十六中	参观陶铸故居以及浯溪公园陶铸纪念馆，培育和践行社会主义核心价值观，提高学生道德品质、人文情怀和文明素养	668人

续表

产品名称	开发机构	开发主题	参与人次
了解农业知识，体验绿色田园	履桥中学	参观农产品的种植方式、环境，了解农产品生长过程，明白绿色健康概念	100人
"炎黄一脉，德化天下"	湖南新启承研学	聆听历史，缅怀祖先	约1800人
永州四日文学研学旅行	长沙教育国际旅行社有限公司	通过"游""观""赏""登""拜"以及"听、说、读、写"让学生带着文学的眼光游永州，以旅行的方式观赏永州的人文风光。名师全程做研学指导，并在具体情境中讲授文学经典——《湖湘文学经典赏读》	约30 000人

表8-2-2 永州中小学生研学基地名单

永州市入选"湖南省中小学生研学实践基地"名单	陶铸故居和纪念馆、柳子庙、浯溪碑林、舜帝陵、宁远文庙、永州市博物馆、李达故居、濂溪故里、阳明山国家森林公园、蒋先云故居
第一批永州市中小学生研学实践基地（营地）名单	福田茶场、百叠岭茶园、东山景区、异蛇科技实践基地、零陵古城潇湘非遗馆、荷塘月色美丽乡镇、石岩头中学劳动实践基地、潇湘源生态科技基地、后湖国际教育基地、零陵气象站、永州水务向家亭水质净化有限公司、宏源野外拓展培训实践基地、潇湘壹书法研学基地、永州森林植物园、德辉现代农业基地、舜皇山国家森林公园、紫水湿地公园、桐子坳风景区、龙洞文化生态产业园、陈树湘烈士纪念馆、江永三千文化研学实践基地、九嶷山公众考古研学基地、宁远县烈士公园、云冰山旅游景区、枧头综合研学实践基地、江华县综合实践学校、四〇九地质博物馆
永州市中小学生研学实践创建基地（营地）名单	学海综合素质实践基地（营地）、大界源生态休闲度假村（营地）、大洞梨园悠乐园（营地）

永州市的茶旅研学发展才刚刚崭露头角，但却显示出强大的生命力。底蕴优厚、特色显著的永州茶文化是永州发展茶旅研学旅行的非常得天独厚的资源条件。目前永州已经根据当地资源特色开发了一些独具特色的茶旅研学产品（见表8-2-3）。

永州市现有湖南福田茶场和蓝山百叠岭茶园两个茶场入选湖南省茶旅研学基地。当前，笔者的调查统计显示，永州茶旅研学活动开展较多的地方是离永州市区较近的福田茶场，该茶场进行的"茶廉文化"研学活动受到了许多参与研学的中小学生的好评。在2019年，福田茶场相继跟一些永州的研学旅行公司成立了茶旅研学课程开发小组，使茶旅研学课程更具价值引领性。江华瑶茶文化产业园于2017年被列入湖南茶叶"十佳茶旅景区"，如今，江华瑶族自治区利用优势，在高山茶叶基地开展了百名中小学生"茶园里面念茶经"研学活动。

目前，大多围绕茶文化设计的有关研学旅行的活动和产品在永州市研学市场中产生了巨大的反响，形成了良好的市场效应。但总体而言，永州茶旅研学存在产品类型较单一等问题。永州虽有充足的茶场作为备用研学基地，但目前茶旅研学基地只有两个。福田茶场利用本场丰厚的茶生态资源条件，充分开发"茶廉文化"研学活动，成为茶文化教育平台和茶事体验基地，开设有茶学知识和茶廉文化讲座、茶艺表演欣赏和实务操作教学课程、采茶制茶体验活动、扦插育苗实操教学、茶廉文化苑、茶叶品种园、清心园和茶叶观光园等十余个课程，主要面向中小学团体，组织开展日常、节假日、寒暑假等多种形式的自然教育、科普教育、研学旅行等活动。蓝山百叠岭茶场由于地理位置的原因，暂未开展研学活动，但百叠岭拥有优良的有机茶场、知名的茶叶品牌、悠久的茶学文化等资源优势，笔者经实地调查后认为，百叠岭茶场是开展永州茶旅研学活动的极好的场所。

表8-2-3 永州已开发的茶旅研学产品

产品名称	开发机构	开发现状	参与人数	接纳团数（次）
茶廉文化	福田茶场	开设有茶学知识和茶廉文化讲座、茶艺表演欣赏和实务操作教学课程等十余个课程	约1500人次	50
茶园里面念茶经	江华高山茶叶基地	开设茶园观光基地，学习永州茶学历史	约300人次	5
亲子研学，传承中华茶文化	永州匠心研学旅行	活动行程从观茶、采茶、种茶、茶文化课、游戏等都受到消费者的一致认可	约500人次	3
牛牯岭茶园（品茗茶、采茶体验）	旅行社	野猪桥桃园（观赏"十里桃林"）—桥市南冲茶园—绿健生态农庄（采摘有机蔬果）—金叶山庄（垂钓、采茶体验）—千年瑶寨桐冲口（体验农家磨豆腐、打糍粑）	约150人次	5

（二）永州茶旅研学产品开发的优势

1. 资源优势

永州市茶叶种植生产历史悠久，独特的生态环境优势奠定了茶叶内含物丰富、品质佳的基础，尤其是野生茶资源极为丰富。永州市茶叶种植总面积14.9万亩，有祁阳自然韵黑茶、福田茶叶、江华苦茶、蓝山百叠岭绿茶等一批省级茶叶品牌，1000亩以上的茶叶生产基地13个，全市重点创建6个1000亩以上市级茶叶标准园和3个10 000亩以上的标准园区，标准基地创建率达到90%以上，茶产业已是永州助农增收的支柱产业之一。永州市主要茶场分布详细情况如表8-2-4所示。

表8-2-4 永州市主要茶场分布情况统计表

行政区域	茶场名称
冷水滩区	东冲茶场、峦丘头村茶场
零陵区	福田茶场

续表

行政区域	茶场名称
祁阳市	九泥茶场、湘君白茶种植园
双牌县	云台山茶场、永之源茶叶特色产业园
东安县	大头田茶场
道县	下坝茶场、盛茂岭茶场
宁远县	棉花坪茶园
新田县	石羊茶场、千山茶场
蓝山县	百叠岭茶场、红旗茶场、早禾茶场、楠市镇茶场、井湾村茶场、黄茅岭茶场
江永县	野茶白首乌种植基地
江华瑶族自治县	板下茶场、江华苦茶牛牯岭茶场、白牛山村茶场

2. 文化优势

几千年的植茶历史和饮茶习惯，为永州地区留下了众多珍贵的茶文学、茶故事、茶传说、茶习俗，积淀了丰富的茶文化资源。根据湖南省博物馆考证，永州江华苦茶就是上古时代的"苦荼"，距今已有2500余年历史，柳宗元写下《巽上人以竹间自采新茶见赠，酬之以诗》高度赞美永州的原生古茶。双牌县境内"塔山婆婆殿"是湖南省少有的以茶命名的寺庙。永州人民认为谷雨是观音娘娘洒下的治病救灾的"福水"，相信谷雨时分所采的茶叶有治病养生的作用。由此可见，茶在永州人的生活中非常重要。茶在历史发展长河中早就已经深入到永州人民的生活中，成为其中不可分割的一部分。

3. 交通优势

交通是旅游的重要枢纽，截至2015年底，永州市建设二级客运站1个、三级客运站1个、农村乡镇客运站22个、招呼站971个，全市铁路运营里程达461千米，公路总里程2.3万千米，路网结构得到明显改善。全市农村公路通畅工程4142.5千米，在很大程度上实现了村村通公路的要求，符合省政府"十二五"行政村通畅率100%的目标。国道、省道路况优良率达95%，农村公路路况优良率达86%。对大多数茶园茶场在农村的永州市来说，农村道路的修建和修缮有利于促进其茶旅研学的发展。

4. 政策优势

永州市政府在《永州市人民政府关于发展茶叶产业的意见》中鼓励成立各类茶文化促进组织，支持社会组织建设茶艺馆和观光茶园，兴办以茶文化和茶叶产业为主题的网页、网站，拍摄与茶叶相关的影视作品。同时，支持茶叶主产地区开展茶文化节、旅游节等各类茶文化活动，结合乡村旅游开发，将茶园打造成旅游风景区。

三、永州茶旅研学旅行产品开发中存在的问题

永州茶旅研学产品目前已有一定的开发基础，但茶旅研学产品的开发与市场需求差距很大，其主要存在的问题包括以下五个方面。

（一）茶文化旅游价值认识不准，开发层次低

正确地认识旅游资源的价值是开发一项旅游产品的基础，永州素有种茶、制茶、饮茶之风，茶文化历史悠久。但从现在永州市已开发的茶旅研学产品来看，产品大多对茶学文化的认识过于肤浅，认识不足、不到位导致产品在开发上容易形成开发层次低的现象，即产品主要以自然风景的观光游为主，形式雷同，对于文化的内涵挖掘和利用不够。从永州茶旅研学产品的实施情况来看，许多研学实践只让学生了解了部分有关茶叶生长的历程以及茶叶制作的过程，很少能够领会当地包括茶文化在内的各种文化。这也说明，没有为研学者提供机会进行独特地方文化体验的茶旅研学产品，不能够让学生真正地感受地方对茶的一种情怀，因此与其他地区的茶园游体验一样，只能是简单地拍拍照片、走马观花地游览一番。笔者认为这种雷同的茶园游研学形式是缺少灵魂的，不符合研学活动中具有教育性这一标准。

（二）研学产品组合简单，缺乏创新

创新是搞好开发的前提。永州现有的茶旅研学产品存在更新力度不够而且产品形式陈旧、路线过于粗糙等问题。由于对茶学文化的价值利用不够再加上产品缺少创新等，使现在永州茶旅研学产品存在一系列明显的缺陷，如学生的重游率问题、各地茶园体验感重复问题，造成了研学产品结构层次不清的状况。目前，从现有的茶旅研学的产品开发状况来看，大多数的研学游几乎都是简单的一条龙游览模式，在游览体验的过程中缺乏创新的环节，且茶园资源利用不充足，相关茶学专业程度不够，许多的茶旅研学游还只在春季进行，这大大限制了茶旅研学的发展。安排的游览活动大多雷同，没有根据学生的年龄情况和知识水平来设计产品，因此茶旅研学游不仅缺乏活力且缺乏吸引力，造成了大多数人不愿参加茶旅研学活动。

（三）专业化程度不高，缺少专业的研学服务人员

研学旅行是一种游中学、学中游的旅游教育模式，它是以传授知识为主。因此茶旅研学要求研学知识的传授者以及重要的服务人员拥有专业的知识素养和技能。茶旅研学主要是围绕茶学文化进行游学，重点是要坚持因地制宜原则，根据本土特色开展的研学活动，以使茶旅研学产品更加具有市场竞争力和研学价值。永州虽有众多的名茶以及优良的茶园，却严重缺少熟悉茶学文化的专业研学导师以及研学产品设计的工作人员。永

州现有的茶旅研学产品，主要还是由当地的研学公司开发，学校组织学生前往茶园，其中的带队导师几乎都没有受过专业的茶学知识培训，学生在茶园游览时也只是简单地拍照游览，并没有深入了解茶对一个地方的风土人情带来的影响，也不能联系到茶关于生活的方方面面，进行实践的运用。

（四）设备较简陋，资金投入不足

永州的茶企普遍融资困难，发展后劲不足。目前，除了极少数茶企从政府土地流转平台租用山地可用以抵押贷款外，绝大多数茶企是自行流转农户土地种植茶树，无法办理林权证和不动产证，用于设备更新和扩员的资金也不足，许多茶园想发展"茶＋旅"的模式也是力不从心。茶叶制作是一个需要时间和精力的过程，许多茶企为了保障茶叶的品质，不能提供制茶的全部过程，学生只能参观部分制茶环节，甚至只能够参观制茶的机器。永州现在尚没有一家茶企可以提供用于参观的茶叶加工车间。因此，大多数参与研学茶旅的学生并不能真正地参与、体验制茶，体验环节在整个研学活动过程中占比非常小，以至于学生的体验感不足。

（五）推广力度不够，宣传的平台和方式少

目前，永州已经开展了许多研学活动，但是大部分的活动都没有在一些媒体上进行宣传，只有少数具有一定影响力的研学活动会在活动结束之后在一些网站上投放文章，以搜索关键词的方式得到的有关永州研学的内容屈指可数，而有关永州茶旅研学的文章几乎搜索不到。由此可见，永州虽有茶旅研学的活动，但却缺少活动的宣传。笔者进入永州有名茶企业的官网进行查询，如湖南自然韵黑茶科技有限公司、湖南福田茶场、三峰茶叶等，只在福田茶场的网站上搜索到了5篇有关研学内容的推文，当中有两篇是介绍茶旅研学活动的，其余三篇与茶旅研学活动的开展没有相关性。

四、永州茶旅研学旅行产品开发对策及建议

永州茶旅研学发展潜力巨大，但目前还存在上述五个方面的问题亟待解决，因此，有针对性地提出解决上述问题的对策及建议，对发展永州的茶旅研学具有一定的参考、借鉴价值。

（一）提高认识价值，保证产品文化性

茶旅研学产品的开发不仅要考虑技术方面的问题，更要把茶学文化因素贯穿在研学产品中，必须以茶文化特色作为旅游产品开发的出发点。茶旅研学产品的文化属性因具有地域特色，是其他竞争者在短期内不能模仿的，通过茶旅产品文化属性的不断丰富与提升，并研究学生的消费观和消费规律，引导其发展，才能不断生产出有市场优势的研

学产品。永州应根据地方文脉和地域特色，从茶文化出发，延伸创意，策划卖点，从而为永州研学产品增加文化附加值。永州市的代表性文化有舜文化、瑶文化、柳文化、女节文化、碑刻文化、理学文化等，通过调查研究发现，其中与茶文化有关的是舜文化、柳文化、瑶文化等，通过它们与茶学文化的深度融合，使茶学文化内涵得以充分释放，使茶旅研学产品的品位得以最大限度提升。另一方面，要充分发挥在历史学、文学、工艺美术、营养学以及茶艺等方面有专业素养、技术的人员的智慧，充分体现茶研学产品的文化性和科学性。要选取丰富的富有特色的茶学文化旅行资源，开设体验感好、互动性强、具有创新性的活动项目，给予学生良好的研学体验感。应整合课本教学、茶艺课程、具有乡土特色的茶学文化等开展研学活动，并分层次开发研学课程，根据课程目标、课程计划、课程标准和评价将研学活动课程化。课程可分为四个环节，依次为探索茶文化、传承茶文化、传播茶文化，发展茶文化，让学生一步步深入了解茶文化，加强研学活动中的课程内容与学生课本学习内容的融合性，从过程与方法、知识与技能、情感态度与价值等多个维度全方面提升研学者的综合素质。在茶旅研学产品开发过程中，要树立茶旅研学旅行的品牌，用好的品牌、好的旅行体验打开茶旅研学的市场。而好品牌的建设，需将茶旅与研学二者有机整合，围绕本土主题，加大与学校的合作，深入了解学生的需求，加强基础设施建设，提高管理服务的专业性。表8-2-5为永州市各个地方特色文化、茶文化以及与之有关的茶旅研学线路设计内容。

表 8-2-5 永州市地方特色文化、茶文化及茶旅研学线路设计表

地区	茶品种	代表茶	地方特色文化	茶文化	茶旅研学路线
零陵区	绿茶、红茶	福田毛尖茶、大木源野生茶	柳文化、古城文化	柳宗元"竹间茶"、怀素《乞茶帖》	茶旅小镇（建设中）、福田茶场
祁阳市	黑茶	自然韵黑茶	国家非物质文化遗产——祁剧	古人陶弼思茶故事	自然韵黑茶茶旅小镇（建设中）
双牌县	红茶、绿茶	高山野生茶	和文化、禅文化	"塔山婆婆茶"的美丽传说	云台山寻迹野生茶
蓝山县	绿茶、红茶、苦茶	百叠岭银毫，百叠岭毛尖、大叶苦茶、蓝山红	"三道文化"（水道、鸟道、盐道）	"茶祖之地"与"二妃南下种茶"的传说	百叠岭有机生态茶园茶主题体验区
江永县	瑶族油茶	打油茶	女书文化	油茶是瑶族特色，具有少数民族特色	"探源女书、品味油茶"旅游路线
江华县	苦茶	江华苦茶、江华毛尖	瑶文化	茶是盘王发现的瑶族民间传说。举办"茶文化"旅游周	茶文化旅游周、牛牯岭茶园茶旅体验线路

续表

地区	茶品种	代表茶	地方特色文化	茶文化	茶旅研学路线
东安县	绿茶、红茶	塘家山云雾茶	楚文化发祥地之一	"千年云雾茶谷"	塘家梯田乡村游（休闲、采茶、制茶）
宁远县	绿茶、红茶	九嶷	舜文化	春秋战国时期最早在《尔雅释木》中记载江华苦茶，约2500年历史	棉花坪茶园"唱瑶歌，采春茶"茶旅活动

（二）优化旅游产品结构，增强产品创新性

永州市的众多茶旅研学旅行只是将传统研学活动的方式进行简单组合，缺乏创新。茶旅研学活动开展得比较不错的地方有四川以及福建，例如四川茗润春文化科技有限公司设计的一条研学旅行活动，在研学活动融入了人文类、历史类、国学类、地理类、自然类等实践教学，同时为了丰富课程的表现形式，让青少年儿童在一种轻松、自然、愉快的情境下学习和受教，将场景教学、展陈、游戏等结合起来，通过多元化的业态整合以及寓教于乐的模式创新，让青少年在体验式学习、研究性学习和实践中，开阔眼界，增长知识，提高综合能力。通过采茶、茶餐、茶艺表演观赏、茶园写生、茶园游戏——寻宝探秘、角色扮演、情感训练等多种拓展活动，锻炼青少年儿童生存能力、创新能力、拓展能力、团队能力，培养青少年协作、相互帮助等意识和精神。四川这条茶旅研学线路，从多方面进行创新，融入新的元素，因此课程内容、文化融入、生活实践、活动方式比其他的茶旅研学线路更具吸引力，据市场调查，该研学的游客满意度为很满意。充分挖掘茶文化旅游价值，实现旅游产品的合理配置。文化是相互连接的，要善于找到文化与文化之间的连接点，才会使课程内容新颖。在充分调研的基础上，将课堂和自然中的文化价值有机结合起来，突破传统的观和看的局限性，融入时代新元素，推出有体验性、创意性、文化性的茶旅研学产品。利用现代科学技术工艺和成果进行茶旅研学产品开发与设计，经过精心构思和设计，创造出颇具特色的体验感强的研学活动项目。如打破"六大茶类"的束缚，利用工艺创新生产出适应年青一代需求的无糖茶饮料；让研学学生亲自手工DIY创作，制作加入水果的柚子绿茶、蜜桃乌龙茶；制作多种多样的深受青年人喜爱的饮料新品种茶，如有花香、果香的红绿茶，有奶香的红茶，菊普茶、珍珠花茶、飘香绿茶、桂花乌龙、清香型乌龙茶、荔枝红茶等，以及各种功能茶，如低咖啡碱茶、减肥茶、降压茶、高茶黄素红茶、高儿茶素绿茶。

（三）培养专业人才，提高产品和服务的专业化程度

永州市有一些高校和职业高中学校开设了茶艺课程，但是很缺乏茶旅研学导师，因

此导致了研学产品同质化现象很严重，开展的活动大同小异，没有深入的茶旅学习项目。笔者认为针对这一现象，可以由学校、企业、旅行社出面，成立专业的茶旅研学导师组，对相关服务人员进行培训，使研学导师掌握茶学文化专业知识，茶旅研学产品设计者以及相关的服务人员，不仅要提高服务的专业性，同时也要提高产品的专业性。旅游企业可以充分利用高校、社会中的资源，如高校开展的茶文化课程，如专业茶艺培训机构的课程，与他们进行合作，缓解人才缺乏的问题。茶旅研学活动的专业化不仅是要体现研学的专业性，同时还要体现茶文化的专业性，只有将二者的专业化有效地结合在一起，才能提高茶旅研学产品的专业化。研学旅行包含两方面内容，即"游"和"学"，游可以交由相关旅游企业和研学公司来开发，两者更有经验和创意设计出符合学校要求的旅游产品。而"学"可以交由学校来提要求，专业老师严格把关研学目标和方案，也可以将相关的课程内容渗透进研学产品中。

（四）政府、校企多方联合，优化研学设备

要使茶旅研学旅行保质保量进行，仅依靠一方的力量并不实际，需要多方相互合作。如学校可以和旅行社合作，由旅行社安排旅行的路线，处理旅行中可能出现的各种问题，这样学校可以有更多的时间，专注于学生研学的茶文化内容；旅行社可以和茶企以及茶园的工作人员合作，提前安排好研学的行程，做好对接，使研学旅行能够顺利进行，也可以与有关茶文化的工作室合作，来体现茶旅研学中"茶"的主题。

国家发文将研学旅行纳入中小学生的教学计划，各级政府应该担起统领全局的工作，做好研学旅行的专项拨款，制定相应的研学旅行景区门票规章制度，并对开展研学旅行的景区企业做出相应的奖励，给予相应的税收优惠政策，推动研学旅行的发展。

目前永州市的茶园很多设备不符合研学旅行的要求，并且缺少一些研学设备，这会使学生的体验感大打折扣。因此，优化设备，提升研学产品的质量，各级政府的支持必不可少。同时，安全是整个研学旅行可以顺利开展的前提保障，相关管理部门应该建立健全安全保障机制。此外，政府应该完善相关的法律法规，维护好研学旅行的市场秩序，明确研学旅行中各方的利益关系，使各方在健全的法律制度下，更好地合作，各方各司其职，保证研学产品的质量，从而保障研学旅行的稳健发展。

（五）充分利用宣传平台，加强产品的宣传

好的宣传就像是一块强有力的磁铁，会把游客吸引过来。新闻媒体和网络媒介等可以帮助宣传茶旅研学及相关研学旅行产品，及时将研学旅行活动的信息传递给大众，畅通信息渠道。同时，通过媒体对茶旅研学旅行的正面宣传，可以帮助家长打消很多顾虑和猜疑，有效营造中小学生积极参与研学旅行的氛围，并引导研学旅行市场健康理性消

费。此外，旅游行业也可考虑成立研学旅行协会组织，开展对研学旅游的研究，提供信息咨询服务，进行专业指导，利用互联网建立专属平台，及时更新活动内容。在产品开发前期，要对一些高质量的茶研产品进行大力宣传，这样可在市场中形成好的影响，提升品牌知名度。

结论

我国研学旅行发展如火如荼，呈现出巨大的刚性需求。研学旅行产品是否有明确的主题和目的，是研学旅行能否取得预期效果的一个关键因素。茶旅研学在全国各地兴起，形成了良好的市场效应。茶旅研学旅行是一种新颖的教育方式变革，也是一种新兴旅游业态。永州市具有开展茶旅研学的良好资源优势，但缺少具有特色的茶旅研学产品，因此，茶旅研学产品的开发研究对永州茶旅研学的发展具有独特意义，能够推动茶旅研学的发展，让茶旅研学在永州的研学市场上占有一席之地。永州茶旅研学产品的开发在解决克服一些问题时需要在理论研究、产品开发和实际运营等方面进行跨界合作，有效地做到资源整合。对茶旅研学旅行产品进行开发时，应充分依托茶文化资源创造茶旅研学品牌产品，围绕研学旅行的课程特性，实现茶旅研学旅行课程的教学目标等核心诉求，不断完善茶旅研学旅行核心产品的开发及创新。

案例三 永州红色研学旅行发展研究

前言

中国革命路程艰辛，红色资源丰富，红色旅游一直是我国旅游业发展的重点。红色文化资源既是重要的学习素材，也是一种学习载体。近年来，随着教育部发布《关于推进中小学生研学旅行的意见》，研学旅行逐渐成为教育界和旅游界共同追逐的热点，专家学者们开始注重融合红色旅游与研学旅行，充分发挥红色文化的教育价值。在大旅游时代和全民素质教育时代，红色旅游和研学旅行纷纷展现其强劲的发展势头。同时，在文旅融合的大背景下，红色旅游与研学活动的教育理念不谋而合，因此红色革命纪念地成为不少研学旅行的目的地。

国外的研学旅行实践较早，研学旅行在西方国家称为教育旅游、教育旅行。与研学旅行相关度较高的学术名词有："Experiential Education"，译为体验式教育；"Field

Trip",译为实地考察旅行。国内对于研学的相关研究从 20 世纪 90 年代中期才开始,近两年关注明显增多。在 2013 年国务院办公厅印发了《国民旅游休闲纲要(2013—2020 年)》的通知后,研学旅行逐渐成为我国青少年素质教育的重要内容,国内学者主要从研学旅行课程开发、研学旅行活动特点、研学旅行的价值、研学旅行的理论基础、研学旅行产品、研学旅行的运行体制等方面进行探讨。红色旅游的概念早在 2004 年就正式提出,而将红色旅游与研学旅行二者结合的红色研学旅行活动及其相关研究直到近几年才开始普及起来。截至 2021 年 4 月,在中国学术期刊网检索"红色研学"这一词条,发现相关文献数量还是不够多,自 2016 年首次定义了"红色研学旅行"这一概念后,至今以红色研学旅行为主题的检索文献不足 40 篇,其中,2016 年只有 1 篇,2017 年有 2 篇,2019 年增加到了 9 篇,至 2021 年有 12 篇,整体还是呈现一种上升的趋势。这些文献大多对红色研学的教育意义、红色研学课程开发等方面进行深度解读,较少涉及文献分析法、访谈法和问卷调查法。个别文献针对区域性的发展现状进行研究分析,但由于地域的不同导致了相关背景和现状差异性较大,因而对于永州市的红色研学旅行发展而言可借鉴性并不大。因此,本研究将以永州市的红色研学旅行发展现状为背景,对其市场发展进行优劣势分析,并就劣势中存在的问题提出相关合理性建议,以期推动当地红色研学旅行的可持续发展。

一、相关概念

(一)研学旅行

本案例所言研学旅行,是以学生为主体的研学旅行。它是指研究性学习和旅行体验相结合,学生集体参加的有组织、有计划、有目的的校外参观体验实践活动。

研学旅行继承和发展了我国传统游学"读万卷书,行万里路"的人文精神和教育理念,成为当下素质教育的新内容和新方式。

(二)红色旅游

红色旅游在中国由来已久,20 世纪八九十年代中国旅游业一直致力于安排资金、完善基础设施建设,帮助延安、韶山、瑞金等一批革命老区发展旅游行业,但彼时尚未明确提出"红色旅游"这一概念。直到 2004 年,红色旅游概念方正式提出,其概念界定为:以中国共产党带领中国人民完成新民主主义革命和社会主义革命途中树立丰功伟绩所形成的纪念地、标志物为载体,以其所承载的革命历史、革命事迹和革命精神为内涵,组织接待旅游者开展缅怀学习、参观游览的主题性旅游活动。

二、永州市红色研学旅行发展现状分析

（一）红色旅游资源分析

永州市地处湖南省西南角，是当时长征时期中国工农红军第六军团西征到达贵州与红三军胜利会师时经过的主要地点，这次西征不仅保留了中国红军的力量，沿途扩大了红军的政治影响，也给今天的湖南和贵州沿线留下了许多革命纪念地，以便后人学习、传承长征精神。同时，在那个风起云涌的年代，湖南无数热血的爱国青年为保家卫国、解放同胞，敢于抛头颅、洒热血，其中就包括毛泽东、彭德怀、陶铸、李达等优秀无产阶级革命家、军事家、教育家。他们曾经居住过的一方乡土成为现代人追怀、悼念他们的好去处。我们粗略整理出永州各区县较知名的红色景点分布，如表8-3-1所示。

表8-3-1 永州红色旅游景点各区县分布表

区、县	景区名称	重点文物保护单位等级
零陵区	画眉山红六军指挥部旧址	省级
冷水滩区	黄阳司窑址	省级
	李达故居	国家级
祁阳市	陶铸故居	省级
	祁阳革命烈士纪念碑亭	市级
	雷晋乾烈士故居和墓地	县级
双牌县	红六军团西征过双牌路线	不详
道县	道县红军墙	县级
	陈树湘烈士纪念馆	省级
	何宝珍故里	市级
江华瑶族自治县	江华故居	省级
	李启汉故居	省级
	红七军十九师政治部旧址	省级
宁远县	水市革命烈士陵园	县级
新田县	蒋先云故居	省级
	小源会议旧址	省级
东安县	唐生智故居	国家级

资料来源：红网永州站，http://www.yzrednet.cn

（二）红色研学旅行基础设施分析

永州市开展红色研学旅行活动的场所大致分为红色景区以及不依托红色资源所建立的校外示范性综合教育基地，具体分析如下。

1. 红色景区基础设施分析

永州市红色景区主要包括革命故居和革命烈士园，普遍位于农村地区，地区经济欠发达且交通不便，虽有永州市政府的高度重视，不断加强保护和管理，并鼓励多渠道募集保护和修缮资金，使较多故居得到了质的提升，但多数景区还仍然普遍存在着基础设施落后、配套设施缺乏等问题。笔者2020年下半年实地考察了陶铸故居和李达故居等地，发现其存在的基础设施等问题大都比较类似，下面以陶铸故居为例做出具体分析。陶铸是我国优秀的无产阶级革命家，曾任国务院副总理、中共中央政治局常委，是中国伟大的革命家、政治家，卓越的领导人。陶铸故居位于永州市祁阳市潘市镇石洞源陶家湾村，是湖南重要的省文物保护单位。陶铸故居占地120平方米，共有5间小房间和一座陶公亭。在20世纪60年代，为支持家乡水利建设，陶铸先生将老家房屋搬迁。为体现陶铸同志勤俭节约的革命精神，高度还原战争年代的艰苦与朴素，故居十分简朴，甚至可说是简陋。笔者对景区的基础设施优劣势进行了总结，如表8-3-2所示。

表8-3-2 陶铸故居基础设施分析

优点	缺点
公路畅通并具备大型停车场	位置较偏远，地处乡村
露天广场空间开阔，适合开展室外课堂	公共交通选择较少
景区绿化水平高	景区接待能力有待提高
具有一定的旅游接待能力	餐饮、住宿等配套设施数量不足、质量不高

陶铸故居地处乡村，距离永州市区有70千米左右的路程，离县城也有大约40千米的路程，从市内无直达公共交通专线，可进入性较差；但公路宽阔平坦，早在2018年就完成了对故居的公路改造和停车场的扩建，私人自驾车和旅游大巴进出方便，停车位也多。景区露天广场面积大，适合开展室外课堂，但室内空间较狭小，难以容纳多人同时参观学习。存在的问题较多：垃圾投放点零星分布、无景区导游讲解、无电子讲解器、无多媒体视频播放器，总体接待能力有限；景区周围农庄较多，餐饮便利，但缺乏正规的大型饭店。总之，陶铸故居存在多处软硬件设施有待改善的问题。

2. 校外示范性教育基地（营地）基础设施分析

"十二五"期间，为更好地开展教育教学工作，推动校外教育事业健康、有序发展，教育部发布了推进全国校外教育示范性综合教育基地建设的通知，2019年，永州市教育局积极响应国家号召，在中央、市、区各级政府的投资支持下建立了第一批中小学生研学实践基地（营地）名单，包括福田茶场、东山景区等在内的27个基地（营地），面向中小学生开展社会实践活动，这些基地（营地）大多是依托现有的旅游资源或教育资源建立起来的，缺乏独立性、综合性强且可同时提供食、宿、学的基地场所，其中有些基地还处于正在修建的状态，并未对外开放。

（三）红色研学旅行市场参与对象分析

从经济学角度出发，一个完整的旅游市场是由三部分组成的：旅游主体、旅游客体和市场中介。

旅游主体既包括提供旅游产品和服务的供应者，主要指景区，也包括旅游产品的消费者，即旅游者。永州市的红色研学主要参与群体包括政府机关单位、企事业单位以及中小学生，但目前研学产品的主要消费者还是中小学生群体。为深入了解永州市的红色研学旅行的市场参与度，本文运用了实地考察法和问卷调查法，通过实地调查访问某小学班主任了解到，一个班级的50多名学生中，有30名左右的学生经过家长的允许做出了出游决策，也就是说，总体的研学旅行（包含红色研学）参与度达到了百分之六十左右。为保证数据来源的可靠性，本文采取线上线下联动的形式，共发放了问卷200份，有效回收182份，回收率91%。有大约140份的问卷显示学生和家长是提倡中小学生参与红色研学旅行的，占比80%左右。同时问卷显示，绝大多数受调查者对于研学旅行主要考虑的是费用、安全问题及课程质量，其中20%的家长认为研学费用会影响其出游决策，60%以上的家长会注重孩子在研学旅行中的收获，而几乎全部的家长都会将安全问题作为参加研学旅行的主要考虑因素。

旅游客体即旅游产品。根据红网永州官方网站报道，目前永州的红色旅游项目开发日益成熟，以冷水滩李达故居、祁阳陶铸故居、新田蒋先云故居等地为主，基本上形成了"千年打卡名人胜地"名人故居游、"旧颜换新颜"乡村振兴游、"峥嵘岁月"长征足迹游三条红色旅游精品路线，红色旅游格局成熟。但从通过红色研学旅行教育孕育时代新人的角度出发，面向主要受众青少年群体，对红色研学产品的质量会要求更高。目前永州研学旅行缺乏官方网站，研学旅行机构也鲜少及时将研学产品发布到线上，而是直接在线下联系学校，所以只能通过永州教育网发布的新闻报道来进行粗略分析，分析发现，永州研学市场现存最多的研学产品类型包括国防教育类、红色历史类、传统文化类，主题之间分类明显。目前永州红色研学旅行的课程主要内容包括参观游览、观看影视录像、聆听研学导师讲解等。

市场中介是指介于旅游产品买者和卖者之间的媒介和桥梁，也就是旅行社。近年来由于政策的支持，永州市的研学旅行机构数量在不断增长。某企业信息查询系统显示，在2018—2020年，经营范围涉及研学旅行的企业新增多达70家，而有将近25%的企业在成立后的一年内就选择了注销营业执照。这个现象也说明，在最初发展的前几年市场准入门槛较低，行业缺乏统一标准，从业人员水平参差不齐，多数是蹭市场热度，着急过来分杯羹。而2019年永州市教育局发布了《关于推进永州市中小学生旅行工作的实施意见》，对市内中小学生研学实践承办机构进行遴选，并公布推荐目录供中小学校选择，提高了市场准入门槛，也完善了退出机制，因此一些实力不达标的企业就自然而然被市场所淘汰。虽然目前红色研学旅行市场还是"过热"，但文件的颁布规范了市场整体机构的行为，为中小学生快乐研学提供了保障，随着市场参与者水平的提高，市面上的红色研学课程质量也会呈现上升趋势。

（四）红色研学旅行组织形式分析

就像通常旅游出行组织方式可分为跟团游与自由行，研学活动也可分为由学校组织、旅行社承包的集体出游方式，以及由家庭组织、学生自主选择的个人游，二者之间的区别如表8-3-3所示。

表8-3-3 两种研学旅行组织形式区别表

组织方式	责任主体	研学过程	优点	缺点
学校组织、旅行社承包，学生集体出游	从外出突发事件的情况出发，根据相关法律法规界定，主体不明确	由于集体出游事项烦琐，因此研学目的地可能只有少数一两个；学生集体出行，故在申请和实施过程中涉及部门多，程序相对复杂	有专业老师陪同，游览过程中的疑问可及时得到解决；同龄人的陪伴合作学习可发挥"榜样力量"，同时提高学生团队协作能力	集体人多，管理相对困难，学生突发事件多；学生的个体差异无法得到充分考虑
家庭组织，家长陪同学生出游	责任主体明确	学生和家长自主选择，因此可能有多个研学目的地，有利于拓宽研究主题的广度；自由活动空间大	自主选择研学主题，尊重了个体差异，有针对性地让学生接受知识；侧重学生自主规划能力和自主解决问题能力的培养	家长知识面受限，无法为学生提供专业问题的解答；难以模拟严肃认真的课堂气氛，以致影响教学成果

根据表8-3-3的内容，我们可以清晰地了解两种出游组织方式的区别以及优缺点。由于家长和学生认知度的缺乏以及旅行社较少推出亲子研学游类的产品，目前永州研学市场主要以第一种组织方式为主。调查问卷显示，60%以上的家长和学生都倾向于选择学校组织的出游方式，原因或许还是家庭出游普及率的低下以及家长的闲暇时间有限。但两种方式各有利弊，应当适当宣传由家长陪同出游的研学方式，使出游组织形式多样化。

三、永州市发展红色研学旅行的优势分析

（一）红色资源丰富且"红""绿"相融

永州市位于湖南西南角，是一方红色热土，境内红色资源十分丰富，中央红军长征途经永州，留下革命遗址百余处，目前永州有国家、省、市级爱国主义教育基地27处，省级红色旅游景区4个。中国共产党早期创始人之一李达、杰出的无产阶级革命家及党和国家卓越领导人陶铸、无产阶级革命家江华都诞生在永州。同时永州的红色革命纪念地多位于乡村地区，永州地处潇、湘二水汇合处，又是国家森林城市，山水秀美，风景迷人，因此永州的乡村地区更是空气清新、风景如梦如画。近年来永州市依托乡村旅游资源，大力发展乡村旅游业，推动了乡村振兴。因此永州发展红色研学不仅可以依靠丰富的红色旅游资源，也可通过结合乡村绿色旅游开展更多的研学活动，让学生们在重温红色历史的同时欣赏感受自然美景，体验乡村生活，学习农业知识。同时先辈们的革命精神或多或少地与他们所生长的土地有所关联，通过体验当地的风土人情，也能够加深对他们的了解，发挥榜样力量。

（二）红色故事经典感人

永州市不仅红色资源丰富，而且地方政府十分注重对红色基因的教育传承，结合实际，深挖红三十四师在永州的悲壮历程和体现革命先辈无私奉献精神的红色故事。党的十八大以来，习近平总书记多次到访红色圣地，缅怀革命英烈，讲述红色故事。2020年9月16日至18日，习近平总书记在湖南考察。16日下午，习近平总书记在郴州市汝城县文明瑶族乡沙洲瑶族村"半条被子的温暖"专题陈列馆，了解当地加强基层党的建设、开展红色旅游和红色教育情况。此外，习近平总书记在这次湖南考察时还提到了中国工农红军第三十四师师长陈树湘"为苏维埃新中国流尽最后一滴血"的故事，这个故事的发生地就位于永州。陈树湘将军是最早参加革命的一批英雄之一，曾任中国工农红军34师师长，在创建井冈山革命根据地和中央苏区的斗争中身经百战，屡建奇功，是红军的一位优秀指挥员，1934年，在著名的湘江战役中，陈树湘将军为掩护大部队突围，不幸被捕，被捕后不愿为俘，断肠就义，年仅29岁。除此之外，还有体现党和国家领导人陶铸"松树风格"精神、我党创始人之一李达"求真"精神的小故事以及体现军民团结"双拥"精神的"半截象牙筷""一块木板"等故事，这些都是开展红色研学的重要凭借。

（三）政府政策大力支持

2017年，为响应、落实教育部办公厅对全国各地中小学生研学旅行的大力支持，

湖南省教育厅联合省发展改革委以及公安、文化、旅游、共青团等部门发布《关于推进中小学生研学旅行工作的实施意见》，文件相继落实到省内各个城市，进一步推动了研学旅行在湖南的广泛开展。2018年，永州市教育局发布《关于推进永州市中小学生研学旅行工作的实施意见》，冷水滩区教育局下发了相关文件，开始部署中小学生研学旅行试点工作并在不久后取得成效。在政府政策的大力支持下，永州市的研学旅行开始有计划、有目标、有步骤地推进，并取得了快速发展。同时永州市政府高度重视"红色教育"，永州市教育局2017年发布文件《关于开展第二十一届青少年"五好小公民"主题教育读书活动"红旗飘飘，引我成长"工作方案》，在文件中提到："要创设条件，研学旅行。要创造条件，结合读书内容，组织中小学生深入革命传统教育基地、爱国主义教育基地等开展'红色之旅'研学实践活动，促进学生培育和践行社会主义核心价值观，激发学生对党、对国家、对人民的热爱之情，从而自觉学习，努力提高为党、为国、为民贡献之能。"

四、永州市红色研学旅行发展中存在的问题

（一）市场准入门槛较低，专业人才匮乏

中国社会科学院2019年的《绿皮书》报告指出，我国研学旅行起步晚，国内研学市场上普遍存在着准入门槛低、退出机制不完善等问题。永州市的研学发展时间更是晚于国内一、二线城市，基础薄弱，政策利好吸引了大量机构入场分食"蛋糕"，目前其市场上推出研学产品的主体机构大致分为两种。一是之前专门从事旅游产品的旅行社，随市场大流，简单增加了研学路线，如湖南省亲和力旅游有限公司（永州分社）在2019年8月经营范围信息变更后新增"研学旅行策划与组织；研学教育咨询；研学教育实践基地建设服务"等项目，这些老牌旅行社影响力较大，业务熟练，资源丰富，信誉良好，安全隐患较小。二是随研学旅行热而出现的新型研学机构，这些机构一般主打研学产品，不涉及日常旅游业务，但国内目前不少新型研学机构问题频发，引发相关安全问题的往往是这些新型研学机构。永州市政府和教育局虽然颁布了相关文件，要求提高市场的准入门槛，但市场还是过热，在一年内经营范围涉及研学旅行业务的企业新增多达30家左右。

机构水平的参差不齐，必然会导致专业人才的匮乏，红色研学行业专业人才主要包括课程设计师和带队执行导师。他们是研学旅行的设计者和组织者，直接影响着研学旅行的质量高低。目前永州市相关部门并未出台有关文件对研学导师做出具体的规定和要求，导致社会对研学旅行导师的职责和定位不够明确，也导致相关人员专业化水平不

高。实地调查发现,永州市研学机构红色课程的相关设计师水平不明,而聘请的带队执行人员主要有两种:导学和教官。导学主要来源于导游从业人员、教育从业人员或高校旅游管理专业在校大学生,他们主要负责旅途中学生的引导和教育工作;教官主要负责管理学生的纪律问题,多为军校或体校的学生或老师。二者大部分都属于外聘员工,只有少数人与研学机构签订了正规劳动合同。这种做法的弊端就在于临时工作人员受机构限制少,普遍责任感意识较差,不仅导致研学课程的质量低下,也会埋下安全隐患,并且使得后续追责不清晰等。

(二)文化元素挖掘不深,红色体验感不强

永州市虽然红色景点众多,很多研学机构也主打红色研学旅行,但是,问卷调查显示,在182份问卷调查中,超过一半的人认为永州市的红色研学课程对红色文化的认识和挖掘不深、红色体验感不强。以笔者2020年下半年参加的毛泽东故居和陶铸故居的红色研学活动为例,主要活动流程大致如图8-3-1所示。

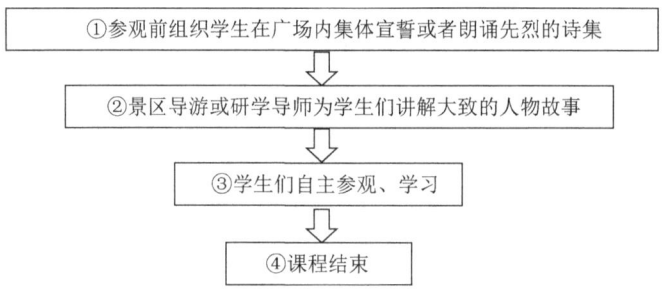

图8-3-1 红色研学课程开展流程图

因此很多红色研学课程还存在着缺乏互动性、参与性和体验性,未能让学生真正参与其中并形成系统的、丰富的、深度的红色旅游体验的问题。导致这些问题出现的主要原因或许与多数景区的物品陈列和展示方式及手段较陈旧、缺少震撼力、难以吸引学生有关,景点大多是博物馆式"画像、文物、文字"的陈列,缺乏互动性、体验性,难以对学生产生吸引力;同时如果机构缺乏专业的红色课程设计师,个别带队导师临时上阵,事先并未对相关历史人物和故事进行深入了解,因此也就没有真材实料教给学生,也会导致学生们的体验感不强。

红色旅游,本质上是一种文化旅游,红色文化元素是其赖以存在的根本。景区和研学机构组织中小学生开展红色研学旅行都需要围绕红色文化内涵进行。

(三)景点集群状况较差,经典线路难以形成

旅游资源的集群状况是指在一定的地域内景点之间相互组合的状况。相关专家表

明，单个孤立的旅游景观，即使有特色，但开发价值并不一定高；只有在一定地域内，多种类型旅游景观协调布局和组合，形成一定规模的旅游资源结构模式，才能形成一定的开发规模，获得较高开发效益。故旅游资源的集群状况是评价旅游资源不可缺少的内容之一。永州地域广阔，下辖2个区、9个市县，红色旅游资源丰富，却又很分散。以红色景点众多的祁阳市为例，陶铸故居、祁阳革命烈士纪念碑亭和雷晋乾烈士墓彼此相隔直线距离在40千米左右。距离的遥远使各景区依然停留在"单兵作战"阶段，缺乏"全域"视角，与周边区域未形成联动，无法形成经典的红色旅游以及红色研学旅行线路。

（四）信息来源渠道单一，社会认知程度较低

笔者向永州市学生及家长发放的问卷显示，有54份问卷的家长及学生表示对研学旅行以及红色研学旅行不太了解，占到30%左右；近20份问卷显示家长及学生完全不了解。而在其他选择了解的108份问卷中，有60%以上的学生和家长是通过学校的知识普及了解的，其他占少数的，了解来源主要是旅行社或教育机构的宣传或新闻、短视频等，具体占比情况如图8-3-2所示。

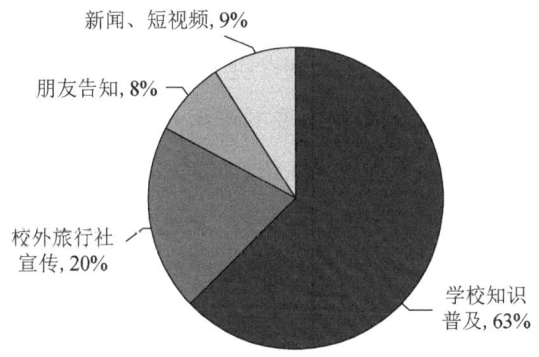

图 8-3-2　研学信息来源途径

由此可见，家长及学生获取信息来源途径十分单一，大部分研学机构都是直接联络各中小学校，而线下校外旅行社的宣传率较低。同时笔者查阅各旅游网站后发现，线上的永州市研学产品信息极少，只有湖南中铁国际旅行社提供的一日游研学线路报价和参考行程安排。线上线下宣传推广的力度不够，使得永州市研学旅行的社会认知度不高。如果不从供给端上加大对研学旅行的线上及校外的信息普及，必会导致整个市场的萎靡不振，红色研学同样难以开展。

五、永州市发展红色研学旅行的对策及建议

(一) 提高准入门槛,规范人才从业要求

随着市教育部门发布《关于推进永州市中小学生旅行工作的实施意见》,永州市内中小学生研学实践承办机构的质量总体有所提升,但还是有个别不合格的研学机构,打着低价、安全、高质量的招牌骗取学校的信任。因此政府除了要颁布相关文件以外,也要联合司法、行政机关,严厉打击此类无相关从业执照的机构,完善相关法律法规,对此类机构法定代表人明确刑事责任,做到有法可依、执法必严、违法必究。同时拓展群众举报途径,形成高压态势。

研学从业人员作为研学旅行的核心,其数量和质量会直接影响永州市红色研学的整体实施水平,目前各研学机构的主要任务在于招聘并培养高素质、高水平的专业对口人才,可主要将目光聚焦于具有教育学、心理学和旅游学背景的人才,突出强调学历背景和专业工作能力。招聘后的岗位培训也必不可少,要确保这些人才在经过岗位技能培训后能够明确岗位职责,高效完成工作任务。针对目前永州市研学市场从业人员分类的现状,对于研学导师的要求在于,除了要具备渊博的知识以及专业化的能力之外,一名合格的研学导师还要有良好的抗压能力和强大的心理素质。研学教官也是研学活动的中坚力量,教官的素质对于研学活动的质量起着至关重要的作用,必须招纳和培训一支具有良好身体素质、高尚道德和责任感意识强烈的教官队伍。同时,临时雇用导师和教官,也必须签订劳动合同,明确工资待遇、工作时长和权责关系,改善管理方案,可采用人员彼此约束或优者晋升、奖励的方法,规范和约束从业人员的行为。优秀的研学从业人员能直接提高研学课程的质量,使得家长们的选择变得更加丰富、对研学机构更加信赖,研学需求会跟着高涨,从而形成一种良性循环,之后,整个研学市场就会得到蓬勃发展。

(二) 深挖文化内涵,加强红色体验

发展红色旅游,关键是要深入挖掘红色精神财富,思考如何将革命历史、革命传统和革命精神在旅游中传递给广大学生,从而使他们更好地传承革命文化。要注重讲好红色故事,在细微之处引起情感共鸣,才能在参与者心中留下深刻烙印。例如在陈树湘烈士故居,当学生们听到先烈"断肠取义"的英勇事迹时,都为之动容,震撼万分,由此可见,研学导师和景区讲解人员向学生们准确解读红色文化,尊重历史事实,才能使学生们透彻理解红色文化的内涵。面对年幼的学生群体,红色旅游产品需要注重加强现场体验感和代入感。笔者参考国内其他精品红色研学课程,构思出永州市红色研学旅行的基本活动流程,如图8-3-3所示。

图 8-3-3 红色研学旅行活动流程图

同时，永州政府要加大募集资金的力度，以强大的经济支持，创新红色景区文物的表达形式，为其增添"时尚"元素，通过影音视频、智能导览、模拟场景等新形式去吸引学生们主动探索发掘红色文化和历史。

（三）加强道路规划，科学设计线路

针对永州市红色景点分布较分散的情况，永州市政府及相关部门要加强对道路的规划建设，优化路网。永州红色景点多位于乡村地区，经济相对落后，交通系统也处于正在完善的过程中，交通运输部门在规划路网时，应该将旅游因素纳入考虑范畴，不仅要注重不同景区之间的集群状况，也要将景区周围的道路打造得安全、舒适且环境优美，沿途风景的秀美必定会吸引游客的注意，提升旅游体验，减少其等待的不适感，使其在奔赴下一个景区时，可以忘记旅途的舟车劳顿。

组织研学旅行的旅行社和学校在出游前，需要科学安排日程、合理规划研学旅行线路，要注重不同红色景点的主题，选择主题相近的景区，比如可分为"名人故居游"和"长征旧址游"和"烈士陵园游"，选择安全且距离相对近的道路。笔者依据就近原则总结了大致分为两类主题的精品线路，具体内容如表 8-3-4 所示。

表 8-3-4 两类主题精品线路

线路主题	线路主要景点
名人故居游	陶铸故居—雷晋乾烈士故居和墓地—李达故居—唐生智故居
	陈树湘烈士纪念馆—何宝珍故里—江华故居—李启汉故居
长征旧址游	画眉山红六军指挥部旧址—红六军团西征过双牌路线—道县红军墙—红七军十九师政治部旧址

如果个别景点之间路途遥远，要注重沿途各服务站点和物资补给站的位置以及到达时间。

（四）加大宣传力度，提高公众认知

在永州红色研学旅行发展中，宣传工作十分重要，要引起重视。调查问卷显示，不了解研学旅行的人群中，很多人选择了不愿意参加红色研学旅行，而也有部分对研学旅行不太了解的学生或家长选择了"愿意"，原因或许是相信并愿意服从学校做出的安排，但出于这种原因考虑，毕竟不是长远之计，必须向家长和学生们普及，研学教育是素质教育的一种形式，不是简单的以娱乐为主的春游、秋游。目前国内红色研学旅行发展更成熟的井冈山和瑞金等地，红色研学旅行宣传方式众多，可为参考。笔者建议，可从以下方法进行推广宣传：首先，必须是针对目标客户群体进行推广宣传，包括各中小学校、校外辅导机构等地。其次，要进行大范围的社会推广，范围要覆盖线上线下。线下包括研学机构、研学基地在公共交通及设施上投放广告、张贴宣传海报等。线上包括研学机构和基地邀请新闻媒体前来报道、拍摄研学宣传片并投放相关产品信息到旅游网站。最后，当地教育部门在官微、公众号等平台可开展一系列的宣传工作。这些方法能够确保覆盖到整个目标人群并能够提高整体的公众认知。

结论

文章从目前永州市红色研学市场出发，通过查阅相关资料文献、进行问卷调查以及实地考察当地研学现场等研究方法，掌握永州市红色研学的发展现状，包括政府政策和景区基础设施建设、学生研学参与度等，通过逐一分析，得出目前永州市红色研学旅行市场主要存在的不足方面。第一，市场准入门槛较低、专业人才匮乏；第二，文化元素挖掘不深、红色体验感不强；第三，红色景区集群状况较差，经典线路难以形成；第四，信息来源渠道单一、公众认知度较低。根据以上分析的结果，文章提出了针对性的建议：提高准入门槛，规范人才从业要求；深挖文化内涵，加强红色体验；加强道路规划，科学设计线路；加大宣传力度，提高公众认知的相关建议。

案例四 永州江永女书园研学旅行游客满意度研究

前言

　　研学旅行是学习与游乐二者并重,即使是去普通的景点参观,也必须带着探究的眼光和问题进行参观体验。研学旅行继承和发展了我国传统游学和"读万卷书,行万里路"的教育理念和人文精神,成为当前素质教育的新内容和新方式。目前研学旅行在我国发展如火如荼,已成为国内研究的热门话题。随着旅游业的改革发展,人民群众的消费升级,外出旅游也变得越来越有针对性,传统模式的旅游已经满足不了现代市场的需求。2013年2月国务院发布《国民旅游休闲纲要(2013—2020年)》,首次提出"逐步推行中小学生研学旅行"的设想。2014年8月国务院发布《关于促进旅游业改革发展的若干意见》(国发〔2014〕31号)提出"积极开展研学旅行",将研学纳入了中小学生日常教育中。这些推进研学旅行发展的政策,为江永女书园发展研学旅行提供了政策上的支持和指导性意见。永州江永女书园拥有独特的研学资源,目前已经开展了相关研学旅行实践,通过IPA分析法对其研学旅行游客满意度进行研究,有利于较科学地发现其目前发展中存在的问题,以便及时对出现的问题进行改进和完善,提出有针对性的相关对策,以利于永州江永女书园成为知名的研学旅行基地,提高女书的知名度和影响力。

　　我国国内研学旅行的发展相比较而言滞后于国外,近几年来才逐渐受到关注,学者们对于研学旅行的研究大多停留在理论层面,而对于研学旅行实践方面的研究,选择的研究点大多是已经发展成熟的旅游景点,对于知名度不高的旅游景点关注和研究得较少。笔者选择富有地方文化特色但知名度不高的景点永州江永女书园进行研学旅行发展研究,以期丰富研学旅行发展研究。笔者从研学旅游者的需求出发,分析旅游者对永州江永女书研学旅游产品的感知和期望,立足于永州本土特色文化,发掘永州江永女书研学旅游产品的特色。永州江永女书是永州有名的非物质文化遗产,将其地方特色文化与研学结合起来,塑造永州女书研学旅行品牌,带动和促进当地旅游相关产业发展,同时在发展过程中注重非物质文化遗产女书开发与保护之间的平衡,从而实现其长期的可持续健康发展。

一、相关概念

（一）研学旅行

本案例研究认为，研学旅行是由教育部门和学校有计划地组织安排，通过集体旅行、集中食宿方式开展的研究性学习和旅行体验相结合的校外教育活动，是学校教育和校外教育衔接的创新形式，是教育教学的重要内容，是综合实践育人的有效途径。

（二）游客满意度

20世纪60年代，美国提出了游客满意度这一概念，汪侠、刘泽华等人在对国内外研究文献进行综述的基础上提出，游客满意度是游客期望同实地旅游感知相比较的结果，它强调的是游客的心理比较过程及结果。游客满意度作为游客满意的定量表述，是衡量一个旅游景区旅游服务质量的综合性指标。由此可见，游客满意度就是游客以对旅游产品或服务的主观感受为基础，结合自身的社会阅历，对旅游产品或服务所进行的心理评价活动。由于游客满意度是一个偏定性的概念，无法直接对其进行有效评估，所以对永州江永女书园研学旅行的游客满意度研究将从景区服务项目的重要性感知和满意度感知两个方面进行分析，设计相应的评价指标，以方便对游客满意度调查研究数据的统计和分析。

二、永州江永女书简介

永州江永女书是世界上绝无仅有的女性专有文字。作为迄今为止最具有性别特征文字的女书，发源并流传于湖南省永州市江永县及其相邻的周边地区。真正意义上，女书就是妇女文字，即也可以叫作"女字"。"女字"斜体修长，笔画纤细均匀，秀丽娟细，造型奇特，以别样的形式表达了汉字。按照惯例，女书以母传女和老传少为传承方式，且传女不传男，仅在妇女间存在。因此，女书成为女人之间的密语，记录的也都是女性之间的事。女书作品以七言韵文为主，五言韵文为辅。女书作品大体上以婚姻家庭、生产劳动和社会交往为主要内容，比如自传、民间唱本、祭祀文字等。除此之外，也有关于女红艺术、幽怨私情、乡里逸闻和歌谣谜语等内容的女书作品。当地女性通过这种隐秘的语言文字，从表达自己的喜怒哀思到传达自己的世界观、人生观和价值观。江永女书文化是我国珍贵的文化遗产，是一颗奇特的文化化石，它对研究人类文字和文明的起源、女性文化和民族的起源以及文明的发展历程等方面都有着重要意义。

三、江永女书园研学旅行发展现状分析

（一）女书研学旅行产品发展现状

1. 女书文化学习班

女书文化学习班是由相关政府部门组织、江永女书园承办且不收取任何费用的零基础女书文化学习班，从 2013 年 7 月开始，每年 7 月左右开班，每期开办 10 天左右时间，招收的学员年龄在 12~45 岁，每期共招收 45 人左右。女书文化学习班课程内容由江永女书传人设定，一般由 7 位女书传人轮流上课，每人上一天课，内容多为女书的认、读、写、唱、做女红、剪纸。关于女书传人，到 2019 年 4 月为止，经国家认可颁发女书传人证书的只有 7 人。经与江永女书园工作人员访谈得知，在 2008 年政府开考女书传人认证后，当年获得认证的只有 7 人，之后一直未曾再次开考，所以现有的经过认证的女书传人数量稀少。

2. 风俗文化体验活动

成人礼：在女书文化学习班结束时将在女书课堂上举办成人礼，女书工作人员会为每位即将年满 18 岁的女学员制作并赠送一把女书特色折扇，上面用女书文字书写祝福，由妈妈帮女儿将头发盘起，以示从此刻开始就是一个成年人了。

婚嫁习俗：湖南省永州市江永县江圩镇永明河一带，姑娘出嫁会提前准备 40 天，前 37 天请关系较好的女同伴到家里同吃、同住、同玩耍、同创作女书，这段时间称"闹三七"。接下来三天是坐歌堂唱哭嫁歌。哭嫁歌即为嫁而哭的女书之歌。姑娘们用哭嫁歌的形式唱出心声，唱出对嫁娘的美好祝愿，表达对嫁娘的深厚情谊。以此古老习俗为基础，延伸出"古老的新娘"风俗体验，让研学旅行者能切身感受到江永当地的女书文化氛围。

斗牛节：未婚女子在农历四月初八（传说是牛魔王的生日），约相好的女同伴们一起凑些米、油、盐、菜肴到野外"打平伙"，带着"女书"去吟唱，畅谈人生。因这一天男人都赶着牛牯到野外斗牛，而且"凑"在方言里也称"斗"，所以江永当地女子习惯把她们的活动叫作"斗牛节"。

（二）女书研学旅行产品营销现状

目前永州江永女书研学旅行产品对外宣传主要通过三种方式：一是当地人和参加江永女书文化学习班的学员们的口口相传，在女书学习班的开课期间和结课后在微信、微博等新媒体平台进行宣传；二是江永女书园讲解员在讲解过程中向游客宣传景区的女书研学旅行产品；三是在"江永发布"微信公众号定期推送女书相关信息，在每年的 6 月左右，江永县政府会在"江永发布"微信公众号上官方发布江永女书学习班的相关报名

信息，届时学员可到指定报名地点报名或直接致电报名。笔者从实地访问江永女书园工作人员和江永女书文化学习班的部分学员后得知，每年参加江永女书文化学习班的学员中，通过口口相传或者微博、微信宣传的方式了解江永女书研学旅行产品且参加的人数所占比重达88%，通过第二种方式了解江永女书研学旅行产品且参加的人数所占比重为5%，通过第三种方式了解江永女书研学旅行产品且参加的人数所占比重达7%。由此可以看出，在网络时代，微信、微博新媒体营销宣传方式的营销效果更好，而其他方式的营销宣传效果相对而言就差很多。

四、研究方法与设计

（一）研究思路

本案例基于游客对研学基地环境设施、服务质量、研学课程设置的不同感知体验，以江永女书园景区为例，通过文献研究法、实地考察法、深度访谈法、问卷调查法、IPA分析法等方法，对女书园景区建设现状、景区服务及研学课程设置对游客体验的影响程度进行了解和分析，以找出其研学旅游发展的优势和不足，为其未来发展规划提供参考意见，使其研学旅行发展规划更符合游客需求，从而促进并带动江永当地旅游经济的发展。

为了让江永女书研学基地建设更符合游客需求，在目前已有的研究中对研学基地满意度评价指标未达成共识且缺乏实证研究数据支撑的背景下，笔者通过对相关研究文献进行分析，从中提取出了可用于调查的评价指标，主要由三大部分构成，共包含15项内容。一是环境和设施：自然环境、建筑装修、安全设施、配套设施、交通便利程度等；二是景区服务：解说手册、服务态度、对女书研究深入程度；三是研学课程设置：课堂布置、服装安排、课程设计等方面。得到问卷数据后，利用SPSS软件对数据进行IPA分析（重要性—绩效表现分析法），结合当地实际情况，最终得出适合江永女书园研学旅行发展的建议。

（二）研究方法

通过文献研究法、实地考察法、深度访谈法、问卷调查法、IPA分析等多种方法，分析了发展永州江永研学旅行应如何更好地开发和建设江永女书园研学旅行基地，如何提高研学旅行服务质量水平，以及如何增强女书研学旅行目的地的吸引力，从而实现女书研学旅行的可持续健康发展。

一是文献研究法。搜集和分析现有的各种有关女书文化的资料和文献，了解女书文化的历史和发展现状，并从中选取有关女书文化旅游资源的研究。

二是实地调查法。有目的、有计划地去永州江永女书园进行实地考察，调查永州江永女书发展情况。

三是深度访谈法。设计与研究相关的访谈话题，有目的、有计划地去永州江永女书园与当地居民和江永女书园的相关工作人员面谈，收集有效信息。

四是问卷调查法。设计与女书研学旅行研究内容相关的调查问卷，通过现场和网络发放问卷，并回收有效问卷，调查江永女书对游客体验的重要程度和游客对江永女书研学旅行规划建设的满意程度，对收集的问卷进行数据统计、整理并进行详细分析，从中得出客观真实的数据资料，为分析永州江永女书研学旅行存在的问题和提出有针对性的建议提供真实有效的数据支撑和科学论据。

五是重要性—绩效表现（IPA）分析法。顾客对产品或服务的满意感源自对于产品或服务各属性的重视程度，以及对各属性绩效表现程度的评价，分析结果可以让经营者知道自身提供的与游客需要的差距。结合江永女书研学旅行满意度问卷调查的结果，并对所得数据结果进行整理、分类、分析，运用 SPSS 软件对其进行 IPA 分析，构建 IPA 模型，将重要性（重视度）列为横轴，绩效表现（满意度）列为纵轴，并分别以重要性、绩效表现评价之总平均值作为 X-Y 轴的分割点，将空间分为 4 个象限，用直观的四象图为相关决策提供方案，具体内容如图 8-4-1 所示。

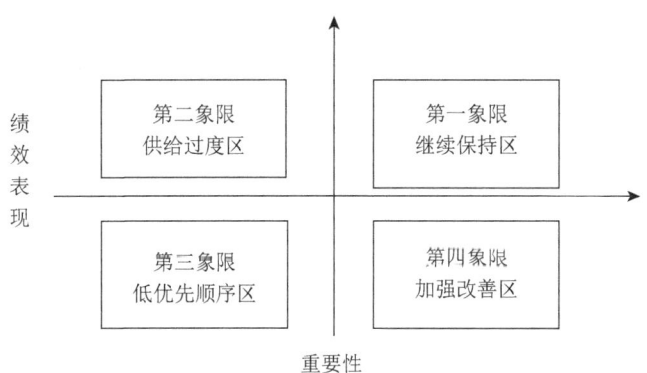

图 8-4-1　重要性—绩效表现图

（三）问卷设计

问卷共由三部分构成。

第一部分，了解受访旅游者的基本信息，包括性别、年龄、学历、职业、月收入水平、常住地。

第二部分，调查旅游者对江永女书园景区的环境设施、景区服务、研学课程设置情况的重视程度和满意程度，了解旅游者对江永女书园研学基地的各项需求程度和在实际感受中的满意程度。

第三部分，了解旅游者对研学课程时间安排的想法，是否愿意自己或让自己的孩子来参加女书研学，以及通过女书研学是否能学习到地道的女书文化。

（四）调查过程

调查时间：2019年4月1日至2019年4月10日。

调查地点：江永女书园景区、江永县城及周边地区。

调查对象：江永女书文化学习班学员、江永女书园游客、江永女书园景区工作人员、江永当地居民。

调查过程：提前准备江永女书研学旅行游客满意度相关问题和调查问卷，通过实地调查、面对面访谈、电话访谈、调查问卷等多种形式调研了江永女书文化学习班学员、江永女书园游客、江永女书园景区工作人员和江永当地居民。

五、研究数据处理及分析

（一）样本数据统计分析

问卷调查采取随机抽样，通过网络发放问卷和实地发放问卷两种形式对游览过女书园景区的605名游客进行了问卷调查，对已收回的问卷进行整理、统计与分析，剔除部分题目缺失、填写不规范的问卷，选取有效问卷600份作为数据统计样本。将这600份问卷的第一部分，即旅游者基本信息的统计结果输入SPSS-22做频数统计分析，所得具体结果见表8-4-1所示。

表8-4-1 江永女书园游客人口统计特征分析表

人口统计特征		频数	占比（%）	人口统计特征		频数	占比（%）
性别	男性	228	38	职业	教师/医生/科研人员	66	11
	女性	372	62		学生	252	42
年龄	19岁以下	18	3		个体经营/农民	66	11
	19~25岁	252	42		企业职员	102	17
	26~35岁	108	18		离退休/其他	90	15
	36~55岁	144	24	月收入	2000元以下	300	50
	55岁以上	78	13		2000~4000元	150	25
学历	小学及以下	12	2		4000~6000元	96	16
	初中	96	16		6000元以上	54	9
	高中/中专	126	21	常住地	江永本地	54	9
	本科/大专	318	53		永州本地（不含江永）	132	22
	研究生及以上	48	8		湖南省内（不含永州）	216	36
职业	公务员/军人	24	4		湖南省外	198	33

从表 8-4-1 中可以看出，参与调查者男性比例为 38%，女性比例为 62%，由此可知，来江永女书园游览、研学的多为女性，在访谈的旅游者中发现只有少部分男性对女书非常感兴趣且自愿前来，而其他男性都是因为陪同女性或因为所参加的旅游团里包含女书园景区而被迫前来参观和学习的；参与调查者的年龄段以 19~55 岁为主，此年龄段所占比重为 84%，占大多数，55 岁以上旅游者所占比重为 13%。因为江永女书园的地理位置较偏僻且交通条件不够便利，因此来江永女书园参观游览的多为永州本地人，且大都是叔叔阿姨辈旅游者和永州市内的大学生；参与调查者学历以本科/大专为主，本科/大专所占比例为 53%，其中小学及以下占 2%，初中占 16%，高中/中专占 21%，研究生及以上学历者所占比重为 8%。参与调查者的职业以学生为主，所占比重为 42%，具体分布如图 8-4-2 所示。参与调查者的月收入以 2000 元以下为主，具体分布如图 8-4-3 所示。参与调查者以湖南省内居民为主，所占比例为 67%，国内其他省市所占比重为 33%，具体分布如图 8-4-4 所示。

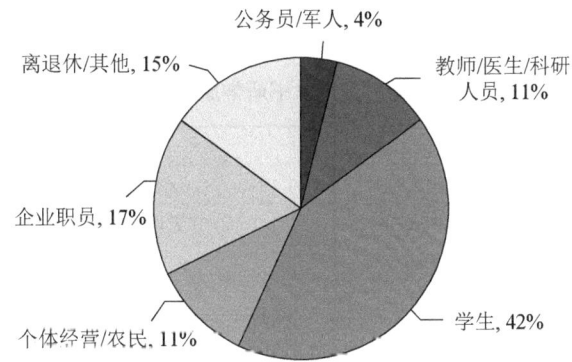

图 8-4-2　参与调查者的职业分布图

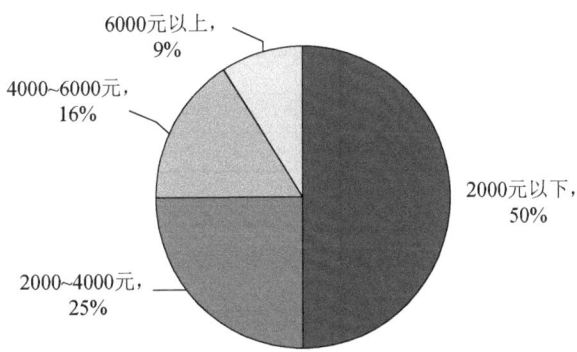

图 8-4-3　参与调查者的月收入比例图

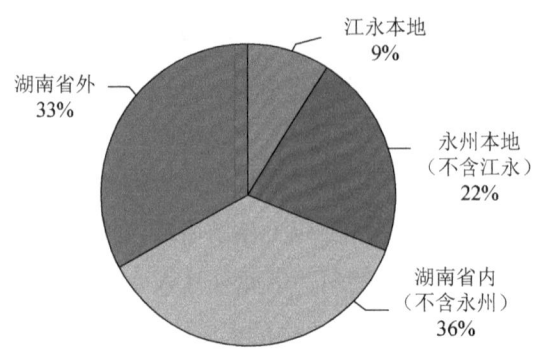

图 8-4-4　参与调查者的常住地分布图

参与调查者的大学生认为正常上学期间开展女书研学旅行2至3天最为合适,此部分人数所占比例为44%。认为寒暑假时间段开展研学旅行一次为期3至7天最为合适,此部分人数所占比例为43%。参与调查者中愿意自己或自己孩子来参加女书研学的,即答"赞同"和"完全赞同"的,人数比例高达59%。参与调查者中有半数以上的人认为在江永女书园可以学习到地道的女书、女书文化、女书习俗。具体调查情况见表8-4-2所示。

表 8-4-2　游客江永女书研学旅行感知调查表

正常上学期间		寒暑假期间	
天数	占比（%）	天数	占比（%）
1 天	39.0	3 天以内	10.0
2~3 天	44.0	3~7 天	43.0
4~5 天	9.0	7~15 天	26.0
6~7 天	5.0	15~30 天	14.0
7 天以上	3.0	不在意天数	7.0
愿意自己或孩子来参加		在女书园可以学到地道的女书、女书文化、女书习俗	
评价	占比（%）	评价	占比（%）
不赞同	4.0	一般	35.0
一般	37.0	赞同	50.0
赞同	41.0	完全赞同	15.0
完全赞同	18.0		

（二）信效度检验

1. 信度检验

信度指可靠性,采用问卷进行调查,信度评价能一定程度保证调查研究的科学性与可靠性,是后续应用推广调查结果的先决条件,即问卷能否稳定地测量所测的15个评价指标。江永女书园研学旅行满意度问卷调查主要是为了获取游客对江永女书园研学旅行具体项目的感知数据,以便为女书研学旅行产品的开发打下坚实基础。在对数据进行分析之前,首先需对问卷的可靠性进行分析,运用 SPSS-22 软件对 600 份有效问卷的 15 项评价指标进行信度检验,一般认为信度系数 α 如果高于 0.8,则说明信度高;如果此值介于 0.7~0.8,则说明信度较好;如果此值介于 0.6~0.7,则说明信度可接受;如果此值小于 0.6,说明信度不佳。从表 8-4-3 中可知,信度系数值为 0.943,大于 0.8,因此可说明研究数据的信度质量高,可以进行相应的分析。

表 8-4-3 信度分析表

Cronbach's Alpha	项目个数
0.943	30

2. 效度检验

效度即有效性,是指所测量到的结果反映要考察内容的程度,测量结果与要考察的内容越吻合,则效度越高;反之,则效度越低。运用 SPSS-22 软件对游客的整体感知评价因子做了 KMO(Kaiser-Meyer-Olkin)鉴定和 Bartlett 检验(巴特利特球度检验)。根据 Kaiser 给出的常用的 KMO 度量标准:0.9 以上表示非常适合,0.8~0.9 表示适合,0.7~0.8 表示一般,0.6~0.7 表示勉强合适,0.5~0.6 表示不太适合,0.5 以下表示极不合适。对收集的 600 份有效问卷进行统计分析,得出 KMO 值 =0.863,介于 0.8~0.9,表示所收集的问卷数据与要考察的内容吻合度高,数据有效性高。此外数据通过 Bartlett 球形度检验(P<0.05),说明各变量间差异显著,适合进行因子分析,具体内容见表 8-4-4 所示。

表 8-4-4 KMO 与 Bartlett 检定分析表

Kaiser-Meyer-Olkin 测量取样适当性		0.863
Bartlett 的球形度检定	大约卡方	2152.879
	df	435
	显著性 P	0

(三)重要性和满意度感知分析

1. 重要性感知

通过数据分析得出结论:江永女书园景区的环境设施、景区服务、研学课程设置的重要性感知平均分都很高,每题平均得分均高于 4 分,其中景区的环境设施和景区服务得分比女书研学课程设置要略高一些,每题平均得分均高于 4.5 分。大部分游客认为,江永女书园研学环境设施和景区服务很重要,如建筑体现地方特色、安全保障、便利的交通、配套设施等,相较于具体的女书研学课程设置,游客更关心研学环境的舒适度和安全性。

而江永女书研学课程设置则着重课堂布置的特色化、课程设计的专业性和趣味性、理论与实践的结合，游客重视女书研学课程的内容，希望课程能兼顾专业性和趣味性。其中课堂布置特色化平均分达4.57分，课程设计的趣味性平均分高达4.6分，由此可见，目前对于新知识的获取，游客更倾向于在充满相关知识文化的特色环境里快乐学习。重要性感知分析主要分为五个等级，其重要程度具体为：5——非常重要；4——比较重要；3——一般重要；2——不太重要；1——非常不重要。具体内容见表8-4-5所示。

表8-4-5 重要性感知分析表

评价指标	1（%）	2（%）	3（%）	4（%）	5（%）	平均分（分）
1.环境整洁，绿植养护得当		1	13	20	66	4.51
2.建筑与装修体现地方特色与文化		2	5	22	71	4.62
3.安全保障设施设备完善		1	9	14	76	4.65
4.交通顺畅便利		2	6	15	77	4.67
5.卫生间、停车场等旅游配套设施完善			8	19	73	4.65
6.解说手册是否通俗易懂		6	10	25	59	4.37
7.工作人员服务态度		1	12	16	71	4.57
8.工作人员对女书研究的深入程度		1	6	20	73	4.65
9.课堂布置结合女书文化（特色化）		2	5	27	66	4.57
10.统一着女书特色服装学习		2	20	32	46	4.22
11.女书课程设计的专业性		1	10	27	62	4.5
12.女书课程设计的趣味性			6	28	66	4.6
13.女书课程设计结合理论和实践		3	7	26	64	4.51
14.女书课程结合数字媒体技术（投影、3D影像）	2	4	22	34	38	4.04
15.女书专业老师的陪同和引导	2	3	15	18	62	4.35

2. 满意度感知

从江永女书园的游客满意度感知分析中发现，游客对女书园景区整体满意度较一般，无论是对环境设施、景区服务，还是对女书研学课程的设置，都不太满意。女书园景区应该不断完善景区的基础设施和配套设施，同时重视女书研学课程的设计，满足游客对个人主观体验的需求。满意度感知分析主要分为五个等级，其满意程度具体为：5——非常满意；4——比较满意；3——一般满意；2——不太满意；1——非常不满意。具体内容见表8-4-6所示。

表 8-4-6 满意度感知分析表

评价指标	1（%）	2（%）	3（%）	4（%）	5（%）	平均分（分）
1. 环境整洁，绿植养护得当		5	31	40	24	3.83
2. 建筑与装修体现地方特色与文化	1	5	37	40	17	3.67
3. 安全保障设施设备完善	2	21	42	25	10	3.20
4. 交通顺畅便利	15	24	24	16	21	3.04
5. 卫生间、停车场等旅游配套设施完善	7	25	37	18	13	3.05
6. 解说手册是否通俗易懂		17	42	30	11	3.35
7. 工作人员服务态度	1	6	29	45	19	3.75
8. 工作人员对女书研究的深入程度		10	39	35	16	3.57
9. 课堂布置结合女书文化（特色化）		7	44	34	15	3.57
10. 统一着女书特色服装学习	5	20	42	26	7	3.10
11. 女书课程设计的专业性	1	10	36	43	10	3.51
12. 女书课程设计的趣味性	3	21	28	37	11	3.32
13. 女书课程设计结合理论和实践	5	15	27	40	13	3.41
14. 女书课程结合数字媒体技术（投影、3D 影像）	26	25	30	13	6	2.48
15. 女书专业老师的陪同和引导	2	11	25	42	20	3.67

（四）重要性与满意度的差异比较分析

通过对江永女书园游客感知的重要性和满意度感知进行差异比较分析，发现所有项目的数值均为负数，这说明游客对景区相关设施服务的满意程度低于重视程度，表示游客对在景区感知到的东西很失望，存在负期待。其中交通、旅游配套设施、安全设施、女书课程设计的趣味性、女书课程结合数字媒体、统一特色服装的期望值相差很大，需要得到尽快改善。具体内容见表 8-4-7 所示。

表 8-4-7 重要性 I 和满意度 P 的差异比较表

评价指标	I	P	P-I
1. 环境整洁，绿植养护得当	4.51	3.83	-0.68
2. 建筑与装修体现地方特色与文化	4.62	3.67	-0.95
3. 安全保障设施设备完善	4.65	3.20	-1.45
4. 交通顺畅便利	4.67	3.04	-1.63
5. 卫生间、停车场等旅游配套设施完善	4.65	3.05	-1.60
6. 解说手册是否通俗易懂	4.37	3.35	-1.02
7. 工作人员服务态度	4.57	3.75	-0.82

续表

评价指标	I	P	P-I
8. 工作人员对女书研究的深入程度	4.65	3.57	-1.08
9. 课堂布置结合女书文化（特色化）	4.57	3.57	-1.00
10. 统一着女书特色服装学习	4.22	3.10	-1.12
11. 女书课程设计的专业性	4.50	3.51	-0.99
12. 女书课程设计的趣味性	4.60	3.32	-1.28
13. 女书课程设计结合理论和实践	4.51	3.41	-1.10
14. 女书课程结合数字媒体技术（投影、3D影像）	4.04	2.48	-1.56
15. 女书专业老师的陪同和引导	4.35	3.67	-0.68

（五）IPA 分析

利用 SPSS 软件对收集的数据进行 IPA 分析，得出江永女书园景区的 15 项指标重要程度的平均数 X 等于 4.499，与重要程度相对应的 15 项指标的满意程度 Y 的平均数等于 3.368。将 X=4.499 和 Y=3.368 作为重要程度（X 轴）和满意程度（Y 轴）的垂直相交点。基于该相交点画出垂直相交的两条直线，将 IPA 图分为 4 个象限，将 15 对指标中的每一对指标的 X 轴和 Y 轴的相交点在 4 个象限相应的位置用数字一一对应进行标示，具体内容如图 8-4-5 所示。

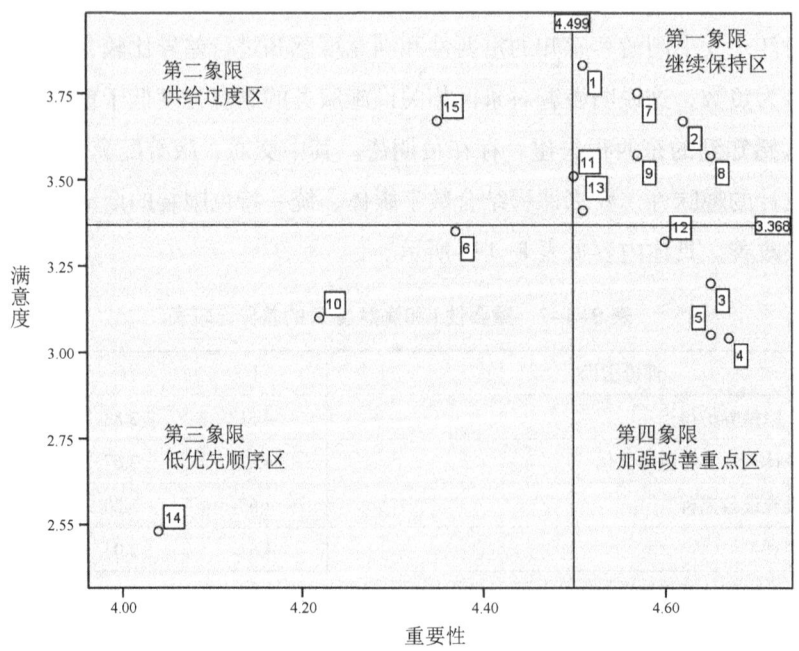

图 8-4-5　各项指标的重要性—满意度分析图

1. 第一象限继续保持区

第一象限指标的重要性感知均值和表现性感知均值都高于总体的重要性和满意度感知均值，如表 8-4-6 中数据，位于第一象限继续保持区的有：1. 环境整洁，绿植养护得当；2. 建筑与装修体现地方特色与文化；7. 工作人员服务态度；8. 工作人员对女书研究的深入程度；9. 课堂布置结合女书文化；11. 女书课程设计的专业性；13. 女书课程设计结合理论和实践。这些指标位于第一象限说明：在旅游者心中它们不仅很重要，而且说明游客对江永女书园景区在这些方面表现的绩效感到满意，因此这些方面女书园需要继续保持下去。

结合实地调查和访谈了解，到第一象限内的 7 项指标中，江永女书园还是有需要改进的地方。对于"女书课程设计结合理论和实践"，在现有女书课程设计的读、写、唱、认以外，可增加相应的女红、刺绣以及女书文化风俗体验活动。此外，江永女书园的绿植保护虽较好，但还是存在明显的光秃区域，杂草丛生，尤其是女书博物馆的大门口区域；女书园的博物馆内的一些设施陈旧，走廊上的柱子已有很多明显的裂缝，颜色脱色较厉害，台阶下的水泥也有裂开痕迹，整体给顾客的感觉是古老而陈旧，因此在现有基础之上可以适当对女书园景区进行复古整修，在不破坏整体建筑的特色和结构的基础上，对其进行修整，修旧如旧。

2. 第二象限供给过度区

第二象限供给过度区，指顾客对该产品或服务不重视但对提供的该产品或服务感到满意，所以处于这个区域的指标可以做适当削减。位于该象限的只有第 15 项指标——女书专业老师的陪同和引导，这项因素对游客的影响没有其他区域的因素影响大，但它的重要性感知均值达到 4.35，满意度感知均值达 3.67，对于景区的整体发展，它是很重要的，结合实际情况来看有较大的提升空间。可以从以下三个方面来进行提升。

一是提升女书的宣传力度。虽然江永是世界奇迹女书的发源地，江永女书园是唯一一个能系统讲述女书起源、发展并可以教授女书的地方，也是现在女书传人最聚集的地方，但因地理位置偏僻，宣传力度不强，目前依然是处于藏在深闺、难以为世人所知的状态。根据实地访问江永女书园工作人员得知，江永女书园的领导层级变动频率较大，每次的发展规划、发展重点均不一样，因此十分不利于江永女书园的整体长远发展。江永女书园一直没有一个长期的营销计划，从而导致江永女书的营销宣传一直跟不上当今时代的发展和需求。据访问得知，来江永女书园参观的游客大部分是永州本地人，客源范围太窄，既不利于江永女书园的长期持续发展，也不利于江永女书的传承与发展。

二是改善女书研学的报名方式。通过实地调研得知，目前女书研学报名方式有两种，一种方式是在女书园游览时经讲解员介绍，女书文化学习班报名快开始时和讲解员联系，由讲解员辅助报名；另一种方式是关注"江永发布"微信公众号，在每年7月左右，公众号会推送女书文化学习班报名信息，信息中会注明报名地点和报名截止时间。对于非常喜欢女书或者想要了解女书的人来说，想要关注女书的相关信息第一时间会想到搜索以"女书"为关键词的公众号，虽然搜索出来的"女书"相关公众号很多，但其中并没有江永女书园的公众号。据实地访问得知，江永女书园曾经建立了自己的公众号，但由于人员的变动较频繁以及后续没有专人负责，目前公众号已经停止运营。

三是加强培养女书专业老师。江永女书园的女书文化学习班的女书专业老师变动太大，每位女书传人教授一天，七天研学时间每天接触不同的女书专业老师，还未适应已经结束。此外，女书研学课程安排不够严谨合理，比较随性，很多时候当天的学习内容由当天授课的女书传人临时决定，课程内容不好控制，难以进行系统性的女书学习。对于女书研学学员来说，可能每天的内容有所重复和变动，对技能的学习和掌握速度有较高要求，对于学习速度较缓慢的女书研学学员来说，难以获得真正的女书相关知识。

3. 第三象限低优先顺序区

第三象限低优先顺序区，指顾客不是特别重视并对感知到的绩效也不满意，但相较于第四象限加强改善重点区，该区重要性感知均值略低，所以在改进时优先次序上低于第四象限。位于第三象限低优先顺序区的有三项，具体是：6.解说手册是否通俗易懂；10.统一着女书特色服装学习；14.女书课程结合数字媒体技术（投影、3D影像）。这些因素和其他区域的因素相较而言影响略低，所以发展力度可以适度放缓。从表8-4-5中数据可以看出，三项指标中重要性感知均值最低的是4.04，在评分中仍属于比较重要，但满意度最高只达3.35，属于一般满意，所以在后续的发展中仍然需要继续提高。

4. 第四象限加强改善重点区

第四象限加强改善重点区，指顾客非常重视但对感知到的绩效不满意，所以该区域的因素亟须改善。位于第四象限加强改善重点区的指标有四项，具体是：3.安全保障设施设备完善；4.交通顺畅便利；5.卫生间、停车场等旅游配套设施完善；12.女书课程设计的趣味性。处理好这些问题能很大程度上改善游客的体验，增加景区的游客吸引力和市场竞争力。根据问卷调查、实地调查和访问江永女书园工作人员，总结出以下四个存在问题的方面，需要加强改善。

一是交通对于自助游游客很不友好。江永女书园地理位置较好，距离江永火车站步行只需16分钟，距离江永汽车站驾车只需20分钟。无论是跟团游还是自驾游，交通都很便利，但对于乘坐火车等公共交通自助游的旅游者来说，大巴的通车时间段及火车到达江永的时间段都不是很方便，多在中午到达，若是一日游，为了赶车，在江永女书园停留的时间就会过短，无法很好地体验女书文化。如果想增加旅游体验，需停留一晚，但江永女书园附近只有一到两个当地居民开办的民宿，承接能力较差。

二是旅游配套设施不够完善。江永女书园的洗手间目前只有两个，一个在江永女书园内，是为工作人员宿舍配置的卫生间女厕，无法接收男性游客；还有一个是公共卫生间，在江永女书园大门外约200米处，分男女厕，但标志不是很明显。男厕数量不够，公厕距离江永女书园太远，很大程度上降低了游客的旅游体验，当景区需要承载女书研学团等大型团队时，相关配套设施接待能力跟不上。据实地调查得知，江永女书园停车场区域大致划分为女书园门口停靠小型客座车，大型旅游大巴停靠在公共洗手间旁边和马路边，公厕的停车区域暂时是开拓出来的一小片空地，没有任何规划。江永女书园安排的休息场所太少，女书园大门售票处到女书博物馆需步行10分钟左右，沿途原本有凉亭以供客人休息，但失修损坏后至今未被修缮好，到达女书园景区后门口只有三五排木凳，园内研学课堂仅有能容纳45人左右的桌椅。当景区接待两个及以上旅游团队时，为了游客的旅游体验和安全会进行分流，30人左右为一个批次分配讲解员，当第一批客人进园内游览时（游览内容包含女书课程体验），其他批次客人只能在周围闲逛等候时间或者自行游览，没有多余的休息场所，这在一定程度上降低了游客体验，使得游客不愿过多停留。这些都是江永女书园开发女书研学旅行产品以后的规划中亟须改善的问题。

三是旅游安全保障措施不够完善。江永女书园内的主楼建筑是木制的，年代较久远，走楼梯上楼和在二楼参观时木地板会发出咯吱咯吱响的声音，人较多时楼梯还出现些许摇晃现象，安全隐患很大。楼内角落里摆放的灭火器积了很多灰尘，表面凹陷，一直没有使用、更换，实际作用不大。江永女书园作为一个女书研学基地，安全设施是重中之重，应立即采取相应措施加以完善。

四是女书研学旅行课程设计的趣味性和创意性不足。女书研学课程内容的互动性较弱，无法提高对女书研学学员的吸引力，女书研学学员没有较大兴趣和动力对女书文化进行深入学习，从而导致学员对女书研学的满意度感知下降，进而对江永女书园景区产生失望心理。

六、优化江永女书园研学旅行发展的建议与对策

（一）完善景区基础设施，建立健全景区安全机制

1. 增加景区游客休息场所

一个景区的休息场所是它接待能力的直接体现，它的完善对游客满意度感知有着重要影响。江永女书园景区应增加游客休息地，给游客多一个停留的理由，可以停下来休憩，听鸟语，享微风，看田园。在江永女书园大门售票处到博物馆的路途中，可修缮凉亭、增加石桌椅等休憩设施。

2. 维护景区绿植，修缮园内建筑

维护江永女书园景区原有绿植，在光秃处增加绿色植物或其他装饰，避免出现空白区域，影响景区给游客的整体感觉，以至于降低游客对景区的满意度。对园内的建筑进行定期的仿古修护，在不破坏大体建筑风格的基础上，对房屋进行防腐坏处理，修旧如旧。

3. 实行厕所改革，合理配置停车位

卫生间需要有明显的指示牌，在配置卫生间时注重实用、力戒奢华，因地制宜推进江永女书园景区的厕所革命；景区可采取将停车位与绿化带结合的做法，在车位中间栽种绿植，使车位没有狭窄感，还增加了大自然的气息，让驾车过来的游客感受更多的生机与活力。景区道路通畅，对于自驾和跟团大巴都非常便捷，但公共交通还不够方便，应对旅游旺季和淡季的交通状况进行相应调整，包括交通线路和车次的安排，以保证交通网络的畅通。

4. 对景区商贩进行统一管理

江永女书园相关餐饮住宿购物设施目前还没有建设完成，景区只有个体流动商贩和少量当地居民开设的小商店，虽然能够在一定程度上弥补景区服务设施上的不足，但这种服务存在不确定性，没有具体的工作时间安排和售卖内容，产生的食品安全问题和环境问题为景区发展埋下了隐患。江永女书园景区可以合理利用这些资源来为景区和游客服务，做出统一规划，摊贩定员、商品多元化、统一定价等，避免出现淡旺季差异、恶意竞争、物价虚高的情况，为游客提供多元化、特色化、个性化、人性化的服务，带动当地居民加入女书旅游建设中，借助旅游脱贫。

5. 完善景区安全机制

增加对女书园木楼的检查修缮频率，对木楼进行防腐处理和破损修复工作，消除木楼安全隐患。对景区的消防措施，如灭火器、消防栓等，定期检查和更换。当地教育

部门及相关部门可设立女书研学旅行工作小组，在女书研学安排和安全防范方面进行指导、监察等工作。江永女书园景区应拟定安全规范，建立应急预案，在研学旅行活动前就可能存在的安全风险和注意事项向女书研学学员及其监护人进行安全说明并做出安全警示。

（二）完善研学旅行管理制度，培养研学旅行专业人才

我国首批研学旅游目的地和全国研学旅游示范基地公布之后，全国各地旅游景区都开始注重研学旅行产品的开发和发展，全国各级政府对研学旅行的发展也都给予政策上的大力支持。因此，江永女书园景区可根据当地政府相关部门设置的行业制度和政策支持，建立专门的女书研学工作小组，负责女书研学活动的展开、内容的把控、课程时间长短的设置、研学老师的安排等工作，形成系统的管理体系。创新女书研学旅行人才培养体系，针对女书研学人才缺失的现状和女书研学旅行产业快速发展的前景，实施"走出去"战略，加强与旅游院校、教育院校和研学机构的深度合作，共同培养专业化的高素质女书研学旅行人才。江永女书园可在每年的女书文化学习班中选取优秀学员进行"小副班"体验工作，协助女书传人教习女书文化、女书习俗，对于表现非常优异的女书研学学员可采取留任方式，以此增强女书研学学员学习的积极性。

（三）开发特色研学旅行产品，塑造女书研学旅行品牌

研学旅行在我国正处于快速发展阶段，全国各地都在积极响应国家政策，大力建设研学旅行基地，发展各种形式的研学旅行。如山东省针对"孔孟文化"进行的"研学旅行"已经形成了自己的研学旅行品牌，反响很好。但这种模式并不能在江永女书园景区照搬执行，而是要结合江永女书园景区自身实际情况，凸显女书地方资源优势，开发地方特色女书研学旅行产品，塑造独特的女书研学旅行品牌。具体可从以下三个方面入手：一是增加女书数字媒体技术，增加女书课程学习互动，拓宽女书研学学员学习渠道。二是塑造女书研学旅行品牌，从地方文化入手，体现江永地方文化特色，立足研学旅行市场，与学校、社会企业等多方合作，形成品牌连锁效应。三是设置特色女书研学课程，研学过程注重专业性和趣味性之间的平衡，努力达到学与游的完美结合。

1. 增加女书数字媒体技术

第一，通过数字媒体技术增加女书研学课程学习互动。如播放电影《雪花秘扇》片段，让女书研学学员通过观看电影了解女书的来历、作用和发展，增强学员的情感体验。模仿湖南省博物馆在每个展厅的重要展览品处设置二维码，可通过微信扫码播放讲解，增加女书研学学员与女书相关展品之间的互动，充分调动女书研学学员感官体验，加深女书研学学员对女书发展历史的印象。

第二，通过数字媒体技术拓宽女书研学学员的学习渠道。录制女书研学课程教学视频，并将其上传至江永女书园研学微信公众号，为公众号订阅者和女书研学学员提供女书网络视频远程教学，拓宽其学习渠道，增加女书研学课程内容的灵活性。

2. 塑造女书研学旅行品牌

研学旅行在国内发展虽如火如荼，但研学市场上受公众认可的知名研学旅行品牌却较少，因此，打造有品牌、有质量的研学旅行产品，一方面能有效提高该研学旅行产品在市场上的知名度和市场占有率，另一方面有品牌、有质量的研学旅行产品更能获得市场的认可，占据市场有利地位，不易被市场所淘汰。永州江永女书研学旅行产品要塑造品牌形象、打造高品质的研学产品就需要从当地的地方特色和独特文化入手，形成有地方特色、有文化、有内涵的独一无二的女书研学旅行产品。在打造女书研学品牌形象方面，一是要持续保证女书研学产品的品质，二是要积极正面宣传，与学校、政府、社会企业等多方合作，打开市场，形成品牌连锁效应，更要积极创新，为女书研学旅行产品添加新活力、新朝气。

3. 设置特色女书研学课程

江永女书园在女书教学过程中需要注重专业性和趣味性之间的平衡，不能过于专业，导致课程内容高深、晦涩难懂，也不能过于注重趣味性，反而丢失女书研学旅行的本质，应力求达到研学旅行中的学与游的完美结合。江永女书园可设置每日讲解员，增强女书研学学员的实践能力。在女书文化学习班课程开始后，每天选5位学员在四个女书展厅和女书文化产品展示区值班，为游客讲解和展示女书文化。如此，可将所学的女书文化运用到实际，与游客面对面交流，发现问题、提出问题、解决问题。此外，女书研学学员可与女书传人共创女书文创产品，增加女书研学学员学习的积极性。女书传人教授并鼓励女书研学学员创作女书文化创意产品，学习女书刺绣制作团扇、手绢及十字绣成品，制作女书创意书签，或制作女书字帖等。在江永女书园内增加一个学员作品展示区域，其中展示的作品可作为旅游纪念品向游客售卖，以增加女书研学学员学习的成就感和积极性。定期开展女书文化知识竞赛、女书书法大赛、女书女红技艺大赛等，或在永州乃至湖南开展的大型活动中加入女书元素，增加女书研学学员知识的实际运用性，增强女书研学学员学习女书文化知识的实践性，提高女书研学学员的成就感和学习热情。在女书研学结束时，增加女书"汇报演出"项目，展示女书研学学习成果并从中评选优秀女书研学学员予以奖励，增强女书研学学员的自信心。

（四）积极拓展女书研学旅行市场，加大营销推广力度

通过问卷调查和实地调查得知，江永女书园的客源主要分布在湖南省永州市内，因为距离常住地近,出行方便。此外还发现很多游客对女书的关注度并不高,对女书的了解较少,部分关注女书且对女书比较感兴趣的游客有意愿参加女书研学旅行,但因多种因素没办法参加,其无法参加的阻力主要是时间和出行交通不便等客观因素,学生无法参加的阻力主要是来自家人、学校和教师的阻拦和影响。因此,若要推动江永女书研学旅行的发展,就需要破除壁垒,加强宣传,强化动机。

1. 破除壁垒,乘风破浪

发展研学旅行,一是顺应了我国教学方式改革的需要,有助于实现从应试教育向素质教育的转化;二是顺应了国民休闲旅游发展的需要;三是顺应了开放式办学的需要。这是大势所趋,所以推动永州江永女书研学旅行的发展是非常有必要的。发展江永女书研学旅行需要构建联合机制,实施旅游+教育。研学旅行从字面分析,就可以看出它涉及教育和旅游两个部门。教育部门对教育的要求更明了,而旅游管理部门对旅行的操作更熟练。在具体操作层面,江永女书园可以和学校、旅行社联合起来具体实施研学旅行。江永女书园可安排重新建立其微信公众号,稳定运营,定时推送女书相关软文,接受网上咨询和网上报名参加女书研学班。拓宽学员接收女书相关信息、报名的渠道,避免预报无门、错过时间等情况。改善女书解说手册,使其更加通俗易懂,可以让游客更直观地从手册上获得女书园景点信息、女书研学相关信息等,提升女书研学班的知名度和影响力。

2. 加强宣传,强化动机

加大宣传力度,提高江永女书园的知名度和女书研学的专业性。借助学校与家长等相关主体的影响力,促进学生们外在动机的内部转化。加强与学校的联系,获取学校教师对女书研学的认可,再通过学校老师的积极宣传和倡导,提升学生对女书研学的兴趣,引导学生积极主动地参与到女书研学中去。向家长普及研学旅行在教育上的积极作用,转变"研学即参团游玩"的错误观念,率先获得家长们的支持和认可,再通过家长的培养期望和积极引导影响学生的研学旅行参与动机。在江永女书园内增加一项专有的女书展览,主要展示女书指导老师和优秀女书研学学员的女书产品,向游客展示女书研学成果;在其他各类大型活动中可以适当增加女书相关知识、女书产品展示和女书演绎内容,提高女书研学的全民认知度和吸引力。

结论

随着研学旅行的不断发展,地方发展研学旅行面临着许多机遇和挑战。一方面,各种类型的研学旅行基地不断涌现,加上政府和企业都加大投资力度,市场竞争力也逐渐变大；另一方面，国外的研学旅行基地凭借成熟的发展模式和高质量的服务吸引着国内的研学客源市场。女书的使用者主要是汉族妇女，也有当地一些放弃瑶语只用汉语的平地瑶妇女使用。女书靠母亲传给女儿，老人传给少年的自然方式，一代代传下来。女书是人类历史上一种独特而神奇的文化现象，也是中国语言生活中的一种奇特现象。女书具有文字学、语言学、社会学、民族学、人类学、历史学等多方面的学术价值，因而被国内外学者叹为"一个惊人的发现""中国汉语文字历史上的奇迹"。本研究以永州江永女书园女书研学为主题，从发展女书研学旅行相关因素对游客的影响这一点切入，进一步了解江永女书园基础设施、配套设施和女书研学课程实际对游客体验的影响程度，运用IPA分析法，分析了游客对女书园研学旅行基地相关设施服务的重要性感知和满意度感知，在此基础上为江永女书园女书研学旅行基地服务能力的提升和发展提出了相关对策与建议：着重女书园研究基地的特色化打造，建筑设计、研学产品规划和服务都要融入当地文化特色，同时要对女书特色文化进行深度挖掘与展示，满足游客增长经验的需求和日益增加的文化需求。

案例五　永州柳文化研究旅行课程设计与实施推广研究

前言

永州文化是伴随着永州的历史演变产生和发展的，永州古称零陵，建制已有2300多年，留下的古迹非常多，历史文化底蕴厚重。若张家界是湖南的一幅画，那永州就是湖南一本不可不读的书。永州有柳文化、瑶文化、舜文化、碑刻文化、女书文化、理学文化、草书文化、古稻作文化等多种文化，文化内涵丰富，历史悠久，影响深远。柳宗元是唐代著名的文学家、哲学家和思想家，他和韩愈一起倡导的"古文运动"意义极其深远，他的哲学思想也是中国古代宝贵的精神财富。南宋文学家汪藻在《永州柳先生祠堂记》中指出："盖先生居零陵者十年，至今言先生者必曰零陵，言零陵者必曰先生，零陵徒以先生之故，遂名闻天下。"柳文化的价值主要体现在以下四个方面：一是灿烂辉煌的文学价值，二是"民本"思想的政治价值，三是唯物辩证的哲学价值，四是不可估量的现实价值。鲁迅说，我们从古以来，就有埋头苦干的人，有拼命硬干的人，有为民请命的人，有舍身求法的人，他们是中国的脊梁。柳宗元正是这类人的杰出代表。自强不息、革旧图新、更为民役构成了柳文化的精神内涵，也使其成为永州的文化品牌之一。以永州柳文化作为研学旅行课程设计主题，旨在让广大中小学生在研学旅行中感受柳文化的魅力，学习柳文化知识，尊重柳宗元的历史成就，传承优秀传统文化，增强文化自信。此外，研学过程中中小学生还可以学会动手动脑、自强自立，学会做人做事，促进身心健康、体魄强健、意志坚强，并逐渐形成正确的世界观、人生观和价值观，成为德智体美全面发展的新时代社会主义建设者和接班人，达到"立德树人""知行合一"的研学效果。

一、永州柳文化发展现状分析

（一）柳文化

柳宗元因参加永贞革新被贬为永州司马，在永州度过了十年时光。柳宗元谪居永州的十年间，借山水娱情怀，以山水写心境，永州因柳宗元而成为唐代文学重镇。永州市的柳学研究从20世纪70年代后期起步至今，历时已有40余年。1989年，永州市举办全国柳宗元学术讨论会；2002年，柳宗元国际学术研讨会在永州召开；2010年，第五届柳宗元国际学术研讨会在永州市零陵区开幕。由此可知，柳文化在永州不断被重视并得以发展。

（二）祭柳大典

截至2019年，永州每年最大型的柳文化活动是每年清明节的祭柳大典，从北宋至和三年（1056年）至今，祭柳习俗传承近1000年。祭祀以官祭为主。清代以后，官祭与民祭相结合。改革开放前，柳宗元祭祀习俗被废止，2002年永州市柳学会组织恢复。柳宗元祭祀习俗于2009年列入零陵区"非遗"代表性项目名录。据从零陵新闻网、永州新闻网、中华柳氏宗亲联谊会官网等收集的数据，2011年至2016年每年接待游客量在500~1000人，2017年因为邀请了著名主持人汪涵来主持祭柳大典，当年接待量达5万余人，2018年游客接待量已经超过6万人，2019年游客接待量更是稳中有升。

（三）柳子家宴

自古以来，在柳子街，每逢铺路修桥、建屋修庙、重大节日，乡邻里众和沿街商贾便自发筹备家宴，各自备拿手好菜，一同聚会。其后习俗传至湘桂各地，渐成湘桂古道沿途风俗，至今每逢佳节便有敬老祭柳之聚。民间称为"柳子家宴"。据2019年永州新闻网报道，2016—2018年，每年5月的"柳子家宴"在柳子街都得以隆重举行，全长300米的柳子街上摆了近400桌宴席，吸引上万人参与，受到社会各界的热情关注。

（四）永州八记遗址

近年来，零陵区委、区政府对文化旅游以战略的眼光谋篇布局，把加快文化旅游发展放在区域经济发展的高度来思考。2011年以来，零陵区委、区政府持续投融资1亿多元,恢复了柳宗元笔下"永州八记"遗址,修缮了"永州八景"等一批历史文物景点。零陵区政府对永州八记景点的重点关注与修缮,为柳文化的传承提供了有效的载体。

二、永州柳文化研学旅行课程设计可行性分析

(一) 政策层面支持力度大

2016年11月,教育部等11个部门联合印发了《关于推进中小学生研学旅行的意见》,明确将研学旅行纳入中小学教育教学计划,并安排在小学四到六年级、初中一到二年级、高中一到二年级进行。文件发布后研学旅行在我国受到了前所未有的重视,之后,各省市根据自身情况,相继发布了关于研学旅行的有关地方规定。

2017年,湖南省教育科学研究工作者协会研学旅游研究分会在长沙正式成立,标志着湖南在加强研学旅游研究、促进全省研学旅游工作健康有序发展领域迈上了新的台阶。为贯彻党的十九大精神,落实立德树人根本任务,发展中小学生综合素质,培养德智体美全面发展的社会主义建设者和接班人,根据《关于推进中小学生研学旅行的意见》《中小学德育工作指南》《中小学综合实践活动课程指导纲要》等文件精神,结合湖南省实际情况,2018年1月5日,湖南省教育厅、湖南省发展和改革委员会等11个部门联合印发了文件《关于推进中小学生研学旅行工作的实施》,文件从重要意义、工作目标、基本原则、主要任务、组织保障五个方面阐述了湖南研学旅行发展的方向。

2019年5月,永州市教育局发布文件,令永州市所有地方暂停开展研学旅行活动,对永州市研学旅行进行全面整改。这一文件的下达与永州研学旅行发展的不规范现状是分不开的。永州市教育局为规范永州研学旅行市场,促进永州研学旅行走上良性发展道路,2019年下半年先后组织了永州市中小学研学实践基地(营地)评选和研学机构评选。笔者通过实地调研,以及访问永州市教育局相关工作人员,得知截至2019年12月,永州市正式注册的研学旅行公司不超过10家,并且存在研学市场规范性差、研学旅行制度不完善、研学旅行产品单一、收费不合理等问题。笔者进行了实地调研,与其中几家研学旅行公司相关人员进行了面谈,了解到这些研学旅行公司在开展研学旅行过程中仅仅是将李达故居、陶铸故居、柳子庙、零陵古城等景区作为整个研学旅行行程中的一个个参观景点,没有去深入挖掘其精神内涵并开展相对应的研学旅行活动,"只游不学"现象严重,徒有研学之名。通过2019年永州市教育局大力推进研学旅行基地与研学机构的完善和规范化,2020年永州研学旅行发展必然会迎来"春天"。

(二) 研学旅行市场潜力大

从目前我国各种夏令营、亲子游、游学等机构的火爆程度不难看出,我国中小学生

有很高的旅游需求。家庭可支配收入的大大增加，为中小学生研学旅行市场提供了坚实的经济基础。同时家长普遍认为旅行有助于开阔视野、增长见识，大都鼓励孩子走出家门参加旅行。而研学旅行的开展，既解决了中小学生的旅行需求问题，也使中小学生外出旅行变得更为可靠，更有意义，相比以往的旅行方式，研学旅行具有更高的安全性和教育属性，能达到寓教于乐的良好效果。永州柳文化资源开发已具备一定的产业基础，在永州大力发展"全域旅游""文旅融合"的大趋势下，开发永州柳文化研学旅行课程具有巨大的市场潜力。

（三）永州研学资源非常丰富

2018年，湖南省开展了第一批中小学生研学实践教育基地创建工作。在市州教育局和有关省直部门推荐的基础上，经专家评议和网上公示，确定将湖南韶山毛泽东同志纪念馆等49个单位命名为第一批湖南省中小学生研学实践教育基地，其中永州的周敦颐故里就是这第一批湖南省中小学生研学实践教育基地之一。2018年11月16日，湖南省教育厅发布《关于认定湖南省中小学生研学实践教育基地的通知》，将省级以上爱国主义教育基地认定为湖南省中小学生研学实践教育基地，以更好地加强革命传统教育，传承红色基因，坚定学生理想信念，厚植学生爱国主义情怀。长沙、株洲、湘潭、衡阳、邵阳、岳阳、长沙、张家界、益阳、郴州、永州、怀化、娄底、湘西州共认定124处，其中永州有10处，分别是陶铸故居、柳子庙、浯溪碑林、舜帝陵、宁远文庙、永州市博物馆、李达故居、濂溪故里、阳明山国家森林公园、蒋先云故居。丰富的永州研学资源，为永州研学旅行的发展提供了有力支撑。而这些，为永州柳文化研学旅行课程的开发及落实奠定了基础。

三、永州柳文化研学旅行课程设计与开发

研学既不是单纯的旅游，也不是纯粹的课堂学习，它介于游和学之间，融合了游和学的内容。从教育理论角度讲，培养学生最核心的是课程，世界各国都是以课程为核心进行教育改革的。因此，把研学旅行充分课程化，是保证研学旅行质量、健康发展以及可持续推进的核心环节。研学旅行课程化是指将课程理论与研学旅行实践结合，从而形成课程的过程。以课程化的方式强化研学旅行中的教育因素，把研学旅行纳入课程范畴，则可使研学旅行活动朝着体现学生主体地位、突出知识能力导向、突出学生情感体验的方向发展，进而从根本上解决中小学素质教育中存在的诸多现实问题。

（一）永州柳文化研学旅行课程设计的意义

研学旅行的意义在于让学生以集体生活的形式，去开阔眼界、增长见识、探讨学

习,这种形式是一种活生生的"课堂",是学校生活的生动延续。研学旅行这种集体生活是学生成长岁月中非常珍贵的记忆,在这样的集体生活中培养出来的团队观念和整体意识也是学生"长大成人"的重要标志。在永州柳文化研学旅行的过程中,每一个学生都需要遵守要求:按时集中、活动、出发;在一个景点停留的时间长短要遵照安排;课外时间需要讨论、学习;针对一个共同的课题或者任务,团队成员要配合默契,分工合作。所有这些"项目学习",都是在愉快的柳文化研学旅行过程中完成的,这就是永州柳文化研学旅行课程"寓教于乐"的意义所在。

(二)永州柳文化研学旅行课程设计的目标

永州柳文化研学旅行,不仅要提升学生的国学素养、爱国情怀,也要增强学生的文化自信,丰富学生的文化知识,其具体的培养目标包括以下几方面。

1. 知识目标

(1)了解柳宗元生平事迹,了解柳宗元贬谪永州这十年期间的创作故事。

(2)学习柳宗元诗词,激励学生学习古文古诗,提升国学素养。

(3)拓宽学生课外知识面,提升个人文化素养,陶冶情操。

2. 技能目标

(1)培养学生古文古诗阅读能力和技巧。

(2)发展学生思维,拓展学生能力,加深对语文课本中柳宗元诗词的掌握。

(3)培养学生探索研究的兴趣,提高学生发现问题、研究问题、解决问题的能力。

3. 情感目标

(1)培养创新意识和团队协作意识、态度与能力。

(2)培养学生独立思考、善于探究的精神。

(3)培养学生爱国情怀,增强学生文化自信。

4. 信息素养目标

(1)提高学生搜集资料、相互交流、互相讨论、分享资源的能力。

(2)培养学生提取重要信息的能力。

(3)培养学生重视课外延伸知识的学习能力。

(三)永州柳文化研学旅行课程设计的特点

1. 主题性

目前,我国研学活动类型多样,主要有场馆类研学、历史文化研学、红色主题研学、自然生态景观研学、乡村寻根研学、户外野营研学、工业科技研学、城市景观研学等类型。永州柳文化研学旅行课程设计属于历史文化研学类型,突出柳文化特定主题,开发追寻柳文化足迹研学之旅、柳文化诗词学习之旅、柳文化曲艺探访之旅、体验永州八记与永州八景之旅等特定主题研学课程。围绕特定主题，开发相对应的研学课程，设计相应的研学活动，配备相应的研学导师。柳文化研学旅行的主题性设计不仅可以体现柳文化研学旅行的专业性、教育性，也可以让柳文化研学课程更有趣、更有意义。

2. 体验性

研学旅行是典型的体验教育方式，传承了中国传统"读万卷书，行万里路"的精神，也与"生活即教育，社会即学校"理念相契合。研学旅行有别于传统的课堂教育，将课堂搬到了大自然、博物馆等更有趣味性、更有意义的地方，促进书本知识与生活实践的深度融合，使学生能够更好地感受生活、感受社会、感受自然，为学生未来更好地学习和生活打下良好基础。因此，柳文化研学旅行课程设计要突出体验性特点，课程设计时注重体验性原则，将难以理解的古诗词知识通过体验性旅行活动以"润物细无声"的方式传输到学生们的脑海中，培养学生重视我国璀璨的历史和文化，学习优秀古人的智慧，进而博古通今，增强文化自信。

3. 安全性

为了提高永州柳文化研学旅行的安全性，在设计柳文化研学旅行方案时要充分考虑每个环节的安全问题，要分工明确、责任到人、职责落实到位。同时，要制订好安全预案、突发事件处置预案等，确保活动顺利开展。为保障研学工作人员和学生安全及解决后顾之忧，研学机构应为每一位研学工作人员和学生购买意外伤害保险，保额不应低于所在地的平均水平。此外，还应健全柳文化研学旅行安全评估制度和安全教育培训制度，同时对研学工作人员和参与学生开展多种形式的安全教育课程培训，提供安全防控教育知识读本，强化安全防范意识。

（四）永州柳文化研学旅行课程设计内容

永州柳文化研学旅行课程设计主要立足于永州地方优秀文化——柳文化。柳文化不仅在永州非常知名，在广西柳州、陕西西安、山西永济也非常知名，因此，柳文化历史悠久、产业资源非常丰富。广西柳州，是柳宗元以政治家面貌出现之地；陕西西安，是柳宗元度过意气风发的青年时代之地；山西永济，是柳宗元的族望之地；而永州，则是柳宗元作为文学家留下大量经典文学创作之地。《柳河东全集》共540多篇诗文，其中有317篇创作于永州。著名的《封建论》《非国语》《天对》《六逆论》《捕蛇者说》等著名作品，多是在永州完成的。因而永州柳宗元这一称谓不仅具有文化专属性，还代表着旅游景观性。柳宗元遍游永州内外，华严岩、朝阳岩、柳岩、小丘、东丘、愚溪、黄溪、钴鉧潭、石渠、石涧、南涧、蒲洲、袁家渴、司马塘等，至今皆有迹可循，且大都有游记可查。柳宗元发现了永州秀美山水，又从多个角度描写了永州秀美山水。在永州期间，他种花植柳、挖池筑亭、构筑家园、修缮龙兴寺、舜庙祈晴、逐毕方，所历之事，皆有地点、碑铭为证，这些遗存是永州历史上重要的文化遗产，为柳文化产业发展奠定了丰富且极具影响力的基础，这些珍贵的柳宗元文化遗产就是永州柳文化研学旅行课程设计的主要参考内容。

（五）永州柳文化研学旅行行程安排

永州柳文化研学旅行行程设计紧密结合永州地方优秀文化——柳文化，其行程富有特色，亮点突出，亮点主要有以下三个：一是户外体验，玩中作文。将中小学课堂搬出教室，在玩中学、在学中思、在思中成长，让学员的收获与体验顺着笔尖流淌，记录下他们在游玩过程中的每一点收获、每一滴感悟，让柳文化研学旅程真正成为学员们的一次心灵之旅、成长之旅。二是主题式旅行，收获成长。相约历史文化名城——永州，探访柳宗元足迹，参观零陵古城、柳子庙，探寻永州八记、永州八景，感受充满诗意与梦想的零陵，体验人类精神故乡的人文情怀，让学员能在知识的海洋中真正读懂璀璨的历史文化。三是热爱生命，拥抱生活，懂得感恩。让快乐充盈整个柳文化研学旅程，让学员们在游学中学会爱护大自然、守护中国文化、热爱生命、真正懂得历史的文明需要不断的付出，让大家能深切感悟到民族的强大任重道远，培养爱国情怀，增强文化自信，同时也懂得学会感恩，敢于担负使命。

永州柳文化研学旅行行程安排既可是短时间的研学，也可是长时间的研学；既可以是针对小学生的研学旅行行程，也可以是针对初中生、高中生甚至是大学生的研学旅行行程。下面主要介绍两种永州柳文化研学旅行行程，一种是一天行程安排，具体内容见表 8-5-1，一种是 7 天行程安排，具体内容见表 8-5-2。

表 8-5-1 永州柳文化研学旅行 1 天行程安排表

时间	地点	研学内容	研学要求
7:30-8:00	学校门口	集合，清点人数，分组肃立，奏唱国歌，集体歌唱《我们是共产主义接班人》或《光荣啊，中国共青团》，回忆入团、入队誓词，以表明理想和志向	学生明白研学主题和目的，牢记入团、入队誓词，不忘初心
8:00-9:30	旅游大巴	乘车前往零陵古城	研学导师讲解研学课程的行程安排
9:30-10:30	零陵古城	第一章 立德明志 到达零陵古城，在古城牌坊前举行开营仪式，研学领队发表讲话，安全员讲解行程注意事项；参观古城指定区域，听研学导师讲解古城历史文化故事	观看具有鲜明湘南古城特色的民间艺术表演；学生思考重建零陵古城的现实意义

续表

时间	研学内容	地点	研学要求
10:30-12:00	柳子庙	第二章 创作之路 1. 学生分组开展研学活动：瞻仰柳子庙，听研学导师讲述柳宗元的生平，重点了解他被贬永州十年的际遇逸事和文学创作故事，引导学生激发自强爱国的情感和对中国古典文学的兴趣 2. 分组开展研学巩固活动，研学导师总结研学行程。研学导师提前拟定关于柳宗元生平事迹的10个问题，采取抢答的方式请学生回答问题，检验研学成果。 3. 邀请同学自愿分享，结合研学心得、书本知识谈谈柳宗元先生有哪些方面值得中小学生学习，以此锻炼学生的总结归纳和表达能力	1. 能够基本复述柳宗元先生的生平事迹，能够讲述一件他在永州的创作事迹 2. 熟悉了解6种主要文物，并且能够流利讲述其背后的故事 3. 结合柳宗元先生的事迹和自身情况，讨论今后如何为中华民族的伟大复兴做出贡献
12:00-13:00	指定饭店	中餐	食物留样
13:00-14:30	柳子街	第三章 柳子追忆 游览柳子街（愚溪北岸），开展《小石潭记》专题游览讲解研学活动，在柳宗元当年的行迹中选取西小丘、竹林、小石潭等地加以停留，以此带领学生还原柳宗元当年游小石潭的情景	1. 熟悉3个主要景点，并讲述背后的故事 2. 实地探寻名文的事迹载体，思考自己应该如何更好地创作文学作品
14:30-17:30	节孝亭	第四章 万里茶路 到达终点——节孝亭。研学导师讲解节孝亭的历史、由来和意义。选取"茶"和"孝"来开展"茶艺"、"茶道"和"古代礼仪"课堂，了解和茶相关的自然、人文地理知识	1. 能够背诵《巽上人以竹间自采新茶见赠，酬之以诗》 2. 能够了解与茶树、茶叶相关的地理知识 3. 探讨家教和礼仪的重要性
17:30-18:10	指定饭店	晚餐	食物留样
18:10-18:40	旅游大巴	乘车回校	研学导师布置研学作业，总结研学心得
18:40-20:30	学校演艺厅	研学分享	

表 8-5-2　永州柳文化研学旅行 7 天行程安排表

第一天：永州仲夏，山水逢君 接团—安排住宿—入营仪式—破冰之夜—晚餐+休息—分组—游戏—交流分享会—洗漱休息			
时间	地点	行程安排	备注
14:00	永州火车站/永州机场	接团：前往营地（伯特利轻旅舍）	营地设施设备齐全，体验活动丰富
14:00-16:00	伯特利旅舍	安排住宿：按先后顺序入住，整理内务，给家长报平安，收电子设备	正式入团后，将实行封闭式管理，其间不允许与外界联系，特殊情况可联系研学导师

续表

第一天：永州仲夏，山水逢君				
接团—安排住宿—入营仪式—破冰之夜—晚餐+休息—分组—交流分享会—洗漱休息				
时间	地点	行程安排		备注
16:00-16:30	营地书吧	入营仪式：入营签名，宣誓，宣布活动纪律，合影留念		
16:30-18:00		破冰之夜：以礼物漂流形式展开自我介绍，将事先准备好的礼物摆在桌上，学员挑选心仪的礼物，被抽中礼物的学员做自我介绍，并解释送该礼物的原因		学员需事先准备一个包装好的礼物
18:00-19:00	营地餐厅	晚餐+休息		
19:00-19:30		分组：报数字分组，小组讨论，选取队名与口号		研学导师指导每组推选组长，并由组长安排组内活动，确保活动顺利进行
19:30-20:15		游戏：找朋友。小组做游戏，看谁先握住对方的手		
20:15-20:45		交流分享会：各学员分享一天的研学体会和收获，研学导师引导与总结		
20:45	宿舍	洗漱休息		

第二天：西山宴游，群起而居				
起床洗漱—晨读—吃早餐—途中讲解—焚茅茷，斫榛莽—午餐—寄情山水—团队协作—分帐篷休息—烧烤—卡片抢答、分享体会—洗漱休息				
时间	地点	行程安排		备注
7:00-7:30	宿舍	起床洗漱		
7:30-8:00	书吧	晨读：《始得西山宴游记》		
8:00-8:40	餐厅	吃早餐		
9:00-9:30	大巴	坐大巴：途中听研学导师讲解《始得西山宴游记》		通过讲解让学生对即将达到的地方有简单了解
9:30-11:00	西山	焚茅茷，斫榛莽：俗称打杂草，拣树叶和野花，体验柳宗元文中的"焚茅茷，斫榛莽"		实地考察，确保安全
11:00-13:00		午餐；休息		准备避暑，遮阴地，做好防晒工作
13:00-14:30		寄情山水：制作明信片或者书签		提供白色卡纸、彩笔、胶水等
14:30-16:30	朝阳岩公园	团队协作：从西山徒步到朝阳岩公园，到达后在研学导师和安全员的指导下分组搭帐篷		安全员注意关注学生行路安全
16:30-17:00		分帐篷休息：按旅社宿舍分帐篷，回帐篷休息半小时		
17:00-19:30		烧烤：准备烧烤架，摆放烧烤食品，以小组为单位合作进行		提供烧烤工具及食品

续表

第二天：西山宴游，群起而居
起床洗漱—晨读—吃早餐—途中讲解—焚茅茷，斫榛莽—午餐—寄情山水—团队协作—分帐篷休息—烧烤—卡片抢答、分享体会—洗漱休息

时间	地点	行程安排	备注
19:30—21:00	营地	卡片抢答：抢答分数最高的小组获胜，获胜组可获得小纪念品 分享体会：小组内进行，分享体会	小组进行卡片抢答游戏，卡片为当天学习的诗文、字词以及文学常识等，根据得分情况发放虚拟币，可在最后一天兑换奖品
21:00	伯特利旅舍	洗漱休息	

第三天：经典传唱，余韵犹存
朝阳旭日—晨读—早餐—课程教学—午餐—露营地休息—徒步吟唱—走近柳宗元—晚餐—营地电影—交流分享会—休息

时间	地点	行程安排	备注
6:30—7:30	朝阳岩公园	朝阳旭日：朝阳岩公园观看日出	
7:30—8:00	朝阳岩公园	晨读	
8:00—8:40		早餐	
9:00—11:30	小石潭	课程教学：《小石潭记》原文串讲，现场吟唱教学	深入了解当时柳宗元的心境和情感，思考怎样学会善于观察和发现身边的美
11:30—12:30	湖南科技学院食堂	午餐	
12:30—14:00	朝阳岩公园	露天营地休息	
14:00—16:30	柳子街	徒步吟唱：柳子街古装体验，徒步小石潭吟唱，全程 VCR 录制	
16:30—17:30	柳子街	走近柳宗元：游览柳子庙，学习柳宗元思想与精神，了解柳宗元的生平事迹	
17:30—18:30	伯特利旅社	晚餐	
18:30—20:00	伯特利旅社	营地电影	
20:00—21:00	伯特利旅社	交流分享会：各学员分享一天的体会收获，研学辅导员进行总结	
21:00		休息	

第四天：生逢其时，创意先行
晨读—早餐—潇水泛舟—游览萍洲书院—午餐—午休—小组汇报展示设计—绘画课程—晚餐—曲奇 DIY—交流分享会—自由活动—洗漱休息

时间	地点	行程安排	备注
7:30—8:00	伯特利旅社	晨读	《哀溺文序》《黔之驴》
8:00—8:40	伯特利旅社	早餐	

续表

第四天：生逢其时，创意先行
晨读—早餐—潇水泛舟—游览萍洲书院—午餐—午休—小组汇报展示设计—绘画课程—晚餐—曲奇 DIY—交流分享会—自由活动—洗漱休息

时间	地点	行程安排	备注
8:40-9:30	潇水	潇水泛舟：乘舟前往萍岛，沿途介绍潇水，《哀溺文序》教学，从文中的道理，延伸安全教育	
9:30-12:00	萍洲书院	游览萍洲书院：进行《黔之驴》教学	
12:00-13:00	伯特利旅社	午餐	
13:30-14:30		午休	
14:30-15:00		小组汇报展示设计：节目形式不限，小组可自行讨论决定	可以是吟唱、话剧、朗诵或其他自备节目
15:00-17:00	餐厅	绘画课程：将早晨学习到的寓言以漫画形式或 T 恤 DIY 形式设计出来，展示自己对这两篇文章的理解，加深印象，温故而知新	提供白色 T 恤、绘画纸、绘画材料等，绘制的 T 恤可在最后汇报展示时使用
17:00-18:00		晚餐	
18:00-19:30		曲奇 DIY	
19:30-20:00	伯特利旅社	交流分享会	小组抢答及组内总结分享
20:00-21:00		自由活动	排练时间
21:00		洗漱休息	

第五天：人生百味，博古通今
起床—晨读—早餐—前往异蛇山庄—博古通今—午餐—体验异蛇酒酿造工艺—果酒米酒酿造体验—晚餐—自由活动—交流分享会—休息

时间	地点	行程安排	备注
7:00-7:30	伯特利旅社	起床	
7:30-8:00		晨读	《捕蛇者说》
8:00-8:40		早餐	
8:40-9:20		前往异蛇山庄	
9:20-12:00	异蛇山庄	博古通今：《捕蛇者说》教学，包括历史背景、文章内容，了解现代异蛇酒产业的发展状况，参观产业基地，了解当时的赋税情况，学习当今纳税政策，古今对比教学	
12:00-13:00		午餐	
13:00-14:30		体验异蛇酒酿造工艺	
14:30-17:00		果酒米酒酿造体验	现场制作的酒可存放几个月后，邮寄到家，可寓意"状元酒""女儿红"等

续表

第五天：人生百味，博古通今
起床—晨读—早餐—前往异蛇山庄—博古通今—午餐—体验异蛇酒酿造工艺—果酒米酒酿造体验—晚餐—自由活动—交流分享会—休息

时间	地点	行程安排	备注
17:30-18:30	书吧	晚餐	
18:30-20:00		自由活动	小组成果展示排练
20:00-21:00		交流分享会	各学员分享一天的体会和收获，研学辅导员进行总结
21:00		休息	

第六天：时空对话，心灵成长
起床洗漱—晨读—早餐—游愚溪—愚溪垂钓—午餐、午休—时空对话—心灵成长—挫折教育—晚餐—娱乐时间

时间	地点	行程安排	备注
7:00-7:30		起床洗漱	
7:30-8:00	书吧	晨读	《江雪》《愚溪诗序》
8:00-8:40	餐厅	早餐	
9:00-10:00	愚溪	游愚溪：在游中学，学中游，研学导师讲述柳宗元与愚溪的渊源，让学生体会柳宗元的心路历程，学习《江雪》《愚溪诗序》	
10:00-12:00		愚溪垂钓：感受柳宗元《江雪》中描述的意境	安全员要注意学员安全
12:00-14:00	餐厅	午餐、午休	
14:00-15:00	书吧	时空对话：总结几天的研学收获以及对柳宗元的了解，写一封信给柳宗元	
15:00-17:00		心灵成长：说说目前学习、生活中遇到的挫折，互相交流分享经验，提出解决办法	
17:00-18:00		挫折教育：研学导师进行总结，有针对性地做挫折心理辅导	
18:00-19:00	餐厅	晚餐	
19:00-20:00		娱乐时间	

第七天：相聚有时，后会有期
起床、洗漱—晨读—吃早餐—竹编制作—用餐—午休—团体竞技汇报—汇报总结—制作晚宴—告别宴会—自由休息—莫愁前路无知己—闭营仪式—休息

时间	地点	行程安排	备注
7:00-7:30		起床、洗漱	
7:30-8:00	书吧	晨读	
8:00-8:40	餐厅	吃早餐	
9:00-11:00	手工教室	竹编制作	指导教学，提供制作材料
11:00-12:00	餐厅	用餐	

续表

第七天：相聚有时，后会有期			
起床—洗漱—晨读—吃早餐—竹编制作—用餐—午休—团体竞技汇报—汇报总结—制作晚宴—告别宴会—自由休息—莫愁前路无知己—闭营仪式—休息			
时间	地点	行程安排	备注
12：00-13：00	宿舍	午休	
13：00-15：00	餐厅	团体竞技汇报：深入学习柳子文化和柳子诗词歌赋后，各小组开展创意设计展示	学习成果展示形式可以有吟唱、话剧、朗诵等，形式不限
15：00-15：30		汇报总结：研学导师进行点评、颁奖，根据汇报成果按成绩排名兑换虚拟币	虚拟币可兑换奖品
15：30-17：30		制作晚宴：制作一道或者两道与柳文化相关的美食	
17：30-18：30		告别宴会：各组简要介绍美食名称、寓意、制作材料、特色，并进行品尝	
18：30-19：00		自由休息	
19：00-21：00		莫愁前路无知己：创意设计，离别寄语	
21：00-21：30		闭营仪式：T恤签名，合影留念	
21：30	宿舍	休息	

四、永州柳文化研学旅行课程评价体系

研学旅行课程评价是研学旅行必不可少的部分，2017年教育部基础教育一司在《关于进一步做好中小学生研学旅行试点工作的通知》中已明确提出"探索建立研学旅行科学评价机制"的要求。研学旅行课程评价可采取综合评价机制，强化自评、探索互评等反思教育的引领作用，有助于评价更为客观、公正和真实地反映学生在研学过程中的成长进步。永州柳文化研学旅行课程评价体系旨在为永州柳文化研学旅行教育活动提供正确的评价导向与评价方式，形成有效的柳文化研学反馈机制。

（一）评价主体

评价参与者即评价主体。研学旅行是一项教育活动，包括教育者、受教育者和第三方研学服务机构。永州柳文化研学旅行整个过程的参与者包括学生、学生家长、班主任、研学带队老师、研学导师和第三方研学服务机构。

（二）评价目标

一是建立促进中小学生在永州柳文化研学旅行过程中全面发展的研学旅行课程评价体系，目的是在综合评价的基础上，更关注个体的进步和多方面的发展潜能，调动广大学生的积极性和创造性。

二是建立永州柳文化研学旅行课程评价体系是实现永州柳文化研学旅行活动教育目

标的有效保证，通过评价体系，搭建师资间、师生间、学生间、家校间交流沟通、审视调整的工作载体，促进学生情感与价值观的和谐发展，促进柳文化研学旅行课程教学的不断优化和完善。

（三）评价方式

1. 永州柳文化研学通关卡

永州柳文化研学通关卡是贯穿永州柳文化研学旅行全过程的一种评价方式。学生在参加永州柳文化研学旅行过程中，每完成一项课程任务，便可获得一枚"永州柳文化研学徽章"，以此记录他们在永州柳文化研学过程中不同方面的表现，留下难忘的研学记忆。永州柳文化研学通关卡上的"永州柳文化研学徽章"是学生研学旅行课程参与度评价的显性输出形式，是永州柳文化研学评价的一种呈现形式。永州柳文化研学通关卡的评价方式，目的是在永州柳文化研学旅行全过程中给予学生及时的研学评价反馈，肯定学生的每一个闪光点，从而鼓励学生快乐研学、快乐成长。

2. 永州柳文化研学评价表

如果说永州柳文化研学通关卡是贯穿永州柳文化研学旅行全过程的一种评价方式，那么永州柳文化研学评价表则是在永州柳文化研学旅行活动结束后，永州柳文化研学旅行的参与者对研学活动的总体评价，根据永州柳文化研学旅行评价的对象不同，评价表可主要分为永州柳文化研学学生评价表、永州柳文化研学导师评价表和第三方研学服务机构评价表三种。

（1）永州柳文化研学学生评价表

学生是研学活动的主体，永州柳文化研学学生评价表反映的是学生自身、同学以及带队老师对学生在永州柳文化研学活动过程中的表现所做出的评价，评价贯穿于整个永州柳文化研学活动全过程，具体内容如表 8-5-3 所示。

表 8-5-3　永州柳文化研学学生评价表

永州柳文化研学旅行主题		填写人		自评	互评	师评
永州柳文化研学旅行时间		填写日期				
学习态度	准备好每一次讨论	A. 优秀 B. 良好 C. 中等 D. 及格				
	完成自己承担的任务	A. 优秀 B. 良好 C. 中等 D. 及格				
	积极提出创意	A. 优秀 B. 良好 C. 中等 D. 及格				
	乐于合作与分享	A. 优秀 B. 良好 C. 中等 D. 及格				

续表

学习方法	乐于探究、勤于动手	A. 优秀 B. 良好 C. 中等 D. 及格			
	善于反思、态度严谨	A. 优秀 B. 良好 C. 中等 D. 及格			
	提炼信息、提高归纳能力	A. 优秀 B. 良好 C. 中等 D. 及格			
	综合运用、提升统筹能力	A. 优秀 B. 良好 C. 中等 D. 及格			
创新实践	运用新技术与新思路	A. 优秀 B. 良好 C. 中等 D. 及格			
	发挥个性特长与才能	A. 优秀 B. 良好 C. 中等 D. 及格			
团队协作	尊重与欣赏他人	A. 优秀 B. 良好 C. 中等 D. 及格			
	分工合作、各展所长	A. 优秀 B. 良好 C. 中等 D. 及格			
学会做人	主动和同学配合	A. 优秀 B. 良好 C. 中等 D. 及格			
	乐于帮助同学	A. 优秀 B. 良好 C. 中等 D. 及格			
	认真倾听他人观点与意见	A. 优秀 B. 良好 C. 中等 D. 及格			
	乐于奉献	A. 优秀 B. 良好 C. 中等 D. 及格			
学会学习	构思新颖独特	A. 优秀 B. 良好 C. 中等 D. 及格			
	想法细致周全、可行性强	A. 优秀 B. 良好 C. 中等 D. 及格			
	搜集与处理信息能力强	A. 优秀 B. 良好 C. 中等 D. 及格			
	实践方法多样	A. 优秀 B. 良好 C. 中等 D. 及格			
学会做事	能吃苦耐劳	A. 优秀 B. 良好 C. 中等 D. 及格			
	积极动脑、动手、动口	A. 优秀 B. 良好 C. 中等 D. 及格			
学会沟通	积极参与研学活动	A. 优秀 B. 良好 C. 中等 D. 及格			
	与他人交往顺畅	A. 优秀 B. 良好 C. 中等 D. 及格			
学会生活	自理能力提升	A. 优秀 B. 良好 C. 中等 D. 及格			
	财务管理能力提升	A. 优秀 B. 良好 C. 中等 D. 及格			
研学效果	完成永州柳文化研学课程相关内容	A. 优秀 B. 良好 C. 中等 D. 及格			
	预期永州柳文化研学成果达到的程度	A. 优秀 B. 良好 C. 中等 D. 及格			
	研学成果可信度与实际水平	A. 优秀 B. 良好 C. 中等 D. 及格			
	研学成果展示及分享	A. 优秀 B. 良好 C. 中等 D. 及格			
	特别收获				
	其他收获				

（2）永州柳文化研学导师评价表

永州柳文化研学导师是永州柳文化研学旅行实施整个过程中的重要参与者。学生参与永州柳文化研学旅行活动是在永州柳文化研学导师的引导和帮助下开展的，永州柳文化研学导师是学生进行永州柳文化研学活动过程评价的重要执行者，对永州柳文化研学导师进行综合评价也是永州柳文化研学旅行课程评价体系中重要的组成部分，具体内容如表8-5-4所示。

表 8-5-4　永州柳文化研学导师评价表

永州柳文化研学旅行主题			填写人		学生评价	老师评价
永州柳文化研学旅行时间			填写日期			
职业素养	仪容仪表	衣着整洁，仪容得体	A.优秀 B.良好 C.中等 D.及格			
	语言表达	语言规范，发音标准	A.优秀 B.良好 C.中等 D.及格			
		用词准确，有感染力	A.优秀 B.良好 C.中等 D.及格			
	职业态度	有爱心，耐心，细心，有童心和责任心	A.优秀 B.良好 C.中等 D.及格			
		善于倾听，乐于交流	A.优秀 B.良好 C.中等 D.及格			
		严于律己，以身作则	A.优秀 B.良好 C.中等 D.及格			
研学课程实施	教学指南	有永州柳文化专题指导方案或讲义	A.优秀 B.良好 C.中等 D.及格			
	教具运用	活动创新，形式多样	A.优秀 B.良好 C.中等 D.及格			
	教学方法	符合中小学生年龄特点	A.优秀 B.良好 C.中等 D.及格			
		注重引导学生深度参与	A.优秀 B.良好 C.中等 D.及格			
	教材配套	永州柳文化研学读本、研学任务书等配套教材准备充分	A.优秀 B.良好 C.中等 D.及格			
组织管理	安全防控	有安全预案	A.优秀 B.良好 C.中等 D.及格			
		有安全指南	A.优秀 B.良好 C.中等 D.及格			
	应急处理	应变快速，处理及时	A.优秀 B.良好 C.中等 D.及格			
研学评估	研学效果	引导学生完成并分享永州柳文化研学课程成果	A.优秀 B.良好 C.中等 D.及格			
	服务保障	有生活服务保障	A.优秀 B.良好 C.中等 D.及格			
		有教育服务保障	A.优秀 B.良好 C.中等 D.及格			

（3）第三方研学服务机构评价表

为了规范研学旅行服务流程，提升服务质量，引导和推动研学旅行健康发展，2016年，国家旅游局发布《研学旅行服务规范》(LB/T 054—2016)，并于 2017 年 5 月 1 日起正式实施。根据《研学旅行服务规范》，服务提供方即服务机构，包括主办方、承办方和供应方。对服务机构在研学旅行全过程中的各项工作的反馈是评价体系中非常重要的组成部分，评价者包括学校老师、学生、研学导师、家长和第三方机构。具体形式详见表 8-5-5 所示。

表 8-5-5　永州柳文化第三方研学服务机构评价表

永州柳文化研学旅行主题				填写人	
永州柳文化研学旅行时间				填写日期	
研学活动	永州柳文化研学方案设计	研学目标	符合中小学生认知特点	A. 优秀 B. 良好 C. 中等 D. 及格	
		研学课程	永州柳文化研学课程体系完整	A. 优秀 B. 良好 C. 中等 D. 及格	
			永州柳文化研学课程目标明确	A. 优秀 B. 良好 C. 中等 D. 及格	
		知识点选择	与永州柳文化资源点匹配	A. 优秀 B. 良好 C. 中等 D. 及格	
	课程实施	教学方法	符合中小学生年龄特点	A. 优秀 B. 良好 C. 中等 D. 及格	
		教学环境	与永州柳文化研学内容匹配	A. 优秀 B. 良好 C. 中等 D. 及格	
	教育保障	师资条件	研学导师具备基本的职业素养和研学指导能力	A. 优秀 B. 良好 C. 中等 D. 及格	
		教材配套	永州柳文化相关研学读本、研学任务书等准备充分	A. 优秀 B. 良好 C. 中等 D. 及格	
组织管理	研学安全防控		永州柳文化研学安全预案	A. 优秀 B. 良好 C. 中等 D. 及格	
			永州柳文化研学安全培训	A. 优秀 B. 良好 C. 中等 D. 及格	
			永州柳文化研学安全指南	A. 优秀 B. 良好 C. 中等 D. 及格	
			永州柳文化研学安全措施	A. 优秀 B. 良好 C. 中等 D. 及格	
	研学团队管理		流程规范，权责分明	A. 优秀 B. 良好 C. 中等 D. 及格	
			安排合理，秩序井然	A. 优秀 B. 良好 C. 中等 D. 及格	
生活服务	研学营地服务		研学营地硬件设施齐全	A. 优秀 B. 良好 C. 中等 D. 及格	
			研学营地软件设施充分	A. 优秀 B. 良好 C. 中等 D. 及格	
	研学餐饮服务		用餐环境干净、卫生	A. 优秀 B. 良好 C. 中等 D. 及格	
			饮食搭配科学、营养	A. 优秀 B. 良好 C. 中等 D. 及格	
	研学交通服务		研学配备车辆证件齐全	A. 优秀 B. 良好 C. 中等 D. 及格	
			研学配备车辆设施完备	A. 优秀 B. 良好 C. 中等 D. 及格	

（四）评价流程

（1）选择柳文化研学评价内容与方式，设计柳文化研学旅行课程评价体系。

（2）在柳文化研学旅行课程评价体系整体设计的基础上，根据具体的柳文化研学旅行主题，设计相匹配的柳文化主题研学旅行课程评价细则。

（3）实施各项柳文化研学评价。

（4）汇总评价并反馈，建立柳文化研学评价档案。

案例六 永州森林植物园研学旅行发展研究

前言

2013年2月2日,《国民旅游休闲纲要(2013—2020年)》发布,其中提出了"逐步推行中小学生研学旅行"的设想。此设想被提出后,研学旅行在我国发展逐渐受到重视,目前已发展得如火如荼。研学旅行作为一种新型教育课题,许多地区都在尝试把它作为推进素质教育的一个重要内容来开展。在国家大力支持研学旅行发展的大背景下,教育理念的转变为研学旅行带来了巨大的发展动力。永州森林植物园位于湖南省永州市冷水滩区伊塘镇075乡道附近,距离永州中心市区约15千米,与市区中小学校的距离较近。园区整体规划是与接壤的永州各地区、各县相应的特色融为一体,园区有着94.5%以上的森林覆盖率,分为森林植物园、森林康养示范基地、野生动物园三大部分,有着得天独厚的旅游资源优势。2012年,经永州市人民政府批准,在永州市林业科学研究所基础上发展建设,于2013年开始创建,全园占地面积520万平方米山林,是全国市级占地面积最大的森林植物园。2017年荣获"全国林业科普基地"称号,为永州市唯一入选的单位,现已发展为国家、省、市三级教育科普基地。2018年达到国家AAA级旅游景区的标准要求,荣获AAA级景区称号。自开园以来免费对外开放,年均接待游客高达50万人次,日高峰游客量超过3万人次,是本地市民休闲娱乐的好去处。永州森林植物园研学空间巨大,但是对研学旅行的市场及产品开发有所欠缺,运用RMP分析法对永州森林植物园研学旅行进行产品开发研究,不仅可以推动永州森林植物园的旅游多方位发展,提高其旅游知名度与影响力,而且也可促进永州旅游和经济的发展。

一、RMP分析法简介

RMP分析法也叫昂普分析模式,分别代表着R(Resource)——资源、M(Market)——市场、P(Product)——产品。RMP是由我国著名的旅游学者吴必虎首次提出来的概念,用以说明解决产品结构性过剩,产品开发由"低投入高产出"的片面意识向"高投入高风险高产出"意识变化的问题。根据区域旅游开发以P(产品)为中心的旅游规划,进行R性(区域资源)分析、M性(市场)分析,并在这些分析的基础上进行P性(产品)分析,最后提出产品开发与设计的思路。三个方面进行程序式论证评价,并最终提出以旅游产品为中心的规划框架。RMP模式注重如何让现有的旅游资源转化成旅游产品，优先考虑资源转化的问题。旅游资源是产品开发的基础，市场是产品和资源的黏合剂，产品是最终表达形式，三者是相辅相成、缺一不可的存在，为地方性旅游规划提供创意和思路，具体内容如图8-6-1所示。RMP模式对资源有较强的分析，能对永州森林植物园的旅游资源评价、开发、规划起到较好的指导作用。

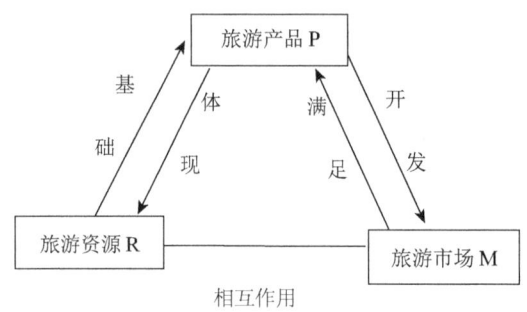

图 8-6-1　RMP 三要素关系图

（一）R性（资源）分析

R性分析主要是对现有资源的现状分析，包括对资源的开发，资源的可利用程度及资源的吸引力。按内容分类，主要包括三大类资源。第一类为游览观赏型的自然旅游资源，包括地文景观、山水田园、生物景观、风沙海滨等；第二类为知识型的人文旅游资源，包括文物展览、科研调查、科学技术、遗址遗迹、宗教寺庙、文学艺术作品等；第三类为体验型的其他类旅游资源，包括节庆赛事、民族习俗、风味饮食、社会时尚、休闲度假、身体保健、文体活动等。永州森林植物园兼具三类资源全面发展的特点，开发者很有必要充分挖掘产品价值，在现有的旅游资源基础上转化为研学产品。

（二）M性（市场）分析

M性分析是指旅游产品的弹性与旅游者的产品选择偏好。旅游产品本身就是一种需求弹性极大的产品，但随着人们生活水平越来越高，消费水平也逐年递增，人们不再只追求物质上的满足，而是更加追求精神心灵上的消费。据调查，长线旅游产品弹性远远大于短线旅游产品弹性，而永州森林植物园在本地的知名度较高，本地市场大，适合短线产品开发，且在国家大力扶持下的研学旅行背景下，中小学市场更是广阔，永州森林植物园的设施也非常符合中小学专业校外的课程设计，精准定位市场人群，满足旅游者的消费需求。

（三）P性（产品）分析

旅游产品是指在旅游过程中所体验到的有形和无形的产品，由实物和服务组成，是最能吸引目标人群的。需要不断创新维持产品热度，设计出生动有趣的研学线路。在设计产品的过程中，要对资源有所认知，对资源进行合理利用，同时对目标市场进行充分调查，力图避免产品"有效需求不足"现象。需要注意的是，在体验经济背景下，研学旅行产品必须让旅游者亲身参与其中感受乐趣，创造值得回忆与回味的研学旅行产品。

二、永州森林植物园研学资源现状分析（R性）

（一）自然资源

永州森林植物园里面有植物种类1200多种，国家重点保护植物76种，是一个崇尚自然保护、重视树木种植并融科普教育、科研生产、康养旅游、生态旅游、休闲娱乐功能于一体的综合性植物园。园内植物众多，建有紫薇园、茶花园、樱花园、木兰园、桃花园、桂花园、百竹园和珍稀树种园等多个专类植物收集区。除了植物园外，还有许多设施与景点能够供给游客游玩。这些外在条件足以满足引导中小学生认知植物、从小树立爱护自然环境意识的教育需求，是开展校外班级活动的天然场所。

（二）人文资源

永州森林植物园以地方廉政文化为基，景区景观分布以廉洁文化为魂，具体内容见表8-6-1所示。森林植物园借助永州各地特色及历史代表名人，打造了独树一帜的风格特色。2016年年初在永州森林植物园里面开始规划并建设永州林业博览园，12月8日正式开园，占地面积368亩，一共划分为14个分园。园区通过永州各地方的微缩景观，结合文化与植物特色，把永州历史融入其中。建成后的博览园既有利于中小学生探究地方历史，又有利于学习及宣传廉洁文化，是中小学生研学旅行的重要教育基地。

表8-6-1 永州森林植物园廉政文化主题内容

园区主题	具体内容
清廉自洁主题区	清风园景石、周敦颐（月岩悟道）、廉石、闲亭、廉亭名人群雕、名人景墙
廉政文化发展史（监察御史演变史）	夏商周方伯鼎、秦汉御史大夫铜印、隋唐御史台雕塑、元代肃政廉访司雕塑、宋代台谏制度雕塑、明代《宪纲条例》雕塑、清代的反监制雕塑、民国肃政厅雕塑
各县廉政文化展示区	江华县江华故事背景墙、道县何宝珍故事景观柱、零陵柳宗元雕塑、冷水滩李达雕塑、祁阳陶铸场景雕塑、江永"忠孝廉节"雕塑、东安"武德"雕塑、经开区廉政文化景观墙、双牌县和文化雕塑、回龙圩拓荒牛雕塑、金洞廉政文化景墙、蓝山"红军渡"雕塑、涔田龙家大院景墙、宁远舜帝场景雕塑

（三）其他资源

1. 宏源素质拓展基地

一个充分体现野趣、童趣、情趣的素质教育拓展基地，里面设有自助烧烤、自主烹任、军事化训练场及真人 CS 野战场。宏源素质拓展基地善于利用植物园的自然地形、体育训练、绿化设施，集教育、观光、娱乐于一体。

2. 堰塘垂钓

永州森林植物园空气清新，负氧离子含量高，是远离尘嚣之所，内设堰塘，集垂钓、茶水休憩、棋牌娱乐为一体，是一个郊外休闲垂钓之地，是放松休闲的好地方。

3. 知青文化体验园

永州森林植物园所处的伊塘镇是昔日知青所生活过的地方，景区正在筹划将其打造成知青文化体验园，按照修旧如旧的原则，复原当年知青住过的房子，还原一部分知青当年的劳动生活场景，展示与知青有关的奋斗精神、历史资料背景、生活经历等。新一代的少先队员来到此地，通过学习及体验，感受当年的知识青年将美好青春献给国家的崇高情怀。

三、永州森林植物园研学市场现状分析（M 性）

（一）研学市场规模

相关数据显示，近年来研学旅行的学校渗透率迅速提升，行业规模快速扩大，市场空间广阔，中国研学旅行市场总体规模将超千亿元。通过与永州森林植物园工作人员、永州市教育局等相关工作人员进行访谈，以及查询相关资料，得出永州市中小学目前一共有 558 所，在校中小学生人数高达 50 万人以上。植物园目前一次性可容纳人数 5 万人。从数据分析中可以看出，永州学生数量庞大，研学旅行市场潜力广阔。

永州森林植物园这一自然景观对中小学生本身就存在着巨大的吸引力，新开发的宏源素质拓展基地更加丰富了永州中小学生的业余生活。据实地考察发现，每逢假期，永州本地市民会首选永州森林植物园作为共建亲子关系的重要场所，并且不止一次来到永州森林植物园游玩，一年来 2 次以上人数占比 45%，植物园在当地知名度较高。不仅如此，周边还有部分学校老师带领学生来到永州森林植物园进行春秋季研学。但是永州森林植物园目前规划还有待进一步加强与完善，其发展规划远远跟不上实际研学需求。

（二）研学市场结构

永州森林植物园的市场结构呈现出只有一头大的锤状形。节假日目的地游客爆满，交通堵塞，存在严重的扎堆现象，导致游客体验感不强。非假日出现景区无人参观管理的现状。在实地调研过程中，选取了永州各大代表性学校，旅行社及导游、市场部人员及研学工作人员进行现场访谈，并多次电话咨询。同时，发放了 500 份调查问卷，其中，景区发放 100 份，问卷星发放 100 份，微信、QQ、微博发放 100 份，各大中小学校实地发放 200 份；回收有效问卷 416 份，问卷回收效率为 83.2%，符合问卷调查数据抽样分析要求。通过对数据进行整理分析，得知永州研学市场群体中，小学生居多，占比 56%，其次是初中生，占比 28%，最后为高中生，占比 16%。从研学市场结构调查分析发现，目的地没能加大针对中小学的强有力的市场宣传，未营造出"一想到研学旅行就想到永州植物园"的效果，且参加过研学的中小学生，很少能发展成为回头客，客户黏性不强，研学性不足。

（三）研学市场定位

永州森林植物园应该重点挖掘中小学研学市场，精准定位。通过调查我们发现，所有被调查者中，73% 的人知道永州森林植物园景区，少数中小学生在学校的组织下参加过永州森林植物园的研学旅行。如果永州森林植物园开展研学旅行，86% 以上的中小学被调查者表示很想参加。从对景区统计数据分析得知，所接待的研学团体成员中 91% 以上的人为永州市内中小学生，其次为湖南省内中小学生，接待的湖南省外研学团体较少。因此，永州森林植物园研学市场应做如下定位：将永州市内中小学生作为一级目标市场，将湖南省内其他市区作为二级目标市场，将其他省作为三级目标市场。

四、永州森林植物园研学产品现状分析（P 性）

（一）产品单一，缺乏设计

首先，永州植物园的植物和花的种类及主题与其他同类型的植物园类似，没有自己的特色，植物园缺乏研学旅行的创意规划设计，产品雷同现象较严重。其次，交通设计不当，以致节假日开展节事活动时，常出现严重堵塞现象，应利用周边产品分散人群，不要呈现出"一窝蜂"现象。最后，景区无特色纪念品和产品。有时，一个小小的旅游纪念品就会对游客产生重游的吸引力，并且能展示植物园的特色。资源的最终表现形式是产品，产品是能够给景区带来经济效益和社会影响力的重要体现。

（二）研学产品供给不足

对研学产品认知不足，缺少有针对性的研学旅行产品，从而没有形成有影响力的研学市场。中小学研学团缺少研学导师带领，研学性质不强。应为每个班级配备一名研学导师，有针对性地指导学生进行研究学习，从而挖掘研学旅行的重点。应培养一批针对不同中小学年龄阶段的专业植物园研学导师，带领学生展开生动活泼、具有研学趣味的学习。不同年龄阶段所掌握的知识和技能有所不同，应该区别设计符合年龄特点的项目。

（三）没有发挥资源优势

永州森林植物园的资源形式多样，可以开展多种形式的研学旅行产品，但目前据实地调查所知，永州森林植物园并没有发挥自身资源优势开展有特色的研学旅行课程设计，而是停留在最简单的观光型的研学旅行层面。其实作为一名永州中小学生，应该要了解本地文化，学习并发扬本地优秀文化。永州森林植物园如果主打"廉政"主题，会非常有新意，这有利于中小学生树立良好的政治意识。这是一条十分适合发展研学的特色创新路线，景区应紧抓自身优势，在此基础上更加完善，打造一条永州精品研学旅行线路。

五、RMP 视角下永州森林植物园研学旅行产品开发与设计

我们通过 RMP 法分析永州森林植物园的资源和市场，从研读查阅文献资料，到多次实地考察，再到确定课程目标，充分挖掘了永州当地的研学市场，针对这些现状找出了适合永州森林植物园的研学旅行产品类型。共设计了三大主题类研学课堂，分别是自然课堂、科普体验课堂、文化课堂，这些研学课程能更好地利用永州森林植物园的资源特色，充分发挥其资源优势。通过调查问卷发现，小学生对永州森林植物园的兴趣更浓，且小学生是永州研学旅行市场的主体，因此，此课程设计主要针对小学年龄阶段学生进行设计，研学时长为一天，具体内容如图 8-6-2 所示。

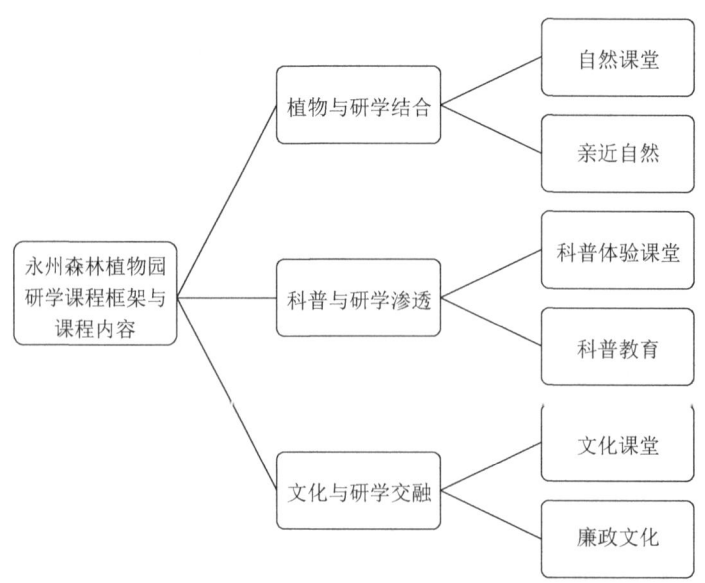

图 8-6-2　永州森林植物园研学课程框架与课程内容

（一）植物与研学结合

1. 研学主题

植物研学游，美丽又自由。

2. 研学特色

借助永州森林植物园里的植物，开阔中小学生的视野和眼界。强化素质教育，把教室搬进自然，学会亲近自然、爱护自然，在大自然中主动去探索学习。在娱乐中激发学习兴趣，做到寓教于乐。

3. 研学目标

把课堂搬进自然，在大自然中放松身心。培养学生热爱自然、热爱学习、热爱生活的品质。在自然中动手体验，培养主动探索、主动学习的能力。

4. 研学内容

（1）植物奥秘：了解嫁接原理知识，观看各种植物的嫁接过程。体验植物嫁接，将生物书里面的课本知识搬到校外实践中，使知识得以充分运用。在嫁接过程中分享心得体会。

（2）插花设计：利用植物花海的花卉，请专门的插花师带领孩子们设计花束，插花完成后，教导中小学生送给父母。培养孩子有感恩的意识并培养他们的动手能力。

（3）植物写生：在自然环境下，通过观赏花海和植物等自然素材，愉悦身心，激发创作灵感，培养兴趣爱好。

（4）森林寻宝：以小组为单位，通过卡片提示信息，寻找对应的植物。找得又快又多的小组可以得到相应的奖励。以此培养中小学生认识植物的能力并感受大自然的丰富。

（5）特色野炊：可自带食材，也可统一提供食材。学习生火做饭，锻炼中小学生自主生活以及团结协作的能力。

（6）森林守护者：宣传森林环保知识，树立"金山银山不如绿水青山"的意识。学习自己动手为大自然出力，在分派的环保区域沿途捡垃圾，学会爱护自然环境。通过具体行动，践行社会主义核心价值观教育，让学生的心灵得到滋养。

5. 研学行程

表 8-6-2　植物研学一日游

研学主题：植物研学游，美丽又自由		
时间	地点	行程安排
7:00-8:00	学校	起床，整理行装，早餐

续表

研学主题：植物研学游，美丽又自由		
时间	地点	行程安排
8:00—9:00	永州森林植物园	开营仪式（研学导师宣布研学纪律，发布研学任务，给每位学员颁发一枚研学徽章）
9:00—11:00	植物花海	植物奥秘、植物写生
11:00—13:00	宏源拓展基地	特色野炊
13:00—15:00	闲亭	学习插花设计
15:00—16:00	梅兰竹菊区	森林寻宝
16:00—17:00	廉政文化展示区	森林守护者环保卫士
17:00—18:00	清风园	研学交流会（学生分享研学收获，研学导师总结发言），布置研学作业
18:00—19:00	返程	上车安全回家

6. 研学作业

（1）研学成果分享交流：通过分享，让活动存在脑海中，并且起到锻炼语言表达能力的作用。

（2）种植一颗种子：细心呵护，记录发芽的过程，感受植物的力量。

（3）DIY手工制作——我的植物研学足迹：回忆研学过程，通过记录的方式留下在永州森林植物园的点点滴滴，引发二次去植物园的欲望。

7. 课程评价

（1）评价方式：个人自评+小组评价+老师评价。

（2）研学过程中的表现：爱护自然环境；"游"与"学"结合；团结互助，集体合作；遵守纪律，尊师重道；积极认真，参与其中。

（3）研学成绩组成：研学过程中的表现（60%）+研学结束后的评价（20%）+研学作业（20%）=最终研学成绩。

（二）科普与研学渗透

1. 研学主题

科普探索教育游。

2. 研学特色

科普就是运用科学来普及在生活中会让人好奇的知识。该课程，以一种让中小学生能够理解的方式，通过大自然让科学进入到孩子们的生活中，通过普及自然科学知识，满足中小学生的好奇心、多元化、多样化的心理特点。永州森林植物园是开展科普知识宣传的重要场所。发展科学普及教育可以增加中小学生对科学的兴趣，在生活中营造用科学、学科学、爱科学的氛围，促进中小学生智力开发。

3. 研学目标

在植物园中让中小学生了解百科知识。课程充分调动孩子们手、脑、眼等多个器官，引导他们在科普体验中发现问题、解决问题、增长知识。

4. 研学内容

（1）趣味听音：安静聆听大自然的声音，风声、树声、鸟声、湖水声，并模拟声音，让同伴猜声，发表对声音的看法。科普导师解答声音的产生原理。课程既培养中小学生安静沉稳的一面，又让他们暂时忘记繁忙的学业回归到大自然中，学会适当放松。

（2）森林知识：通过"看、闻、听"观察植物，彼此之间交流心得并提出问题，科普导师解答问题。明白森林火灾发生的源头及危害，发生火灾时如何灭火，科学学会自救技巧。

（3）生态造林：通过除草、修枝等，促进对造林技术的了解。开展生态造林技术学习，为生态保护做出努力。

（4）舌尖森林：永州森林植物园里有很多种类的植物花草。了解可以吃的植物，了解森林植物中的粮食、药材、蔬菜（草本如蕨菜、木本如香椿）、水果、坚果等。

（5）了解食物链：通过互动游戏来普及食物链知识。

（6）植物四季：了解植物是怎么经历四季的，植物不会被热死或冻死的原理。了解植物的呼吸状态，学做小小植物专家。

5. 研学行程

表 8-6-3 科普研学一日游

研学主题：科普探索教育游		
时间	地点	行程安排
7:00-8:00	学校	起床，整理行装，早餐
8:00-9:00	永州森林植物园	开营仪式（研学导师宣布研学纪律，发布研学任务，给每位学员颁发一枚研学徽章）
9:00-10:00	植物花海	趣味听音
10:00-11:00	植物园区	森林知识
11:00-13:00	宏源拓展基地	舌尖森林
13:00-15:00	闲亭	了解食物链
15:00-16:00	梅兰竹菊区	植物四季
16:00-17:00	林业科学研究所	生态造林

续表

研学主题：科普探索教育游		
时间	地点	行程安排
17：00-18：00	清风园	研学交流会（学生分享研学收获，研学导师总结发言），布置研学作业
18：00-19：00	返程	上车安全回家

6. 研学作业

（1）说一说周边的环境问题：引发中小学生对环境问题的深思。

（2）保护植物好主意：从日常生活和科学知识方面想出几个治理环境、保护植物的好主意。

（3）家里的科普：在家做一个简单的科普实验，并和家里人分享科普知识。

7. 课程评价

（1）评价方式：个人自评＋小组评价＋老师评价。

（2）研学过程中的表现："科普"与"研学"结合；主动动手并思考科普问题；植物与科普结合。

（3）研学成绩组成：研学过程中的表现（60%）＋研学结束后的评价（20%）＋研学作业（20%）＝最终研学成绩。

（三）文化与研学交融

1. 研学主题

永州文化我来寻。

2. 研学特色

永州文化资源丰富，作为一名永州的中小学生，很有必要了解自己的家乡。而永州森林植物园里面的微缩永州景观很适合开展文化交流活动。园区整体设计以廉政文化为中心，具有多种文化并存的特点。应利用景区的文化特色设计研学活动，增加对永州的文化自信。

3. 研学目标

运用知识性小游戏，以有趣的方式让学生了解永州文化。在研学中学习优秀廉政文化，并知道应传承和发扬。让参与研学的中小学生更深刻地领悟文化真谛。

4. 研学内容

（1）我是小导游：了解永州各县区的特点，走近永州历史。研学旅行课程是让学生在真实情境中进行体验与实践，一切学习都根植于情境之中。将中小学生置身于永州微缩景观的情境中，让他们以永州小导游的角色来宣传自己的家乡。

（2）我是小记者：采访周边游客对永州文化的了解，请他们说说心目中的永州印象。记录游览的经过，把一天的经历先整理出来，再用视频的形式记录下来。

（3）我是大诗人：在花海中举行诗歌比赛也是别有一番风味，拿出自己最擅长的诗歌在植物园中朗诵，请老师和同学们投票，选出表现最好的诗人，获得相应的活动奖励。

（4）学习廉政文化：廉政文化是我国传统美德文化，是社会主义接班人必须具备的优秀文化，也是社会主义核心价值观的良好体现。廉政文化要求青少年应该要勤俭节约、杜绝浪费，禁止攀比的现象出现。廉政文化在永州名人身上都有展现，需要深入了解永州的历史名人身上的优良品质并加以学习。

（5）学习知青文化：参观知青之前生活过的地方，了解过去人的生活。虽然过去已经成为历史，但是他们的精神留在这里。现在的一切都来之不易，应该珍惜，让中小学生懂得只有通过奋斗和努力才能换取未来美好的生活。

（6）文化交流会：总结一天在永州森林植物园中学习到的文化知识，并且和老师同学们交流，抒发自己的感想。

5. 研学行程

表 8-6-4 文化研学一日游

研学主题：永州文化我来寻		
时间	地点	行程安排
7：00-8：00	学校	起床，整理行装，早餐
8：00-9：00	永州森林植物园	开营仪式（研学导师宣布研学纪律，发布研学任务，给每位学员颁发一枚研学徽章）
9：00-11：00	廉政文化典故墙	学习廉政文化、我是大诗人
11：00-12：00	各区、县廉政文化展示微缩景区	我是小导游
12：00-13：30	宏源拓展基地	自主野炊，体验知青生活
13：30-15：30	知青园	学习知青文化
15：30-16：30	廉政文化雕塑前	我是小记者
16：30-17：00	清风园	研学文化交流会（学生分享研学收获，研学导师总结发言），布置研学作业
17：00-18：00	返程	上车安全回家

6. 研学作业

（1）模拟导游：写一篇关于永州地方文化的导游词，身临其境模拟导游来传播你心中的永州。

（2）诗歌朗诵：朗诵一首关于永州的诗给家里人听。

（3）总结经历：就一天行程写出研学旅行感想和收获，用笔将自己所见所闻写成一段段优美的文字，进一步引发对研学的思考。这些文字不仅展示了在永州森林植物园一天的研学旅行成果，还是学生一天收获的体现。

7. 课程评价

（1）评价方式：个人自评＋小组评价＋老师评价。

（2）研学过程中的表现：认真学习永州文化；服从研学安排；认真参与；真正了解了永州文化。

（3）研学成绩组成：研学过程中的表现（60%）＋研学结束后的评价（20%）＋研学作业（20%）＝最终研学成绩。

结论

研学旅行是教育理念的转变，是旅行与学习的深度结合，更能促进素质教育的发展。笔者依据 RMP 理论分析，对永州森林植物园的资源、市场、产品进行分析与研究，并对其进行研学课程产品的开发及线路的设计，希望有助于促进永州森林植物园健康长远发展，希望其能打造成为永州首屈一指的研学旅行基地，不断提升其知名度和影响力。

案例七　永州非物质文化遗产研学旅行发展研究

前言

近年来，旅游已在人们的生活中扮演着越来越重要的角色，人们的旅游需求也日趋多样化。从传统的旅游六要素"食、住、行、游、购、娱"到新的旅游六要素"商、养、学、闲、情、奇"，旅游对人们的生活产生着潜移默化的影响。在文旅融合的大背景下，国家倡导青少年进行研究性学习，并提出将研究性学习作为青少年素质教育改革的重要形式。永州市位于湖南省西南部，是国家历史文化名城。这里具有优越的生态环境，拥有众多的非物质文化遗产，具有独特丰富的文化旅游资源，为发展研学旅行打下了坚实的文化基础。但永州的非物质文化遗产（简称"非遗"）资源并没有发挥宝贵的作用，研学旅行的发展仅仅停留在表面，没有深入挖掘研学市场巨大的潜力。因此，探讨如何深入地挖掘永州非遗资源、让独特的非遗资源与研学旅行结合，成为当前永州旅游业发展的主要任务。

一、相关研究情况

国内外学者对研学旅行和非遗两个单独领域的研究已经非常透彻，但二者结合起来的研究成果较少，尚未进行系统论述，仅有几位学者提出非遗的传承教育机制，也没有将非遗从研学的角度拓展开来进行研究。笔者认为，将非物质文化遗产与研学旅行结合起来研究是非常有必要的，不仅能够对非遗文化进行保护与传承，还能通过文化输出发展当地研学旅行产业，实现非遗保护与旅游开发的良性互动。

首先明确一下什么是非物质文化遗产。非物质文化遗产简称"非遗"，与"物质文化遗产"相对。根据《保护非物质文化遗产公约》的定义，非物质文化遗产是指被各社区、群体，有时是个人，视其为文化遗产组成部分的各种社会实践、观念表述、表现形式、知识、技能以及相关的工具、实物、手工艺品和文化场所。在中国，非物质文化遗产是指各族人民世代相传，并视为其文化遗产组成部分的各种传统文化表现形式，以及与传统文化表现形式相关的实物和场所。非物质文化遗产是文化多样性中最富活力的重要组成部分，是人类文明的结晶和最宝贵的共同财富，承载着人类的智慧、人类历史的文明与辉煌。

二、永州非遗研学旅行发展现状分析

（一）非遗研学旅行资源丰富

1. 永州非遗资源

永州非物质文化遗产资源丰富，种类众多，传播范围广。自2006年以来，永州正式开展非物质文化遗产抢修、保护与传承工作，经过一代又一代人的日夜奋战，截至2021年，全市共有非遗普查登记项目2000多个，各级非遗保护项目296项，涵盖了民间文学、传统音乐、传统舞蹈、传统戏剧等数10个类别。其中女书习俗、瑶族长鼓舞、祁剧、祁阳小调、舜帝祭典、盘王大歌等7个项目被列入国家级非物质文化遗产项目名录，游客可以在不同的节日体验到不同的传统民俗文化；道州龙船赛、零陵花鼓戏、东安武术等17个项目被列入省级非物质文化遗产项目名录；另有市级非物质文化遗产名录项目75个，县级非物质文化遗产名录项目141个。永州非物质文化遗产共有国家级代表性传承人2人，省级代表性传承人8人，市级代表性传承人72人，非遗传承人队伍还有待加强。

2. 永州非遗研学场馆资源

根据《中华人民共和国非物质文化遗产法》和《关于加强我国非物质文化遗产保护工作的意见》等，再经过群众的公开选票、县级以上区域的互相推荐以及专家组的严格评审，永州市有 23 家机构被授予"第一批永州市非物质文化遗产传承基地（传习所）"的称号（见表 8-7-1），它们将扛起永州非遗保护与传承在研学旅行中的大旗，为非遗研学旅行的可持续发展提供强劲动力。

表 8-7-1　第一批永州市非物质文化遗产传承基地名单

序号	命名	非遗项目类别	推荐县区
1	永州木雕非物质文化遗产传习所	综合	市直
2	GO 永州平台非物质文化遗产传承基地	综合	市直
3	祁剧非物质文化遗产传承基地	传统戏剧	市、县双管
4	零陵花鼓戏非物质文化遗产传承基地	传统戏剧	市、县双管
5	抬阁（黄阳司扎故事）非物质文化遗产传承基地	民俗	冷水滩
6	黄阳司土陶制作技艺非物质文化遗产传习所	传统技艺	冷水滩
7	异蛇王酒传统酿泡技艺非物质文化遗产传承基地	传统技艺	零陵
8	何仙姑传说非物质文化遗产传承基地	民间文学	零陵
9	柳子街熊氏孝爱文化非物质文化遗产传习所	民俗	零陵
10	瑶族织锦非物质文化遗产传承基地	传统技艺	江华
11	瑶山瓜箪酒酿造技艺非物质文化遗产传承基地	传统技艺	江华
12	江华民族艺术学校非物质文化遗产传承基地	综合	江华
13	祁阳小调非物质文化遗产传习所	曲艺	祁阳
14	蓝山龙灯戏非物质文化遗产传承基地	传统戏剧	蓝山
15	过山瑶瑶歌、瑶族伞舞非物质文化遗产传承基地	传统歌舞	蓝山
16	九嶷派古琴艺术非物质文化遗产传承基地	传统音乐	宁远
17	九嶷木雕非物质文化遗产传承基地	传统技艺	宁远
18	高源村土陶制作技艺非物质文化遗产传承基地	传统技艺	宁远
19	石羊醋水豆腐制作技艺非物质文化遗产传承基地	传统技艺	新田
20	江村剁椒河鱼制作技艺非物质文化遗产传承基地	传统技艺	双牌
21	土法榨油茶技艺非物质文化遗产传承基地	传统技艺	道县
22	道州风药非物质文化遗产传承基地	传统医药	道县
23	东安鸡制作技艺非物质文化遗产传承基地	传统技艺	东安

（二）非遗研学旅行市场需求旺盛

永州位于湖南省西南部，其一级客源市场主要为永州市内居民；二级客源市场主要为距离永州市较近的衡阳、郴州、桂林、长沙等周边市区的居民；三级客源市场主要为来自省外国外的游客。

永州市作为湖南省新增的第四座国家级历史文化名城，凭借悠久的历史文化和原生态的自然环境成为新兴的旅游城市，整体游客接待量和旅游总收入呈上涨趋势。2017年，永州市接待旅客4983.8万人，旅游总收入达406.7亿元，同比2016年增长17.7%和78.2%；2018年，永州市接待旅客5689万人，旅游总收入达485亿元，同比2017年增长14.2%和19.2%；2019年，永州市接待旅客6325.5万人，旅游总收入达542亿元，同比2018年增长11.3%和11.8%；2020年，永州市接待旅客5943.6万人，旅游总收入达519.5亿元，可见永州发展文旅产业市场潜力巨大、优势明显、前景广阔。近年来永州市的游客接待量和旅游总收入总体呈上升趋势，其市场地位正在逐渐增强，在稳固发展的同时寻求新兴的旅游形式，力图通过大力发展旅游业占据更高的市场份额。

（三）非遗研学旅行营销力度较弱

永州对非遗研学旅行的营销力度还有待提高，其资源优势远远未发挥出来。永州是一个近几年刚刚兴起的非遗研学市场，有着巨大的市场潜力，强劲的营销力度对其发展有着重大的意义。目前，由于政府资金投入有限且当地大型旅游企业偏少，导致非遗研学旅行知名度不高，研学群体主要是来自永州本地、周边城市及省内的中小学生，其他省区及国外的研学者较少。要形成快速、精准、长久的营销模式，还需做全面规划。

目前永州市已建立微信旅游服务平台和官方微博（目前有1万多个粉丝），并且会实时更新和宣传市内重大活动、节日等，如舜文化节、瑶文化旅游节、祭柳等，取得了一定成效。但由于缺乏专业的市场调研，对旅游者不同的旅游需求不能进行有针对性的营销，且宣传内容较少、缺乏新意，宣传手段单一，因此长期以来效果并不显著。此外，永州市在进行研学旅行产品开发、活动策划和品牌宣传时，并没有与周边市的知名景区（如衡山、崀山、东江湖等）进行合作和产品组合包装，也没有进行跨界品牌联动，未能有效地发挥其地理位置优势，导致资源和客源共享度低。

三、永州非遗研学旅行发展的SWOT分析

（一）优势分析

1. 非遗旅游资源丰富而独特

永州是一本书，它沉淀了上千年的历史文化古迹，也是一座历史文化名城，更是一

座集"山、水、洲、城"于一体的生态城市。其历史人文气息非常浓厚，著名诗人唐宋八大家之一的柳宗元曾在此留下诸多脍炙人口的诗篇。永州非物质文化遗产种类繁多，特别是少数民族聚居区的非物质文化遗产更是琳琅满目，独具民族地域特色。截至2020年年底的初步统计，永州共拥有非遗资源项目2000余项，包括传统技艺、音乐、舞蹈、戏剧等17大类。此外还有赶鸟节、尝新节、送懒节、洗泥节、瑶族盘王节、舜帝祭典等各具特色的节庆活动。

2. 非遗研学交通可进入性较强

（1）区位优势

永州地处湖南、广东、广西三个省区的联合地带，地理区位优势明显，紧邻桂林、郴州、衡阳、邵阳、贺州。永州古城既在桂林旅游圈的范围内，也在衡山旅游圈的范围内，东面有郴州著名的雾漫小东江，西面有邵阳的世界丹霞崀山，永州附近的著名景区都偏向于观光型，这些便为永州发展体验性强的非遗研学旅行提供了强劲的动力。

（2）交通条件

永州境内有湘桂高铁、洛湛铁路等铁路线，有泉南高速、二广高速、厦蓉高速等高速公路，还有零陵机场，航线直达北京、上海、深圳、长沙等一线城市，形成了纵横交错的交通网络。公共汽车是永州最基础的交通设施，从永州市区到达非遗研学的景点有多趟公交车可以直达，既方便又快捷。永州四通八达的交通系统使进入非遗景区的可行性非常强，有助于吸引更多的客源。有利的交通条件带来的是巨大的发展优势，正是这种独特的地理优势为永州非遗研学旅行市场增量带来了积极的推动作用。

（二）劣势分析

1. 非遗研学旅行宣传力度不够

非遗研学旅行的品牌宣传推广就是让更多的人了解永州非物质文化遗产，知道永州非遗研学旅行的特色，从而提高知名度，吸引更多的游客前来体验。但从总体上来看，永州在研学旅行产品开发方面存在特色不突出、普遍大众化、缺乏个性化的问题，每年的宣传策略和营销手段没有特别大的创新，缺乏吸引力，游客逐渐感到疲惫。永州非遗研学旅行开发的线路较少，知名的非遗研学旅行品牌更是少之又少。现存的研学活动多是停留在表面，多游少学、线路设计编排不合理等因素导致研学者在旅行过程中逗留的时间短，非遗研学旅行品牌影响力较小，宣传力度也有待加强。

2. 非遗研学旅行专业人才较缺乏

永州人口众多，工业基础薄弱，农产品和养殖业较发达，近几年旅游业开始兴起。永州经济状况相对于其他发达地区来说比较落后，这在客观上限制了资本对非遗研学旅行的投入，阻碍了永州非遗研学旅行的发展步伐。

非遗是一种特殊的旅游资源，与研学旅行相结合，对从业人员的专业技能要求较高，他们不仅要有丰厚的知识储备，还要有较强的教学能力和身体素质。目前，非遗的受众面较窄，愿意学习非遗的人很少，而且愿意进入非遗研学行业的人员收入普遍偏低，从而导致专业人才缺乏。现有的研学从业人员缺少专业培训，缺乏非遗知识，限制了非遗文化与研学的融合。非遗研学旅行整个体系的完善还需要设计类、管理类、建筑类和信息技术类等各类学科支撑。

（三）机会分析

1. 国家相关政策支持力度大

（1）国家性政策

2016年11月，教育部等11部门联合印发《关于推进中小学生研学旅行的意见》，要求各中小学校结合当地实际，把研学旅行纳入学校教学计划，与综合实践活动课程统筹考虑，促进研学旅行与学校课程有效结合。2019年，文化和旅游部在全国范围内征集非遗主题精品旅游线路，包括非遗研学游、体验游等非遗主题旅游线路。国家相关部门鼓励支持各地依托国有戏曲艺术院团、民俗博物馆、地方文化馆、非遗保护中心设立非遗研学旅行基地等。

（2）地方性政策

2020年10月，湖南省政府出台《研学旅游基地评价规范》，规范要求基地面向青少年群体，突出基地独特的研学主题，有利于各研学基地之间的交流合作，共同打造研学精品线路。同年，永州市文化旅游广电体育局印发《永州市非物质文化遗产传承基地（传习所）认定与管理暂行办法》，提出要认真贯彻落实国务院和几部委关于深入推进文旅游融合发展和加强研学旅行的决策部署，结合非遗与研学，在开展非物质文化遗产的研学、宣传、保护的过程中，对非物质文化遗产进行有效的传播、传承和弘扬。

2. 市场需求潜力巨大

如今，文化与旅游的融合发展是当前旅游业的亮点，旅游者对旅游的品质需求越来越高，这将使得非遗+研学的旅行新形式受到旅游者的竞相追捧。因此，在旅游产品的开发和创新过程中缺乏文化的力量，将在未来的市场竞争中被淘汰。而永州像一本书，沉淀了千年的文化，这为永州发展非遗研学旅行提供了强劲的动力。在文化和旅游融合发展的时代背景下，文化内涵深厚的非遗研学旅行越来越受到重视，为文化底蕴深厚的永州提供了很好的发展契机。

随着人们的消费水平逐渐提升，家庭的教育理念也在升级换代。当代青少年的家长大多接受过高等教育，教育观念发生了变化，对孩子能力的认定不仅看成绩，而且更加注重孩子的全方面发展，更加愿意孩子在学校的指导下接受新鲜事物，培养孩子独立自主的能力，促进孩子全方面均衡发展。家长教育理念的转变对研学旅行的开展有着积极的推动作用。非遗研学旅游的文化性、参与性和深层体验性是在其他旅游形式中无法体验到的，非遗研学旅行的这些特性便需要全方位、多层次的服务水平来保障。对比现阶段国内知名的旅游城市，目前永州市的旅游服务水平上升的空间还很大，市场潜力也不可估量。

（四）威胁分析

1. 同质旅游产品竞争激烈

随着经济的蓬勃发展，人们对旅游产品的品质要求越来越高，文化和旅游相结合使旅游体验性更强，游客喜爱度更高。因此，各地争先恐后地发展非遗研学旅行，想要占领更多的市场份额，这为永州非遗研学旅行的发展带来了极大的威胁。在经济与社会效益的双重刺激下，永州周边的各个城市如郴州、衡阳、长沙、株洲、湘潭等都纷纷将目标转向发展非遗研学旅行，如郴州的向南木雕雕刻技艺、栖凤渡鱼粉制作技艺等；衡阳的衡州花鼓戏、南岳剪纸等；长沙的湘绣、铜官窑陶瓷技艺等；株洲的醴陵釉下五彩瓷烧制技艺、客家山歌等；湘潭的毛氏菜制作技艺、韶山铜像铸造技艺等。省外地区如湖北、安徽、江西等近年来也在完善非遗研学旅行的相关规范，将成为永州非遗研学旅行潜在的有力竞争者。周边省区的非遗资源各具特色，而且地域特色鲜明，具有很强的竞争力，将会对永州非遗研学旅行的可持续发展造成威胁。

2. 监督评估机制不够健全

目前在研学旅行市场上，普遍缺乏过程监督、效果评价体系和行业规范性标准。多数学校不具备独立开展研学旅行的条件，所以在实际开展研学旅行活动时，就会将研学旅行活动委托给旅行社或其他第三方机构。因政府及学校未提前对旅行社或其他第三方机构进行效果评估，在研学旅行的过程中，也缺乏对学生人身安全、住宿环境、食品质量及学习效果进行检验的监督保障机制，因此导致研学旅行的实际效果远远不及预期目标。

四、永州非遗研学旅行发展的对策及建议

（一）SO策略（Strength-Opportunity）

1. 发挥资源优势，打造非遗研学品牌

永州非遗旅游资源独特丰富、种类繁多，如江永的女书习俗、零陵渔鼓、舜帝祭典、祁阳小调、瑶族织锦、瑶族盘王节、洗泥节等，这些都独具地方特色。想要深度开发非遗研学旅行资源，就要打造独具特色的当地非遗研学旅行品牌。首先确定品牌策

略，以多个品牌组合的方式迅速占领市场，如将瑶族织锦技艺、瑶族长鼓舞、瑶族盘王节这三项非遗项目组合起来，打造"探寻湘江之源、醉美瑶寨"的研学品牌；将舜帝祭典、祭柳习俗、状元李郃的传说这三项非遗项目组合起来，打造"寻根始祖，缅怀先人"的研学品牌；将异蛇酒技艺、祁阳釉米鱼制作技艺、八宝被制作技艺这三项非遗项目组合起来，打造"传承匠心精神，感受非遗魅力"的研学品牌。再使这三类品牌互相作用，资源整合后推出永州非遗研学"探源、祈福、匠心"的大品牌，充分发挥本土资源的优势。除了多品牌的整体营销之外，还要进行创新，在保证非遗的文化内涵不变的情况下，在研学线路设计、非遗展现形式、媒体宣传渠道等方面进行创新，打响永州非遗研学旅行产品的本土品牌。

在"互联网+"的时代，越来越多的新媒体崛起，青少年获取信息的渠道不再只是依靠报纸、杂志、电视等传统媒体，因而在整合非遗资源、打造非遗研学旅行本土品牌的同时还应注重宣传广告的投放比例，着重发挥微信、微博、抖音、小红书等新媒体的作用，以日常渗透的方式加强青少年对非遗研学旅行的认知。

2. 发挥区位优势，积极开拓国内市场

永州位于湘粤桂三省的交界处，与粤港澳大湾区、广西北部湾、东盟桥头堡接壤，具有得天独厚的区位优势。在政策的推动下和大湾区的发展中，永州要发挥区位优势和资源优势，积极开拓大湾区市场，应牢牢抓住国家级承接产业转移示范区建设这一重大机遇，打造本土非遗研学旅行品牌，使非遗研学旅行成为对接粤港澳大湾区旅游市场的亮丽的名片。

想要开拓更广阔的国内市场，永州首先要开发非遗研学旅行特色主题旅游产品。永州境内共有瑶族、壮族等48个少数民族，少数民族文化、传统技艺、节庆活动等构成了永州独特且最具魅力的非遗资源。可以利用自身独特的非遗资源优势，开发以非遗为主题的研学旅行产品，比如开发精品旅游体验线路等，增强旅游目的地吸引力，更好地开拓国内市场。在开拓广阔市场的同时，还需要政府的扶持和专业旅游人才的帮助，使市外旅游者更好地了解永州非遗之美，提高游客满意度。

（二）ST 策略（Strength-Threat）

1. 创新非遗研学产品，提升竞争力

永州人文资源丰富，尤其是非遗资源独具民族特色。目前永州已开发了许多非遗产品如江永女书习俗、异蛇酒制作技艺等，但这些产品的发展现状不太乐观，虽然具有足够的文化内涵，但缺乏一个让游客想要深层次了解的窗口，游客的体验度低，将会影响非遗研学旅行在旅游市场的竞争力。想要摆脱困境，就要对非遗研学旅行产品及其表现形式进行创新。

以江永女书为例子，每年暑假，女书发源地永州市江永县会开展女书研学夏令营活动，让研学者感受女书原生态的魅力。开展的具体活动包括：邀请女书传人蒲玉娟老师作为活动的特邀嘉宾，讲述女书的独特文化。开设女书文字的基础班和进阶班。基础班主要课程内容有认女书字、读女书音、唱女书歌；进阶班主要课程内容为学习女书文化，学习女性的传统礼仪，制作女书相关文创作品。大家在了解、体验女书习俗文化之后都要有所感悟，根据自身体验提出相应的发展意见和创新理念。这样不仅能够集中展现女书的魅力，而且会得到学生的反馈，指引着女书研学更加光明地前行。

2. 加强资源整合，实现共同发展

永州是国家历史文化名城，拥有独具民族特色的非遗资源。加强永州市内各县区非遗研学场所的资源整合，各周边景区要寻求更加密切的合作。

在零陵区的零陵古城内，可以欣赏零陵渔鼓和零陵花鼓戏丰富的曲目，感受独特的曲艺；在道县道州两河口可以倾听民间礼、义、忠、孝的故事；在江永的女书生态博物馆可以跟着女书传承人学习女书文化、书写女书文字、体验女书习俗；在宁远九嶷山不仅可以体验山水之美、斑竹之魂，还能近距离感知舜帝"只为苍生不为身"的精神。将永州的山水之美与文化之美有机结合，不仅能够使研学者放松身心返璞归真，又能在旅行中学习到缤纷多彩的非遗知识。区域间资源的整合可以采取多景区、研学场所联动的方式，如制作"永州市内旅游年卡通"等牌证，游客凭电子卡即可一年内畅玩多个联动景区，从而促进客源的来回输送。游客既能观赏优美的自然风光，也能深入体验人文资源，最终实现景区与景区、景区与游客共同发展。

（三）WO 策略（Weakness-Opportunity）

1. 加强专业人才引进与培训，提升研学价值

非遗研学旅行对从业人员的综合素质要求十分严格，所以要加强对专业人才的引进与培养。首先，可以从永州本地的高校入手，寻求旅游专业的专业人才。与湖南科技学院、永州职业技术学院等本地高校进行合作，如邀请旅游管理专业的老师担任非遗研学课程顾问；让非遗走进高校课堂，开设非遗相关课程，并对学生进行培训；建立实习基地，组织学生进行非遗研学旅行线路的实习，引导高素质的专业人才留下来，每月给予一定的补贴；建立创业基地，给予创业人员资金支持和技术指导。其次，可以与湖南省内开设旅游管理专业的高校加强合作，引进高素质的专业人才，并对引进的人才集中进行非遗文化知识、医疗健康、心理疏导、安全知识等方面的培训，注重对研学导师组织协调能力和研究性教学能力的培养。研学导师在完成自己专业领域知识学习的同时还要与其他导师互相配合，共同完成研学任务，逐渐形成"导游引导、教师把控、研学导师指引"的体系，在增强管理的同时，还为研学者提供个性化的研学旅行服务，引导研学者愉快地完成非遗研学旅行。

2. 加大非遗研学产品开发力度，满足市场需求

非遗研学旅行产品的开发应集中在研学基地的活动行程和课程设计两个方面。首先，要创新活动形式，非遗研学的活动不仅仅停留在观光层面，要开展亲身体验、制作非遗的活动，如提笔写女书文字，学习弹奏零陵渔鼓等。其次，要整合和完善非遗研学旅行的课程体系，依托红色旅游资源开展爱国主义教育课程，依托绿色旅游资源开展生态教育课程。如构建永州生态保护研学之旅，到永州植物园感受大自然的美妙，到九嶷山体验山水之美、斑竹之魂。可以聘请专业的研学旅行课程研发团队，针对永州当地的非遗资源进行课程设计。

（四）WT策略（Weakness-Threat）

1. 加大宣传力度，提升知名度

旅游目的地形象是各旅游地间竞争的主要内容。永州既是展现非遗的窗口，也是保护和传承非遗的基地。要打造非遗研学旅行特色产品，包装强劲的本土品牌，需要进行线上线下双重宣传，提升本土品牌的知名度，从而增加市场份额。

品牌知名度的快速提升，需要利用新媒体进行宣传。在互联网迅猛发展的时代，人们对网络的依赖性越来越强，通过网络宣传对永州非遗研学基地进行推广将会起到事半功倍的效果。如开设永州非遗官方微信、微博、抖音账号，选择吸引游客眼球的视频素材（汉服NPC、明星效应、萌宠等），在团队的精心包装推广下，按时在官方账号上发布相关视频，并积极回复相关粉丝的评论和疑问。在自身发力的同时，也要利用百度、微博热搜等的热度，增加粉丝量，获得更多曝光。邀请具有一定知名度的明星担当旅游地形象大使，宣传非遗研学旅行基地形象。如与永州本地超模刘雯进行合作，拍摄景区宣传片、发布微博抖音等网络新媒体账号等，大力宣传非遗研学旅行，加强非遗研学旅行基地的形象推广力度，进而增加永州在研学旅行市场获胜的竞争力。

2. 完善监督评估机制，提升认可度

永州当地教育管理部门和学校应该不断完善与非遗研学旅行活动配套的设施，确保整个研学旅行活动能够安全进行，保障参与非遗研学旅行的学生能够感受到非遗独特的魅力。首先，要建立各部门联动机制。在开展非遗研学旅行活动前，各学校要向当地政府、公安、卫生等部门报告，各部门加强对活动过程中的餐饮、住宿、公共经营场所的安全监督。文化、旅游等部门在日常工作中加强对景区和旅行社的当地监管。其次，构建完善的市场监管机制。旅游、教育、交通等相关行政管理部门要共同组建研学旅行市场监管体系，加强研学旅行市场安全监管，从保障中小学生人身安全的角度将安全监管贯穿于研学旅行全过程，明确安全出行基本要求，建立安全审核和安全监督检查制度，确保安全责任到人。最后，建立多角度评估教育质量机制。学校、老师以及其他学生从自己所预定的目标达成情况、学生积极投入参与的深度、综合素质水平提升的情况、学校和第三方管理服务的情况等多个角度分别对研究型课程的质量进行评估，以促进研学旅行教育服务质量提升。

结论

随着经济的迅猛发展，人民的生活水平上升，对旅游的需求也会更加追求个性化服务，对文化旅游产品的需求也会越来越高。新奇、体验性强的非遗研学旅行受到中小学生的追捧，这便为永州非遗研学旅行发展带来了契机。永州研学旅行是展现永州深厚文化底蕴的窗口，永州拥有独具地方特色的非遗资源，但由于宣传力度弱、专业人才匮乏、监督机制不健全等因素，其发展过程中还存在很多的问题，因此，在发展非遗研学旅行的过程中，永州需要不断地总结经验。永州拥有极具地方特色的非遗旅游资源和交通可进入性强等优势，存在宣传力度不够和专业人才匮乏等劣势。随着文化与旅游的大融合，各种鼓励研学旅行的政策为其发展非遗研学旅行带来机会，同时也出现同质产品竞争激烈和监督机制不够完善等威胁。永州在发展非遗研学旅行时，需围绕本土品牌，打造值得信赖的品牌，利用新媒体将其品牌推广出去。只有这样，在瞬息万变的旅游市场才不会轻易被淘汰。永州在发展非遗研学旅行的过程中，不仅要保护和传承非物质文化遗产，更要在此基础上进行创新，使非遗研学旅行在永州这片热土上遍地开花。

案例八　永州非物质文化遗产研学旅行产品开发研究

前言

我国作为世界四大文明古国之一，拥有五千多年不间断的历史，从中孕育出的文化数不胜数，这也使我国成为非物质文化遗产大国。我国在非物质文化遗产传承和保护上做了很多努力，比如制定并颁布相关法律法规；构建层层递进的保护、传承管理体系；初步形成认定、审核、评估、评审的机制等，但是，我国的非物质文化遗产传承与保护仍然存在很多急需解决的问题。而研学旅行作为一种新兴的旅游方式，是教育和旅游融合的产物，在如今国人重视教育的背景下，研学旅行拥有广阔的发展前景。2013年，国务院办公厅发布《国民旅游休闲纲要（2013—2020年）》，文件中首次提到研学旅行，提出要推进中小学生研学旅行，鼓励学校组织学生进行寓教于游的课外活动。中小学生作为国家未来发展的中坚力量，有义务也有责任参与到对非物质文化遗产的传承和保护中去，研学旅行无疑是一个很好的媒介。非物质文化遗产与研学旅行融合起来发展意义重大。一是提供了非物质文化遗产传承和保护的新视角，通过与研学旅行的融合可以向大众普及非物质文化遗产相关知识，宣传其内涵与价值，吸引更多的人自觉关注、保护非物质文化遗产。二是进一步补充了研学旅行的理论层次，拓宽了研学旅行的内容和形式。三是以中小学生为主体，可以培养非物质文化遗产潜在传承人与消费者，从小培养对中国传统文化的热爱，增强文化自信。四是响应了国家推进全民素质教育的号召，将学生从封闭的教室解放到室外。

国外对非物质文化遗产、研学旅行的研究较多，但对于非物质文化遗产研学旅行产品开发的相关研究较少。关于非物质文化遗产，直到21世纪初才受到全球话语体系普遍公认。国外对非物质文化遗产的研究从概念逐渐转变为对某个具体视角的研究，从抽象趋向于具体化。国内关于非物质文化遗产研学旅行的研究还处于起步阶段，虽然相关研究日渐增多，但研究总量还是很少。通过中国知网以"非物质文化遗产研学旅行"为主题进行检索，截至2022年9月23日共检索到45篇文章，最早发布于2017年，2018年出现断层，研究内容包括非物质文化遗产研学旅行的现状、产品开发、融合路径等研究。本研究以永州市为例，对永州非物质文化遗产资源、发展现状、发展中存在的问题进行相关研究，在此研究基础上，提出一些有针对性的建议与对策，并以永州市级非物质文化遗产之一的江永剪纸为例，进行具体的研学旅行产品开发设计。本研究不仅弥补了永州在非物质文化遗产研学旅行这一方面的研究空缺，还为永州非物质文化遗产研学旅行的发展提供一条可行的实施路径，同时也给永州众多的非物质文化遗产提供了一条新的宣传路径。

一、相关概念

（一）研学旅行

研学旅行又称游学、研学旅游、研学实践等，如前所述，目前学术界关于它的概念并没有统一的界定，开展本研究时，我们使用的是《关于推进中小学生研学旅行的意见》中的定义："中小学生研学旅行是由教育部门和学校有计划地组织安排，通过集体旅行、集中食宿方式开展的研究性学习和旅行体验相结合的校外教育活动。"

（二）非物质文化遗产

关于非物质文化遗产概念的缘起，笔者认为可以追溯到 20 世纪 50 年代日本"无形文化财"（文化遗产在日本被称为文化财）的说法，而 2003 年联合国教科文组织第 32 届大会通过的《保护非物质文化遗产公约》（以下简称《公约》）正式在国际性标准法律文件中确定了非物质文化遗产的名称和概念。《公约》定义："非物质文化遗产是指被各社区、群体，有时是个人，视为其文化遗产组成部分的各种社会实践、观念表述、表现形式、知识、技能及相关的工具、实物、手工艺品和文化场所。"这也是世界上最具权威性的定义。我国目前关于非物质文化遗产使用较广泛的定义是由《中华人民共和国非物质文化遗产法》规定的，规定中定义的非物质文化遗产是指各族人民世代相传并视为其文化遗产组成部分的各种传统文化表现形式，以及与传统文化表现形式相关的实物和场所，具体包括：传统口头文学以及作为其载体的语言；传统美术、书法、音乐、舞蹈、戏剧、曲艺和杂技；传统技艺、医药和历法；传统礼仪、节庆等民俗；传统体育和游艺；其他非物质文化遗产。

（三）旅游产品

旅游产品亦称旅游服务产品，是为了满足旅游者需求而向旅游者提供的各种产品和服务，是由实物和服务构成的，其主要特征是服务构成旅游产品的主体。国内关于旅游产品概念的研究，主要分为要素观和核心观两种。从不同的角度看待旅游产品，就产生不同的定义。从旅游的目的地角度出发，旅游产品是指旅游经营者凭借着旅游吸引物、交通和旅游设施，向旅游者提供的用以满足其旅游活动需求的全部服务；从旅游者角度出发，旅游产品就是指旅客花费了一定的时间、费用和精力所换取的一次旅游经历。

二、永州非物质文化遗产资源概况

永州市，位于湖南省南部，处于潇、湘二水的交界处，所以又称"潇湘"，是国家历史文化名城。永州的历史最早可以追溯到公元前 124 年，至今已有 2100 多年的建制史，有着浓厚的历史底蕴。正是因为如此，才使永州孕育出了种类繁多的非物质文化遗产。永州非物质文化遗产涵盖了 10 个类别：民间文学，传统音乐，传统舞蹈，传统戏剧，曲艺，传统体育、游艺与杂技，传统美术，传统技艺，传统医药，民俗 10 个类别。

据笔者所查资料统计，截至 2022 年 9 月，永州市盘王大歌、瑶族长鼓舞、祁剧、祁阳小调、剪纸习俗、舜帝祭典、零陵渔鼓 7 个项目被列入国家级非物质文化遗产；舜帝与娥皇女英的传说、过山瑶瑶歌、串春珠、东安武术等18个项目被列入省级非物质文化遗产名录；另有道州山歌、瑶族打油茶、宁远花灯戏等93项市级非物质文化遗产，具体内容见表8-8-1所示。统计资料显示，传统技艺和民俗两项就占了永州非物质文化遗产名录的一半以上，且拥有很多与瑶族相关的非物质文化遗产，民族区域特色很鲜明。

"国家级""省级""市级"只能视为阶段性工作结果的表示，并不能以此作为评判它们价值大小的标准，不管处于哪一个级别，我们都要重视对它们的保护和传承。它们的存在，代表着本土文化资源永久的蕴藏。永州市丰富的非物质文化遗产资源为其非遗研学旅行课程的开发提供了良好的基础。

表8-8-1 永州非物质文化遗产资源

非物质文化遗产类别	非物质文化遗产项目（未标注的为市级资源）
民间文学	盘王大歌（国）、舜帝与娥皇女英的传说（省）、状元李郃的传说（省）、何仙姑的传说（省）、舜帝传说、娥皇女英的传说、怀素书法故事、浯溪传说、建文帝的传说、象王的传说
传统音乐	过山瑶瑶歌（省）、蝴蝶歌、永州佛教音乐、九嶷山瑶歌、九嶷派古琴艺术、道州山歌
传统舞蹈	瑶族长鼓舞（国）、瑶族伞舞（省）、串春珠（省）、南岳狮子、滚珠龙、瑶山人龙、瑶族草龙舞
传统戏剧	祁剧（国）、花鼓戏（零陵花鼓戏）（省）、道州调子戏（省）、宁远花灯戏、蓝山花灯戏、傩戏
曲艺	祁阳小调（国）、零陵渔鼓（国）、祁阳渔鼓
传统体育、游艺与杂技	道州龙船赛（省）、东安武术（省）、瑶族盘王武术
传统美术	祁阳石雕、永州石雕、永州木雕、剪纸（江永剪纸）
传统技艺	瑶族织锦（八宝被制作技艺）（省）、瑶族古方引子茶酿造技艺（省）、东安鸡制作技艺、永州异蛇王酒传统酿泡技艺、永州"异蛇"鞭酒酿泡工艺、长瓦烧造技艺、乐塘皮鼓制作技艺、乌饭制作技艺、橙子糖制作技艺、高源村土陶制作技艺、石羊醋水豆腐制作技艺、道州酿酒饼药制作技艺、摩崖石刻拓片技艺、瑶香制作技艺、瑶族银饰锻造技艺、瑶族打油茶、宁远米粉制作技艺、水岭羊肉制作技艺、江村剁椒河鱼、祁阳曲米鱼、山口铺豆腐制作技艺、韩家谷芽糖制作技艺、瓜箪酒酿造技艺、九嶷木雕、祁阳墨鱼豆腐丝制作技艺、瑶山油茶制作技艺、道州鱼泡丸子制作技艺、道州都庞山鲜制作技艺、陶岭三味辣椒制作技艺、永州血鸭制作技艺、黄田司土陶制作技艺、湘南传统营造技艺、异蛇炖鸡制作技艺、大西门凉拌粉制作技艺、大盛月饼制作技艺、石刻拓印技艺、宁远竹编、九嶷山酒酿造技艺、牙山羊肉制作技艺、冷粑制作技艺、道州土法榨茶油技艺、黑糊酒酿造技艺、瑶族刺绣、蓝靛制作技艺
传统医药	瑶族医药风湿骨痛"贴丹灵"疗法（省）、天普瑶功、李氏七箭刺风疗法、李式正骨术、江华罗氏瑶族医药痔疮疗法、秦宫刮痧术、千家峒瑶王酒疗法
民俗	剪纸习俗（国）、舜帝祭典（国）、瑶家坐歌堂（省）、洗泥节（省）、奏铛（省）、抬阁（黄田司扎故事）（省）、柳宗元祭祀习俗（省）、瑶族婚嫁歌堂、瑶族炮节、瑶族婚礼、过山瑶祭祖习俗、度曼妮、火烧龙狮、道县洗风习俗、道州狮公神祭祀、瑶族婚庆礼仪（瑶家坐歌堂子项目）、瑶族盘王节、过山瑶度戒、盘王祭典、瑶族赶鸟节、赶二八（普利桥二八农耕节）、柳子街熊氏孝爱文化习俗、柳子宴、酒令、孝歌习俗、还盘王愿

三、永州非物质文化遗产研学旅行发展现状

永州非物质文化遗产资源非常丰富，研学旅行市场十分广阔，拥有良好的发展前景，本文将从产品、宣传、市场三个方面分析永州非物质文化遗产研学旅行的发展现状。

（一）产品现状

笔者通过网络搜索，发现永州目前关于非物质文化遗产研学旅行的产品比较多，以"永州非物质文化遗产研学旅行"为词条进行搜索，相关搜索结果高达上百万条。经过浏览发现，其研学旅行线路主要涉及民间文学、舞蹈、戏剧、曲艺、传统技艺、民俗等方面，像传统美术、医药方面涉及的很少。2021年5月，在第五届鄂湘赣皖非遗联展的开幕式上，湖南省文化和旅游厅发布了10条非物质文化遗产主题（研学）旅游线路，永州就入选了四条，分别是非遗探源之旅、非遗祈福之旅、非遗寻根之旅以及非遗匠心之旅，涉及零陵花鼓戏、道州调子戏、江永剪纸等10多个项目。研学旅行游玩与学习相结合的方式更有利于锻炼孩子们的实践能力，并让他们感悟永州非物质文化遗产的魅力，为非物质文化遗产传承人的培养奠定基础。

（二）宣传现状

目前永州市已建立官方微信公众号和官方微博，在一些重大节庆活动如祭柳庆典、瑶文化旅游节、舜文化节等举行时实时更新最新动态，已经取得一些成效。除了在官方号进行宣传外，还有使用工作人员个人账号在微博、抖音、微信朋友圈等平台上宣传永州旅游文化，这也进一步扩大了永州的名气。但目前的宣传效果仍不尽如人意，比如存在内容缺乏新意、宣传内容较单薄、宣传手段较单一等问题，想要取得长期有效的宣传结果，永州官方还要做出努力，与时俱进更改宣传方式。

（三）市场现状

通过调查分析，永州非物质文化遗产研学旅行的一级客源市场定位为永州市的市内居民；二级客源市场定位为距离永州市较近的衡阳、郴州、桂林、长沙等周边市区的居民；三级客源市场主要为来自省外、国外的游客。近年来，永州旅游业的发展呈现上升趋势，市场地位也随之增强，因此，永州旅游业试图通过发展新兴旅游形式，以便占据更大的市场，这给永州非物质文化遗产研学旅行的发展提供了便利，也给其提供了更加广阔的市场。

四、永州非物质文化遗产研学旅行产品开发中存在的问题

永州非物质文化遗产研学旅行尚处于起步阶段，是在摸索中前进，因此永州非物质文化遗产研学旅行产品开发也存在一些问题，具体分析如下。

（一）资源利用率较低，产品类型较单一

截至 2022 年 9 月，永州非物质文化遗产共涉及十个类别，国家级、省级、市级非物质文化遗产加起来共有一百多个项目，但是非遗研学旅行产品开发设计大多只涉及了国家级和省级非物质文化遗产，而这些遗产的总数只占据永州非物质文化遗产总数的 1/5 左右。虽然并不是所有的非物质文化遗产资源都适合开发成非遗研学旅行产品，但是从可以开发的非物质文化遗产资源的数量上来看，永州的非物质文化遗产资源利用率还是比较低的。而且，永州非物质文化遗产研学旅行的产品类型也比较单一，很多线路设计、课程设计都是换汤不换药，只是将涉及的非物质文化遗产进行更改，其他的安排并没有多大变化，换句话说，产品设计套路都是一样的，中心都在"游"上面，而非在"研"上面。

（二）研学产品内涵挖掘不深，浮于表面

非物质文化遗产拥有独特的文化内涵，不同的历史起源、经历造就了它们不同的文化内涵。目前永州的非物质文化遗产研学旅行，在形式上依然以观赏、听讲解为主，穿插一些简单的实践活动。例如带领学生们参观传统工艺制作流程、欣赏其衍生的文创产品，对学生们进行的讲解主要集中在对非物质文化遗产内容的介绍上，而对其历史起源、发展过程、技术特点、文化价值以及精神内涵等的介绍比较少。实践活动的开展也是只选取其中比较简单、耗时不长的部分，不能让学生们体会其中的内涵。这样的形式让学生只知其形，不知其意，对非物质文化遗产的了解浮于表面，很难激发学生们对非物质文化遗产的兴趣，对非物质文化遗产的保护和传承起到的作用也十分有限。

（三）研学课程体系不健全，内容质量参差不齐

不同年龄阶段的人对于课程的理解、吸收能力不同，学习侧重点也不一样，并且非物质文化遗产研学旅行的产品与其他旅游产品不同，对内容的丰富性与层次性有更高的要求。目前，永州的非遗研学课程设计中，一般是针对一个非物质文化遗产项目只开发一种研学课程，且讲解方式大都是相同的，因此，满足不了不同阶段学生的需求，使学生很难从中体会到非物质文化遗产的魅力和趣味，远达不到借此激起学生对非物质文化遗产的传承和保护之情的目的。

非物质文化遗产研学旅行的课程设计者一般都不是非物质文化遗产传承人，甚至有

些还不是本地人，他们对非物质文化遗产的内涵了解不深，对当地特色不够了解，进而导致开发出的非遗研学课程缺乏地方特色。这不仅造成非遗研学课程的同质性，还会导致学生对非物质文化遗产产生误解。

（四）研学产品开发忽视学生主体地位

永州非物质文化遗产研学旅行的受众主要是学生群体，但是长期以来，一直存在的一种不好的现状是，研学产品开发是开发者的事情，与学生无关，学生处于被动接受的位置，这样就非常不利于激发学生对非遗研学的兴趣。学生对非遗研学产品的兴趣会影响到学生参与非遗研学的积极性和主动性，以及对知识的接受程度。非遗研学产品开发者如果不征询学生意见，就很难把握学生的心理，更难以激发学生学习的兴趣，从而导致无法达成预期的研学目标。

五、永州非物质文化遗产研学旅行产品开发与优化对策及建议

永州非物质文化遗产研学旅行作为一种新兴的旅游形式，不可避免地会存在各种各样的问题，如何解决其产品开发中存在的问题？笔者根据上述问题分析，提出了四点相关建议及对策，希望能为永州非物质文化遗产研学旅行的进一步发展提供借鉴。

（一）提高资源利用率，丰富非遗研学旅行产品类型

永州丰富的非物质文化遗产资源是永州非物质文化遗产研学旅行科学发展的重要依托，但目前对其利用基本上只集中在国家级、省级的非物质文化遗产上，并且对传统体育、传统医药等方面的遗产利用很少，这是不对的。永州非物质文化遗产研学旅行想要得到更好、更长远的发展，就要提高资源利用率，努力挖掘所有可以进行开发的非物质文化遗产，如可以让学生们学习瑶族盘王武术，如让学生体会李氏正骨术、秦宫刮痧术，学习一些相关的、基础的医学知识等。

除此以外，目前永州非物质文化遗产研学旅行的产品类型主要以知识科普型为主，附带一些实践活动，却并没有深入。因此，永州非物质文化遗产研学旅行在产品类型的开发上还有很大的发展空间，可以向体验考察、文化康乐等方向拓展，引入更多的非物质文化遗产类型与项目，丰富体验项目，充分调动五感（形、声、闻、味、触）来开发研学旅行产品。

（二）深入挖掘非遗内涵，有效衔接研学与教育

独特、多元、深厚且具有浓厚地方特色的非物质文化遗产内涵是非物质文化遗产研学旅行的价值所在，每一项非物质文化遗产都是历史的积累，只有深入挖掘其内涵，了解其历史起源、发展历程、具体内容等，并通过教学的方式完整地展现给学生，才能有

效衔接非遗与教育，激起学生们对非物质文化遗产的兴趣，为非物质文化遗产下一代传承人的培养提供一分力量。

（三）健全非遗研学课程体系，提高内容质量

非物质文化遗产研学旅行需要健全、丰富的课程体系来满足不同阶段的学生需求。虽然非物质文化遗产研学旅行的主体是学生群体，范围相较于其他旅游形式较小，但中小学生之间也有很大的差距，像小学生年纪小，定力差，容易被外物吸引，所以在设计课程时，要尽量设计得生动有趣，多安排一些让他们实践的活动；而中学生正处于青春期，自诩为大人，他们刚开始接触社会，开始思考有深度的东西，在给他们设计课程的时候，可以让他们接触比较有深度、有难度的非物质文化遗产，让他们深入了解非物质文化遗产，知晓它的艰难处境，激起他们对非物质文化遗产的保护欲。

研学导师的质量一定程度上决定了研学课程内容的质量，所以我们可以通过提升研学导师的质量来提高研学旅行内容的质量。高质量的研学导师要有正确的价值观念、良好的教育教学技能、强大的非物质文化遗产知识储备，还要有组织和协调活动的能力以及安全防范意识。我们可以通过与高校进行合作，引进高素质人才；还应建立奖惩机制，促使研学导师积极主动地提高自己的能力等。

（四）非遗研学产品开发应重视学生参与

研学产品与一般旅游产品不同，它追求的是学生在游玩的同时还能接受知识，达到在旅行中获得学习的效果，所以要更加注重引起学生的兴趣，而想要达到这一效果，最好的办法就是在产品开发设计时征求学生们的意见，将学生们的想法融入产品中。只有当产品内容能够引起学生的兴趣，学生才会全身心投入进去。因此，开发者要根据学生的兴趣爱好、对知识的需求来设计产品，这样才能有效达到"游"与"学"的结合。

六、永州非物质文化遗产研学旅行产品开发设计

旅游产品是旅游的核心内容，旅游产品开发设计要根据市场需求，合理规划、设计、开发旅游资源和景点等。好的旅游产品才能推动旅游的可持续健康发展。本研究将从产品开发原则、产品开发思路、产品开发类型三个方面进行分析。

（一）产品开发原则

以永州非物质文化遗产为主题的研学旅行产品开发，既要符合青少年群体的生理特点和文化旅游消费需求，又要符合其作为非遗文化活态传承的特点，所以其开发必须遵循以下原则。

1. 教育性

开展研学旅行最主要的目的就是进行教育，它是通过让学生们离开校园环境，进入学校以外的自然环境和社会环境中进行学习。所以说，教育性是永州非物质文化遗产研学旅行产品的首要特征，也是产品开发要遵循的首要原则。在进行研学旅行的过程中，要能体现对青少年核心素养的提升，包括人文底蕴、科学精神、学会学习、健康生活、责任担当以及实践创新六种素质能力。青少年学生通过对永州非物质文化遗产研学活动的体验，能更深地认识到永州传统文化的美，并且使学习不再只停留在课本知识上，而是将课本知识与实践结合起来，对知识有更深入的了解。因此研学旅行比一般的旅行多了教育性的原则。

2. 实践性

陶行知先生生活教育理论强调生活即教育，倡导手脑并用，教学做合一。非物质文化遗产研学旅行的发展帮助广大学生在研学旅行中感受中华传统文化的博大精深，学会动手动脑、生存生活、热爱劳动等能力与品质。非物质文化遗产很多都是无形的，不能通过物化来呈现。所以，永州非物质文化遗产研学旅行产品开发要遵循实践性，通过多开发实践性的活动，来向青少年群体展示永州非物质文化遗产的魅力。青少年群体通过参加实践活动，拓宽视野、增长见识，增加对永州非物质文化遗产内涵的认识，感悟其中的精神文化，激起对永州非物质文化遗产的热爱。

3. 活态性

活态性也是永州非物质文化遗产研学旅行产品开发要遵循的重要原则之一。活态性即"活态流变性"，是非物质文化遗产的本质属性。非物质文化遗产的活态性是通过人的活动表现将技艺传承给下一代，将文化内涵传达给受众，它需要传承人通过口传身授的方式，将技艺传承给下一代。同时通过传承人的活动表现，将非物质文化遗产的精神内涵展现给受众。因此，在进行非物质文化遗产研学产品设计时，要考虑"非物质文化遗产传承人"的重要载体作用，注意参与性与互动性活动的设计，增加学生与非物质文化遗产传承人的互动交流，避免浮于表面的参观讲解。

4. 可持续发展性

可持续发展概念，最早出现在 1980 年发布的《世界自然资源保护大纲》中。笔者认为，立足于永州非物质文化遗产研学旅行产品开发强调的可持续发展原则，主要是指产品开发要结合当地的经济、文化和环境等实际情况，考虑不同学龄段的认知需求，不同的非物质文化遗产项目复杂程度，结合学生所学知识，由浅入深地设计学习与体验方式，构建完整的产品体系，使永州非物质文化遗产研学旅行能得到可持续健康发展。

（二）产品开发思路

1. 要满足不同阶段学生的需求

中小学生之间的需求差距还是很大的，像小学生更多地想要趣味性强的活动，而初高中生则更多追求精神层次高的活动，所以在进行产品开发时，同一类型产品也要进行分阶段设计，满足不同年龄阶段学生的需求，保证学生们能从中收获知识，锻炼独立能力、实践能力以及创新精神，并在研学活动中加深对永州非物质文化遗产的理解。

2. 初期开发立足于优势明显的非物质文化遗产资源

永州拥有的非物质文化遗产资源类型丰富多样，但不是所有的非物质文化遗产都适合进行研学旅行产品开发。所以，永州非物质文化遗产研学旅行在进行初期开发时，要尽量选取知名度高、体验感好、互动感强的非物质文化遗产，像江永女书、花鼓戏、瑶族长鼓舞等，以此来打响永州非物质文化遗产研学旅行的名声，吸引人群。

3. 中期整合可利用资源，统筹开发

除了对优势的非物质文化遗产资源进行开发外，中期可以挑选一些不同风格的非物质文化遗产资源，像串春珠、江永剪纸、东安武术等，以此来丰富研学产品类型，吸引不同喜好人群的目光，推动永州非物质文化遗产研学旅行的进一步发展。同时对永州非物质文化遗产研学产品开发进行统筹考虑，分层次和重点开发，面向不同人群，打造不同产品，提高永州非物质文化遗产研学旅行的吸引力和影响力。

4. 后期打造永州优质非物质文化遗产品牌

永州在开发非物质文化遗产研学产品时，要树立品牌意识。在开发优质非物质文化遗产资源时，打造相应的优质非物质文化遗产研学品牌。依托优质的非物质文化遗产资源和品牌，进一步扩大永州非物质文化遗产研学旅行的市场。

（三）产品开发类型

永州的非物质文化遗产资源可以分为10类，分别为民间文学，传统音乐，传统舞蹈，传统戏剧，曲艺，传统体育、游艺与杂技，传统美术，传统技艺，传统医药，民俗。永州的非物质文化遗产研学产品开发可以根据这10个类别划分出相应的类型，包括民俗风情类、戏曲音舞类、工艺美术类、传统医药类四种类型。

1. 民俗风情类

针对民间文学、民俗以及传统体育、游艺与杂技可开发民俗风情类的研学产品。这类产品是永州人民在长期的生活实践中代代相传下来的文化事项，最能体现当地的文化特色与精神内涵。青少年群体在此类研学产品中，能充分了解永州当地的民间风俗人情以及背后的文化内涵，可以帮助他们了解不同时代的社会风尚、思想和民族色彩。

2. 戏曲音舞类

针对传统音乐、传统舞蹈、传统戏剧、曲艺这四类可开发戏曲音舞类的研学产品。花鼓戏、瑶族长鼓舞、祁阳小调都是当地有名的舞蹈戏曲，青少年群体可以在载歌载舞中体会其中的文化，增长见识、开阔视野。

3. 工艺美术类

针对传统美术、传统技艺可开发工艺美术类的研学产品。此类研学产品的可参与实践程度比较高，可以锻炼学生们的动手能力，并且在此过程中，学生们还可以学习到精妙的手工技艺以及欣赏中国传统美学之美。

4. 传统医药类

这是针对传统医药开发的研学产品，青少年群体可以从中认识到中国传统医药学的神奇之处，学习草药知识，了解我国中医。

结论

非物质文化遗产作为人类宝贵的精神文明财富，是一个地区、一个民族乃至一个国家的智慧结晶，它不仅见证了历史的变迁，还是承载各类民间文化的"活化石"。研学旅行作为一种新兴的旅游方式，起到了实践育人的作用。将非物质文化遗产与研学旅行结合起来，不仅能更好地保护和传承非物质文化遗产，还能通过研学旅行丰富教学活动的内容和形式，为推进全民素质教育添砖加瓦。我国一直很重视教育问题，研学旅行作为"教育+旅游"的创新旅游形式，获得了国家的大力支持。现在我国教育存在"填鸭式教学"等弊端，而研学旅行作为一种让孩子们走出校园、体验不同生活方式的旅行，在一定程度上弥补了这些弊端，让孩子们在集体旅行、集体食宿中体验生活、开阔视野、增长知识。文章以非物质文化遗产作为切入点，将非物质文化遗产视为一种禀赋良好的研学旅行资源，研究永州非物质文化遗产研学旅行产品开发与设计，促进永州非物质文化遗产研学旅行可持续发展，重视对永州非物质文化遗产资源的合理利用，重视人才培养，加大线上线下的宣传，同时强调要特别重视安全保障机制的建立，确保研学旅行参加人员的人身安全。

参考文献

[1] Antiado D F, Castillo F G, Tawadrous M I. Educational Tourism in Dubai: The Global Higher Education Hub Across Culture [J]. Leadership, Innovation and Entrepreneurship as Driving Forces of the Global Economy, 2017, 12 (3): 543-551.

[2] Bhuiyan M, et al. Educational Tourism and Forest Conservation: Diversification for Child Education [J]. Social and Behavioral Sciences, 2010 (7): 19-23.

[3] Branislav Kršák, Alica Tobisová, Michaela Sehnálková. Education in Information Technology as a Tool for Tourism Development [J]. Social and Behavioral Sciences, 2014 (1): 1096-1100.

[4] Brent W Ritchie. Managing educational tourism [M]. London: Channel View Publications, 2003.

[5] Donald N, Roberson Jr. Learning while traveling: The school of travel [J]. Journal of Hospitality, Leisure, Sport & Tourism Education, 2018, 22 (1): 14-18.

[6] Feez S Ms. Educational Tour of Sydney and Canberra [J]. Social and Behavioral Sciences, 1978 (6): 17-25.

[7] Gunay Aliyeva. Impacts of educational tourism on local community: the case of Gazimagusa, North Cyprus [D]. North Cyprus: Eastern Mediterranean University, 2015.

[8] Hayato Nagai, Sho Kashiwagi. Japanese Students on Educational Tourism: Current Trends and Challenges [J]. Asian Youth Travellers, 2018, 24 (3): 117-134.

[9] Holdnak Andy, Holland Steven M. Edu-tourism: Vacationing to learn [J]. Australian Parks & Recreation, 1996, 31 (9): 72-75.

[10] Matahir Hylmee, Tang Chor Foon. Educational tourism and its implications on economic growth in Malaysia [J]. Asia Pacific Journal of Tourism Research, 2017, 22 (11): 1110-1123.

[11] McGladdery C A, Lubbe B A. International educational tourism: Does it foster

global learning? A survey of South African high school learners [J]. Tourism Management, 2017 (62): 292-301.

[12] Nele Menzel, Anna Weldig. Educational tourism [J]. The Long Tail of Tourism, 2011, 20 (2): 201-211.

[13] Petrović Pero, Dželetović Milenko. Impact of entrepreneurial education on consumer loyalty in tourism industry [J]. Turističko Poslovanje, 2016 (18).

[14] Ping Li, Huimin Liang. Factors influencing learning effectiveness of educational travel: A case study in China [J]. Journal of Hospitality and Tourism Management, 2020, 42 (2): 141-152.

[15] Pitman Tim, Broomhall Susan, Majocha Elzbieta. Teaching ethics beyond the academy: educational tourism, lifelong learning and phronesis [J]. Studies in the Education of Adult, 2011, 43 (1): 4-17.

[16] Sie Lintje, Patterson Ian, Pegg Shane. Towards an understanding of older adult educational tourism through the development of a three-phase integrated framework [J]. Current Issues in tourism, 2016, 13 (4): 113-120.

[17] Smith C, Jenner P. Educational tourism [J]. Travel and Tourism Analyst, 1997.

[18] Sue Waite. Teaching and learning outside the classroom: personal values, alternative pedagogies and standards [J]. Education, 2011, 39 (1): 65-82.

[19] Tim Pitman, Sue Broomhall, Joanne McEwan, Elzbieta Majocha. Adult learning in educational tourism [J]. Australian Journal of Adult Learning, 2017, 50 (2): 219-239.

[20] Tracy R Rone. Culture from the Outside in and the Inside out: Experiential Education and the Continuum of Theory, Practice, and Policy [J]. College Teaching, 2010, 56 (4): 237-246.

[21] 白凯, 马耀峰, 游旭群. 基于旅游者行为研究的旅游感知和旅游认知概念 [J]. 旅游科学, 2008 (01): 22-28.

[22] 毕小双, 苏勇军. 国内研学旅行的文献影响力分析: 现状与热点 [J]. 生产力研究, 2021 (07): 98-102.

[23] 蔡卫红. 北京教育旅游开发研究 [D]. 北京: 北京第二外国语学院, 2008.

[24] 曹晶晶. 日本修学旅游发展及其对中国的启示 [J]. 经济研究导刊, 2011 (4): 134-136.

[25] 陈东军, 谢红彬. 我国研学旅游发展与研究进展[J]. 世界地理研究, 2020, 29 (03): 598-607.

[26] 陈非. 产业发展与理论缺失: 修学旅游价值形态研究[J]. 理论月刊, 2010 (8): 177-179.

[27] 陈非. 潮文化的修学旅游开发刍议[J]. 韩山师范学院学报, 2009 (02): 46-50.

[28] 陈非. 修学旅游初论[J]. 大连海事大学学报(社会科学版), 2009 (04): 88-91.

[29] 陈非. 产业发展与理论缺失: 修学旅游价值形态研究[J]. 理论月刊, 2010 (8): 177-179.

[30] 陈浩然, 杨静. 学生为本视角下的研学旅游方法论[J]. 地理教学, 2021 (06): 51-53+20.

[31] 陈凯宏. 辽宁省的修学旅游开发[J]. 辽宁经济, 2006 (5): 48-49.

[32] 陈琳, 陈敬之. 中国研学旅行评价研究现状评述[J]. 旅游纵览, 2022 (01): 37-40.

[33] 陈启新. 研学旅行需探讨的两个基本问题: 基于国家相关文件的分析[N]. 中国旅游报, 2019-06-11.

[34] 陈素平, 梅雨晴. 近20年我国研学旅游研究综述[J]. 湖南工程学院学报(社会科学版), 2017, 27 (3): 16-21.

[35] 陈文明. 研学旅行课程要关注育人价值[J]. 江苏教育, 2020 (07): 13-15.

[36] 陈晓燕. 株洲地区研学旅游发展现状与对策[J]. 旅游纵览(下半月), 2017 (06): 112-113.

[37] 陈逸凡. 教育存在论视域下研学旅行的教育价值分析[J]. 教育导刊, 2020 (02): 13-17.

[38] 陈胤丹. 西安市红色研学旅游产品开发研究[J]. 旅游纵览(下半月), 2017 (01): 171-172.

[39] 谌春玲. 研学旅游市场的挑战与发展问题研究[J]. 经济问题, 2020 (05): 88-93.

[40] 成汉平. 不同层次的研学旅行及实践意义: 从四个层面看研学旅行[J]. 课程教育研究, 2019 (19): 11.

[41] 成宏峰. 协同育人视角下大学生红色研学旅行实现途径研究: 以山西省为例

[J].晋城职业技术学院学报，2019（05）：9-12.

[42]程仁发.研学让文化遗产活起来［N］.中国文物报，2021-11-12.

[43]崔琰.陕西研学旅游提升策略研究［J］.唐都学刊，2016（3）：112-115.

[44]戴芸伊.非物质文化遗产研学旅行的优化之路：以屈子文化园为例［J］.文化产业，2020，（18）：86-87.

[45]邓晨霞.基于旅游者感知价值的江西省世界地质公园研学旅行开发研究［D］.南昌：江西科技师范大学，2020.

[46]邓明艳，汪明林.青少年修学旅游市场开发与世界遗产保护［J］.乐山师范学院学报，2004（6）：120-123.

[47]丁敏，杨飒.论我国修学旅游的发展现状及对策［J］.商业时代，2010（17）：118-120.

[48]丁善辉.课程味：研学旅行回归本真的价值追求［J］.江苏教育，2020（10）：48-49+52.

[49]董建英，任丽霞.基于主成分分析的中学生研学旅游需求动机研究：以太原市为例［J］.经济问题，2016（7）：119-124.

[50]董蕴琳，徐虹，刘定军.天津市发展会展旅游的SWOT分析及战略选择［J］.旅游科学，2003（1）：16-20.

[51]杜淑芳.国内外研学旅游发展对内蒙古的启示与思考［J］.产经，2019（04）：49-51.

[52]段向宇，陈传明.刍议研学旅行与地理教学的结合：以"山地的垂直地域分异规律"为例［J］.地理教学，2018（21）：63-64.

[53]段玉山，袁书琪，郭锋涛，等.研学旅行课程标准（一）：前言、课程性质与定位、课程基本理念、课程目标［J］.地理教学，2019（5）：4-7.

[54]樊启迪.青少年研学旅游发展思考［J］.旅游纵览（下半月），2018（06）：211-212.

[55]范路赟，郭利荣，张子扬，等.高校型研学旅行基地现状与建设路径［J］.当代旅游，2021，19（03）：32-34.

[56]范妮娜.青少年红色研学旅游产品开发研究：以沙家浜风景区为例［J］.佳木斯职业学院学报，2019（05）：68+70.

[57]冯显容."非遗"和"研学旅行"融合的现状与对策［J］.艺海，2019，（10）：158-159.

［58］付松.浅谈研学旅行中"教学"价值的实现：以成都研学旅行为例［J］.通化师范学院学报（自然科学版），2018（03）：20-21.

［59］付文武.中小学研学旅行的价值、困境与实践路径［J］.绵阳师范学院学报，2021，40（01）：38-42.

［60］高海生.浅析红色旅游的研学内涵［N］.中国旅游报，2016-01-18（B03）.

［61］高轻鸽.黑龙江省研学旅行开发优势和对策建议［J］.商业经济，2020（03）：9-10+71.

［62］郭锋涛，段玉山，周维国，等.研学旅行课程标准（二）：课程结构、课程内容［J］.地理教学，2019（6）：4-7.

［63］郭建宁.社会主义核心价值观基本内容释义［M］.北京：人民出版社，2014.

［64］郭杨.小学研学旅行实施的现状研究［D］.贵阳：贵州师范大学，2018.

［65］郭又荣.浅析青少年修学旅游产品开发［J］.湖北广播电视大学学报，2010（06）：122-123.

［66］郭珠玉.基于地域资源农村学校研学旅行之德育探究：以福建省永春县为例［J］.新课程，2021（28）：22-23.

［67］何平.互联网4.0时代背景下的校园定制化研学旅行产品可行性分析［J］.旅游纵览（下半月），2020（04）：202-203.

［68］洪明，赵文美."研学取向"的基础教育改革与创新：以美国辛克环球学校为例［J］.教育评论，2020（02）：11-18.

［69］胡晚.重庆留学生修学旅游市场开拓研究［D］.重庆：重庆师范大学，2015.

［70］胡向东.中小学研学旅行评价体系建设研究［J］.决策与信息，2018（12）：10-18.

［71］胡晓琴.嘉兴市非遗研学旅行产品开发现状分析及对策［J］.大众标准化，2022，（12）：125-127.

［72］胡亚琴.广东省发展修学旅游的优势及策略［J］.全国商情·经济理论研究，2009（09）：88-89.

［73］黄玲.论近代中国的海外修学旅游［D］.湘潭：湘潭大学，2003.

［74］黄柳婷.共生理论视野下红色研学旅游产品开发路径分析［J］.绥化学院学报，2020，40（02）：40-42.

［75］黄敏，王露.中小学生研学旅行管理工作有效性研究［J］.教学与管理，2019（11）：64-66.

[76] 黄晓慧. 海南兴起自然研学旅行准入 [N]. 人民日报（海外版），2022-06-23.

[77] 黄宇，杨雪. 建构主义学习理论视角下研学旅行的特征和原则 [J]. 地理教学，2019（03）：60-64.

[78] 简彪. 研学旅行：让教育与旅游同频共振 [N]. 中国文化报，2019-11-15.

[79] 焦小慧. 基于"旅游+"战略的桂林研学旅游产品分析 [J]. 市场论坛，2017（8）：66-69.

[80] 金富增，施扬，许龄文，等. 基于研学旅行课程设计与实施的综合素质培养：以和顺古镇研学为例 [J]. 中学地理教学参考，2021（07）：8-12.

[81] 荆文风. 中小学研学旅行课程建设研究 [D]. 武汉：华中师范大学，2019.

[82] 孔岳雪. 文化遗产地研学旅行开发潜力研究 [D]. 石家庄：河北师范大学，2020.

[83] 郎咸国. 儒家文化资源与曲阜研学旅游发展研究 [D]. 曲阜：曲阜师范大学，2017.

[84] 雷鸣. 大环渤海圈的战略合作：中韩青少年国际修学旅游市场研究 [J]. 未来与发展，2010（6）：96-99.

[85] 黎洁，赵西萍. 美国游客对西安的感知研究 [J]. 北京第二外国语学院学报，2000（01）：51-56.

[86] 李臣之，纪海吉. 研学旅行的实施困境与出路选择 [J]. 教育科学研究，2018（9）：56-61.

[87] 李东和，王丹丹，朱玲玲. 学生群体对研学旅行的认知、满意度及行为意向关系研究：以合肥市部分中学为例 [J]. 皖西学院学报，2016，32（5）：103-110.

[88] 李东和，朱玲玲，朱国兴. 研学旅行影响因素分析：以合肥市青少年为例 [J]. 黄山学院学报，2016，18（6）：23-28.

[89] 李军. 近五年来国内研学旅行研究述评 [J]. 北京教育学院学报，2017，31（6）：13-19.

[90] 李卯. 推动研学旅行与优秀传统文化融合 [N]. 中国社会科学报，2021-11-19.

[91] 李鹏程. 基于菱形理论的古村落研学旅行 [J]. 合作经济与科技，2022（20）：35-37.

[92] 李琪，蔡静野. 研学旅行：博物馆教育的新课题 [J]. 文博学刊，2020（04）：

50-56.

［93］李倩，黄小亚，董媛.红色研学旅行基地建设与研究：以重庆红岩基地为例［J］.中国集体经济，2018（21）：105-106.

［94］李文雅，乔桂娟.基于任务驱动策略的中小学研学旅行研究［J］.齐齐哈尔师范高等专科学校学报，2020（01）：7-9.

［95］李先跃.研学旅行研究综述及探讨［J］.高教学刊，2018（24）：191-193.

［96］李星明，雷雯，陈芷涵，等.基于水土之美的生态文明研学旅行开发研究：以武汉市蔡甸西湖流域水土保持科技示范园为例［J］.华中师范大学学报（自然科学版），2020，54（04）：624-631+669.

［97］李学芝.完整的人视野下红色文化研学旅行价值探讨［J］.临沂大学学报，2021，43（04）：66-74.

［98］李祉涵.研学旅行是一堂什么课？［N］.北京日报，2013-09-11.

［99］李志强.对我国研学旅行发展的思考［N］.中国旅游报，2019-06-11.

［100］李作荣.偏远地区中小学生开展研学旅行的途径和意义探究［J］.学周刊，2021（14）：191-192.

［101］梁俭.基于主成分分析法的来渝留学生修学旅游影响因素研究［D］.重庆：西南大学，2012.

［102］梁美盈，周玉琴.基于具身学习视角的研学旅行设计研究：以"走读长江水，品悟三峡情"为例［J］.地理教学，2020（01）：56-60.

［103］梁炟.中小学研学旅行的现状分析与有效实施策略［J］.中国教师，2017（9）：25-28.

［104］林杜鹃.合肥市中小学修学旅行市场特征及开发策略［D］.合肥：安徽大学，2014.

［105］林龙飞.湖南西部民俗旅游资源的开发与保护［J］.资源开发与市场，2007（1）：93-96.

［106］林南枝，陶汉军.旅游经济学［M］.天津：南开大学出版社，1994：35-36.

［107］林潇潇，刘宝超.旅游目的地开展研学旅行面临的问题与对策探究［J］.中小学实验与装备，2021，31（01）：25-27.

［108］刘畅.研学旅行目的地选择的影响因素研究［D］.昆明：云南财经大学，2018.

［109］刘春艳，王丽丽.研学旅行实施过程中存在的问题及解决策略［J］.科学咨

询（科技·管理），2021（01）：81-82.

[110] 刘芳.研学旅行云平台建设[J].电脑知识与技术，2016（02）：162-163+166.

[111] 刘凤升.县域研学旅行产品开发研究[D].泉州：华侨大学，2020.

[112] 刘桂芬.东莞国旅青少年修学旅游产品设计与推广研究[D].长沙：中南大学，2013.

[113] 刘惊铎，邢丽涛.研学旅行，让教育充满诗意[N].中国旅游报，2018-06-25.

[114] 刘惊铎.从生态体验角度看研学旅行的育人价值[N].人民政协报，2018-08-01.

[115] 刘珂，张原诚.我国中学生研学旅行学习满意度及学习成效探讨：以陕西省西安市为例[J].中国市场，2017（9）：113-114.

[116] 刘丽.普通高中研学旅行课程化研究：以海南省为例[D].海口：海南师范大学，2019.

[117] 刘莉.茶文化研学旅游产品的开发[J].旅游纵览（下半月），2018（9）：20-22.

[118] 刘璐，曾素林.国外中小学研学旅行课程实施的模式、特点及启示[J].课程·教材·教法，2018，38（4）：136-140.

[119] 刘璐，曾素林.中小学研学旅行研究进展与反思[J].教育探索，2018（1）：8-12.

[120] 刘美丹.初中综合实践中研学旅行活动的探索与思考[J].课程教育研究，2018（51）：22.

[121] 刘庆.城区小学研学旅行实施现状及优化研究[D].岳阳：湖南理工学院，2019.

[122] 刘彤，李德林.依托乡土特色开展乡村小学研学旅行研究[J].中国多媒体与网络教学学报（下旬刊），2021（06）：30-31.

[123] 刘雁伟，长安.内蒙古研学旅游发展前景研究[J].旅游纵览（下半月），2016（5）：63-64.

[124] 柳双双，曾荣.永州研学旅行发展问题及对策研究[J].中外企业家，2021（7）：298-299.

[125] 龙莎莎，韦娟娟，张胡琴，等.非物质文化遗产保护与研学旅行的有机结合：

以贵州石桥村古法造纸为例［J］.农家参谋，2020（02）：211+213.

［126］卢爱华，王玉霞.论苏州修学旅游的发展［J］.怀化学院学报，2014（2）：64-66.

［127］陆庆祥，汪超顺.研学旅行理论与实践［M］.北京：北京教育出版社，2018.

［128］路春月.研学旅行课程设计问题研究［D］.哈尔滨：哈尔滨师范大学，2020.

［129］罗中华，洪京.打造长株潭城市群旅游圈研究［J］.国土与自然资源研究，2009（3）：74-75.

［130］雒树刚.推动文化和旅游融合发展［N］.光明日报，2020-12-14.

［131］吕可风.话题讨论式教学：来华修学旅游学生教学方式探讨［J］.旅游研究与实践，1996（1）：60-61.

［132］马静，张河清，王蕾蕾.研学旅游的价值与意义及研学基地建设实践研究［J］.产业与科技论坛，2019，18（14）：101-103.

［133］梅雨晴.我国首批研学旅游目的地发展潜力评价［D］.湘潭：湘潭大学，2018.

［134］苗小倩.浅析修学旅游项目开发与管理［J］.东方企业文化，2007（9）：40-41.

［135］宁志丹.湘潭市中小学生研学旅行参与动机与制约因素研究［D］.湘潭：湘潭大学商学院，2018.

［136］牛莹，张陇堂.甘肃省酒泉市阿克塞县：借势发力 打响民族文化研学品牌［N］.中国旅游报，2022-11-02.

［137］欧荔.文化创意视角下的闽台修学旅游研究［J］.华侨大学学报（哲学社会科学版），2010（4）：61-66.

［138］欧阳菊，陈洪平.全域研学旅行：知行相生 研学相长［J］.教育科学论坛，2020（02）：23-26.

［139］潘淑兰，王晓倩.研学旅行概论［M］.武汉：华中科技大学出版社，2022.

［140］彭其斌.研学旅行工作导案［M］.济南：山东教育出版社，2019.

［141］彭其斌.研学旅行课程概论［M］.济南：山东教育出版社，2019.

［142］彭小珊，毕燕，兰瑛.研学旅行产品开发策略研究：以南宁市为例［J］.广西师范学院学报（哲学社会科学版），2019（03）：693-100.

［143］朴松爱.教育旅游、旅游教育与可持续旅游发展［J］.旅游科学，2001（4）：40-43.

［144］朴真实.高校修学旅游服务质量评价研究［D］.济南：山东大学，2015.

［145］濮元生，濮蓉.RMP视角下南京市生态+研学旅游产品开发研究［J］.江苏商论，2018（11）：48-50+53.

［146］戚帅华，刘青.让研学旅行成为"行走的课堂"［N］.洛阳日报，2022-10-21（5）.

［147］秦楠.国家森林公园教育旅游产品开发研究：以重庆金佛山国家森林公园为例［D］.重庆：西南大学，2010.

［148］秦潇潇.大别山地区红色研学旅行初探［J］.吕梁学院学报，2019，9（03）：63-67.

［149］邱悦.江苏非物质文化遗产研学旅行产品开发研究［D］.南京：东南大学，2017.

［150］屈玉君.中小学研学旅行现状及对策分析［J］.教育实践与研究，2018（12）：42-44.

［151］曲小毅.研学旅行活动课程开发与实施［M］.北京：清华大学出版社，2020.

［152］人民日报评论部.习近平用典［M］.北京：人民日报出版社，2015.

［153］任唤麟，马小桐.培根旅游观及其对研学旅游的启示［J］.旅游学刊，2018，33（9）：145-150.

［154］任宇鹏.研学课程资源的开发与运用案例探究［D］.温州：温州大学，2020.

［155］阮晨红，姜涵琪，陈雅琪，等.基于栅格分析法探析研学旅行背景下文博场馆的遗产活化路径：以湖北省博物馆为例［J］.湖北经济学院学报（人文社会科学版），2021，18（02）：110-113.

［156］沈晨，曾荣.基于SWOT分析法的永州非遗研学旅行发展研究［J］.中外企业家，2021（7）：292-293.

［157］沈晓春.广东修学旅游产品开发研究［J］.邵阳学院学报（社会科学版），2011，10（2）：65-68.

［158］孙冰.基于OBE教育理念的江西茶文化研学旅行长效发展机制研究［J］.福建茶叶，2021，43（02）：20-21.

［159］孙景荣.昆明市教育旅游产品开发研究［D］.昆明：云南大学，2010.

［160］孙娟娟.在研学旅行中增进文化认同与文化自信［N］.中国社会科学报，2022-05-06.

［161］孙鲁倩.研学旅行中的教学行为研究［D］.石家庄：河北师范大学，2019.

［162］孙茜.基于顾客满意度的红色研学旅游基地可持续发展研究［J］.湖北理工学院学报（人文社会科学版），2017，34（02）：27-31.

［163］孙文茂，刘艳如.红色旅游景区开展研学旅游基地建设研究：以济宁羊山景区为例［J］.中国集体经济，2019（6）：125-126

［164］孙月飞，朱嘉奇，杨卫晶.解码研学旅行［M］.长沙：湖南教育出版社，2019.

［165］唐顺英.曲阜：孔子家乡文化修学旅游开发研究［J］.社会科学家，2004（5）：95-98.

［166］陶友华.基于文化旅游资源的研学旅行［J］.品牌（下半月），2015（10）：263-264.

［167］陶友华.基于校企合作模式的地域文化修学旅游［J］.科教文汇，2014（12）：166-167.

［168］田江艳.上海拓展入境修学旅游研究［D］.上海：上海师范大学，2011.

［169］万会群.基于"研学＋历史文化主题"研学旅行培养学生家国情怀［J］.中学历史教学参考，2021（02）：95-96.

［170］万田户.高校研学旅行产品：现状、问题及其服务体系构建［J］.黑龙江教育（理论与实践），2021（02）：54-56.

［171］汪季清，李庆庆.黄山市修学旅游开发的原则和策略［J］.淮海工学院学报（人文社会科学版），2012，10（6）：60-63.

［172］汪小倩，路幸福.大学生研学旅行的行为意向研究：基于计划行为理论视角［J］.四川旅游学院学报，2022（01）：44-50.

［173］王傲红，叶剑.以科研助推学校思想政治教育实践探索：以成都市青羊区为例［J］.教育科学论坛，2020（04）：38-40.

［174］王传武，牟连印，刘晗，等.曲阜修学旅游资源开发研究［J］.济宁学院学报，2014（3）：87-90.

［175］王德刚.研学旅行需有科学的标准和严格的准入［N］.中国旅游报，2018-08-10.

［176］王光会.中小学研学旅行的现状分析与有效实施策略［J］.课程教育研究，

2019（06）：141-142.

［177］王鹤琴，储德平，陈晓锋，等.日本修学旅行的典型模式及经验启示［N］.中国旅游报，2019-06-11.

［178］王慧.基于CNKI核心期刊题录的研学旅行研究现状分析［J］.西部旅游，2021（03）：59-61.

［179］王昆欣.国外研学旅游特点及启示［N］.中国旅游报，2015-06-24（10）.

［180］王老实.研学旅行要突出"三有"原则［J］.人民教育，2018（02）：29.

［181］王芊.地理信息技术支持的研学旅行模式构建研究［J］.地理教学，2021（14）：36-40.

［182］王润，张增田.研学旅行纳入学校教学的可为与难为［J］.教育科学研究，2018（10）：64-69.

［183］王婷.个人关于内蒙古研学旅游发展前景研究分析［J］.度假旅游，2018（09）：47-48.

［184］王晓燕.研学旅行的基本内涵和核心要义：《关于推进中小学生研学旅行的意见》读解［J］.中小学德育，2017（9）：15-16.

［185］王晓燕.充分发挥研学旅行在立德树人中的重要作用［J］.人民教育，2017（23）：13-15.

［186］王艳平.海南呀诺达雨林文化旅游区研学旅游发展研究［D］.桂林：广西师范大学，2016.

［187］王洋.首批中国研学旅游目的地和全国研学旅游示范基地公布［N］.中国旅游报，2016-01-25（2）.

［188］王益熙.解码新时代研学活动与课程体系的构建［J］.科学教育与博物馆，2021，7（01）：64-66.

［189］维克多·密德尔敦.旅游营销学［M］.北京：中国旅游出版社，2001：111-112.

［190］韦宏军，陈勇，张淑英.农业科技示范园开展特色研学活动的探索与思考：以大浦乡村为例［J］.安徽农学通报，2020，26（10）：144-145.

［191］魏臣宇.新时代"红旗渠精神"研学旅行活动的提升策略研究［J］.才智，2022（28）：149-151.

［192］魏默.研学旅行中爱国主题活动开展的困境及其优化策略研究［D］.银川：宁夏大学，2020.

[193] 魏小安,冯宗苏.旅游产品的基础、条件与创新[M]//中国旅游年鉴编辑委员会.中国旅游年鉴.北京:中国旅游出版社,1991:141-145.

[194] 温佳馨.文旅融合背景下重庆荣昌非物质文化遗产研学旅行研究[D].昆明:云南财经大学,2021.

[195] 文红,孙玉琴.对开发修学旅游市场的思考[J].怀化学院学报,2005(1):50-54.

[196] 文媛,沈世伟.价值共创视角下非遗研学旅行产品开发研究:基于需求侧的调研[J].资源开发与市场,2021,37(03):380-384.

[197] 吴必虎.区域旅游开发的RMP分析:以河南省洛阳市为例[J].地理研究,2001(01):103-110.

[198] 吴婕妤,刘洪林,董媛.发挥区位优势,打造中小学生地方研学旅行基地研究:以陕西西安为例[J].旅游纵览(下半月),2018(07):16-17.

[199] 吴水田,易静玉.情境认知视角下研学旅行的特征及其教育功能实现[J].江苏商论,2020(04):47-51.

[200] 吴涛.红色研学旅行中的社会主义核心价值观教育研究[J].湖北理工学院学报(人文社会科学版),2017,34(02):32-34.

[201] 吴晓霞,陶惠敏,庄美玲,等.基于IPA分析法的大学生研学旅游感知研究[J].旅游纵览(下半月),2016(10):59-61.

[202] 吴垚.基于目标情景模式的中小学研学旅行课程开发研究[D].成都:四川师范大学,2020.

[203] 吴瑶,马婧文."旅游+"背景下南京研学旅游产品开发研究[J].江苏科技信息,2019(18):77-80.

[204] 吴振华,袁书琪,牛志宁.地理实践力在地理研学旅行课程中的培育与应用[J].课程·教材·教法,2019,39(3):102-107.

[205] 吴支奎,杨洁.研学旅行:培育学生核心素养的重要路径[J].课程·教材·教法,2018,38(4):126-130.

[206] 伍静.苏州古典园林研学旅游基地建设探析[J].江苏商论,2016(27):182-183.

[207] 武晓玮.国外研学旅行理论研究综述[J].湖北理工学院学报(人文社会科学版),2019(05):12-17.

[208] 夏红芳.中小学开展研学旅行的困境与对策[J].旅游纵览(下半月),

2018（4）：180.

［209］夏小刚，孟延豹.项目式学习背景下研学旅行课程的实践与反思：以"智能硬件与安全"研究主题为例［J］.中国信息技术教育，2020（01）：59-62.

［210］向春燕，周春燕.基于红色旅游资源的研学旅行产品开发：以重庆红岩景区为例［J］.重庆文理学院学报（社会科学版），2021，40（01）：68-79.

［211］肖紫珺.国家级贫困县S县普通高中研学旅行活动实施的现状和对策研究［D］.南昌：江西师范大学，2020.

［212］谢思文，迪丽努尔·阿吉.中小城镇研学旅行开展现状与改进建议：以河北赵县中学为例［J］.新课程导学，2021（21）：2-6.

［213］邢金.小学生研学旅行评价的实践探索［J］.江苏教育研究，2020（11）：55-57.

［214］邢晓玉.国内研学旅行研究进展与展望［J］.旅游经济，2019（12）：69-71.

［215］徐飞雄.浅议湖南溶洞资源及其开发［J］.经济地理，1989（4）：283-287.

［216］徐璐.我国研学旅行研究综述与展望［J］.创新教育研究，2019，7（5）：529-535.

［217］徐仁立.文旅融合视阈下的原苏区研学旅行发展新探［J］.经济师，2020（01）：16-18.

［218］徐旭，陈实，周玉琴.基于POGIL理论的地理研学旅行设计研究：以山东省沂河滨河湿地研学为例［J］.地理教学，2020（03）：58-61.

［219］许方林，陈昀暄，魏大明，等.基于地理实践力培养的研学课程实践：以"嘉陵明珠合碚研行"研学旅行课程为例［J］.地理教学，2019（14）：50-53.

［220］许芳杰.中小学研学旅行：现实困境与实践超越［J］.教育理论与实践，2019，39（11）：6-8.

［221］许丽丽.基于感知价值的出境修学旅游产品创新研究［D］.济南：山东大学，2009.

［222］许露.16—18世纪英国贵族大陆游学研究［D］.武汉：华中师范大学，2015.

［223］许小兰.研学旅行课程开发的策略与方法［J］.鄂州大学学报，2021，28（01）：70-72.

［224］闫润晖.中小学研学旅行教育体系优化研究［D］.大庆：东北石油大学，2018.

［225］杨晨．天津市青少年国际修学旅游调查与分析［D］．天津：天津理工大学，2013．

［226］杨崇君．研学旅游产品的"五双"特性及其对应要素［N］．中国旅游报，2015-10-23．

［227］杨崇君．宜昌入境修学旅游开发研究：以汉语修学旅游项目为例［J］．武汉职业技术学院学报，2012，11（6）：112-116．

［228］杨俊才．首届中国修学旅行研讨会在南京召开［J］．旅游研究与实践，1994（2）：33-35．

［229］杨璐歌，傅佳琪，黄俊毅．永春非遗研学旅行的现状与提升对策研究［J］．农村实用技术，2020（02）：92-93．

［230］杨鹏．小学研学旅行的问题及对策研究［D］．长沙：湖南师范大学，2018．

［231］杨瑞琨．自媒体时代红色研学旅行IP形象的营销策略研究［J］．内蒙古财经大学学报，2021，19（01）：115-118．

［232］杨生，司利，张浩．日本修学旅游发展模式与经验探究［J］．旅游研究，2012（2）：25-29．

［233］杨卫晶．研学旅行促进高中生地理实践力培养的调查研究：以浙江省H中学为例［D］．武汉：华中师范大学，2019．

［234］杨艳利．研学旅行：撬动素质教育的杠杆：访上海师范大学旅游学系主任朱立新教授［J］．中国德育，2014（17）：21-24．

［235］杨懿．大别山地区研学旅游发展探究［J］．市场周刊（理论研究），2016（04）：30-31．

［236］杨永发．面向研学旅行的乡土地理课程资源开发与应用策略研究［D］．徐州：江苏师范大学，2020．

［237］杨载田．湖南旅游资源刍议［J］．衡阳师专学报，1985（2）：103-109．

［238］殷世东，汤碧枝．研学旅行与学生发展核心素养的提升［J］．东北师大学报（哲学社会科学版），2019（2）：155-161．

［239］游小艳．基于旅游资源角度的湖南研学旅游发展前景［J］．襄阳职业技术学院学报，2017，16（4）：80-84．

［240］于书娟，王媛，毋慧君．我国研学旅行问题的成因及对策［J］．教学与管理，2017（7）：11-13．

［241］袁东文，李翠林．近十年来我国研学旅行研究概况及探讨［J］．河北旅游职

业学院学报，2021，26（01）：74-78.

［242］袁书琪，李文，陈俊英，等.研学旅行课程标准（三）：课程建设［J］.地理教学，2019（7）：4-6.

［243］曾荣，郭蓉，张慧仪，等.基于故事营销的长沙铜官窑古镇节庆旅游研究［J］.现代营销（下旬刊），2019（10）：96-97.

［244］曾荣，余媛媛.基于IPA分析法的零陵古城游客满意度提升研究［J］.湖南科技学院学报，2019（10）：81-85.

［245］曾荣.基于IPA分析法的江永女书园研学旅行发展研究［J］.黑龙江科学，2019，23（10）：160-161.

［246］曾荣.江永女书旅游营销策略探析［J］.湖南科技学院学报，2012（12）：141-143.

［247］曾荣.国内外研学旅行研究综述［J］.中国集体经济，2021（22）：90-92.

［248］曾荣.核心素养视域下研学旅行育人价值推进路径研究［J］.西部旅游，2021（02）：53-54.

［249］曾荣.研学旅行发挥育人价值存在的问题及对策研究［J］.西部旅游，2021（4）：51-52.

［250］曾荣.育人价值视角下湖南研学旅行产品设计与开发研究［J］.中国集体经济，2021（21）：139-140.

［251］张加欣.我国研学旅行的发展现状及策略研究［J］.课程教学研究，2019（7）：88-93.

［252］张佳倩，冷志杰.北大荒现代农业园研学服务供应链的关系协调机制研究［J］.安徽农业科学，2020，48（01）：135-137.

［253］张娇娇.非传统动机对大学生研学旅游行为发生的催化作用：以三江学院学生为例［J］.市场周刊，2019（08）：135-136.

［254］张蕾，陈晓.基于研学旅行的"地理+"跨学科融合学习初探：以"长径老街弄堂"为例［J］.地理教学，2019（14）：47-49.

［255］张苗荧.研学旅行有望成为旅游创新发展的增长点［N］.中国旅游报，2014-12-01.

［256］张娜娜.闽都文化研学旅行线路设计研究［D］.福州：福建师范大学，2018.

［257］张齐立.基于RMP理论的森林生态旅游产品策划：以圭山国家森林公园为

例[J].绿色科技,2019(09):263-265.

[258]张其惠,王鉴忠.修学旅游研究述评[J].辽宁经济管理干部学院学报,2010(6):41-42.

[259]张巧娜.文旅融合时代公共图书馆研学旅行服务模式与策略研究[J].图书馆工作与研究,2020(06):106-111.

[260]张潇,郑耀星.山东修学旅游开发研究[J].武汉职业技术学院学报,2009,8(3):91-93.

[261]张岩.日本修学旅游发展对我国的启示(下)[N].中国旅游报,2008-06-11.

[262]张颖.基于移动信息技术的研学旅行课程建设研究:以滨江东路小学为例[J].教育观察,2021,10(03):48-50.

[263]张颖.四川特色研学旅行活动的现状及问题研究[D].成都:四川师范大学,2020.

[264]张宇."双减"催热研学游 产品细分成趋势[N].中国旅游报,2022-01-20.

[265]章全武.研学旅行纳入学校教学的两难困境及其超越[J].课程·教材·教法,2018,38(4):121-125.

[266]赵璧,王镝,陈刚,等.利用湖北优势旅游地学资源推进地学类研学旅行产品开发的建议[J].资源环境与工程,2015,29(9):43-46.

[267]赵锐,关小凤,贾秋容.青少年研学旅游发展初探[J].旅游管理研究,2015(10):29.

[268]赵珊.研学游 探索多彩世界[N].人民日报(海外版),2022-08-17.

[269]赵文静.小学研学旅行实施现状调查研究:以鄂尔多斯市康巴什城区小学为例[D].呼和浩特:内蒙古师范大学,2019.

[270]赵晓芳.国民旅游休闲教育模式构建研究[J].经济问题,2015(6):114-117.

[271]赵雪燕.小学研学旅行综合实践活动课程的调查研究[D].秦皇岛:河北科技师范学院,2017.

[272]赵艳.基于自主发展能力培养的小学生研学旅行模块设计与实践:以杭州青少年活动中心"少年领袖韩国行"研学营为例[J].教育观察,2021,10(03):51-53+81.

[273] 赵艺辰，王文秀. 基于体验式教育视角的研学旅游产品提升研究：以合肥非遗园为例 [J]. 现代商业，2017（11）：189-190.

[274] 郑晓英. 短线研学旅行产品开发的困境与策略研究 [J]. 旅游纵览，2020（13）：65-67.

[275] 郑怡清. 基于 SWOT 分析的我国中小学研学旅行发展策略研究 [J]. 地理教学，2019（13）：54-56+61.

[276] 钟慧笑. 研学旅行难在哪里 [J]. 中国民族教育，2017（03）：44-47.

[277] 钟林凤，谭净. 研学旅行的价值与体系构建 [J]. 教学与管理，2017（11）：30-33.

[278] 钟林凤，谭净. 中小学研学旅行课程实施的困境及其破解 [J]. 教学与管理，2018（36）：61-63.

[279] 钟生慧. 研学旅行设计：理论依据与实践策略 [D]. 杭州：杭州师范大学，2019.

[280] 钟志平，刘天晴. 研学旅行示范基地政策评价与需求方强相关性因素研究 [J]. 湖南社会科学，2018（6）：147-153.

[281] 周灿，钟栎娜. 国内中长期修学旅游者动机研究：以北京大学 2011 年访问学者为例 [J]. 中州大学学报，2013，30（3）：18-21.

[282] 周坤. 研学旅行基地的规划与运营：以湖南紫鹊界为例 [N]. 中国旅游报，2015-06-29.

[283] 周维国，段玉山，郭锋涛，等. 研学旅行课程标准（四）：课程实施、课程评价 [J]. 地理教学，2019（8）：4-7.

[284] 周伟伟. 研学旅游背景下陕西研学旅游人才需求分析 [J]. 旅游纵览（下半月），2018（12）：164+166.

[285] 周艳春，汤敢峰. 企校银合作 构建大学生修学旅游市场开发的全新模式 [J]. 吉林省教育学院学报（学科版），2011（10）：24-26.

[286] 周银锋. 地理实践力视域下研学旅行学生行为表现评价体系研究 [J]. 中学地理教学参考，2019（3）：46-50.

[287] 周银锋. 研学旅行中培育地理实践力素养的策略研究 [J]. 地理教学，2019（2）：40-43.

[288] 周颖华，滕一霖. 新时代开展区域特色研学旅行的环境和路径分析：以吉林省为例 [J]. 吉林省教育学院学报，2021，37（08）：1-4.

［289］朱海菲. 基于文化旅游资源的研学旅行［J］. 旅游纵览（下半月），2018（06）：207.

［290］朱海峰. 文旅融合背景下公共图书馆研学旅行服务的供给与创新［J］. 大学图书情报学刊，2021，39（01）：69-73.

［291］朱洪秋."三阶段四环节"研学旅行课程模型［J］. 中国德育，2017（12）：16-20.

［292］朱尖. 高句丽世界遗产价值评价及研学旅行利用研究［J］. 资源开发与市场，2018，34（7）：1032-1036.

［293］朱立新. 研学旅行专题主持人语［J］. 湖北理工学院学报（人文社会科学版），2017（2）：21-21.

［294］朱琳玉，王锦瑾，曾伟. 标准化支撑研学旅行服务高质量发展路径研究［J］. 中国质量与标准导报，2020（01）：34-37.

［295］祝胜华，何永生. 研学旅行课程体系探索与实践［M］. 武汉：华中科技大学出版社，2018.

后 记

本书是"新时代文化和旅游融合发展研究丛书·应用型本科院校文化旅游专业丛书"中的一本，得到国家社会科学基金一般项目"民族地区文旅融合发展促进脱贫巩固和乡村振兴研究"（21BKS026）、湖南省社会科学基金重大项目（"学术湖南"精品培育项目）"湖南民族地区文旅产业促进乡村振兴和共同富裕研究"（23ZDAJ019）、湖南省教育厅科学研究重点项目"可持续生计框架下南岭走廊文旅产业与乡村振兴耦合发展机制和路径研究"（22A0578）、湖南省哲学社会科学重点项目"湖湘文化走出去与传统文化对外传播研究"（20ZDB013）、湖南省社会科学成果评审委员会重大项目"湖湘文化走出去与中国特色哲学社会科学对外话语体系建构研究"（XSP2023ZDA006）、湖南省社会科学成果评审委员会重点项目"构建以对接'一带一路'和粤港澳大湾区为重点的湘南内陆开放合作示范区对策研究"（XSP2023ZDI020）、湖南省社会科学基金重大委托项目"发挥接合部优势打造大湾区后花园"、湖南省文化领军人才资助项目"湖南文化科技旅游融合发展研究"、湖南省自然科学基金项目"永州文化科技融合发展战略研究"、湖南省青年骨干教师等项目资助。

永州是一座历史悠久、人文厚重的文化古城，是一座钟灵毓秀、美不胜收的山水名城，是一座翠色满帘、低碳休闲的生态绿城，为中小学生就近开展研学旅行创造了有利条件。近年来，在良好工作机制和政策的推动下，永州市中小学生研学旅行基地建设成效显著，研学旅行形式及内容多姿多彩。与此同时，因永州市内的研学机构多由传统旅行社转型而来，难免良莠不齐，导致"游而不学"、安全保障不足、研学效果不佳等问题仍不同程度存在。因此，笔者对永州研学旅行发展理论与实践进行了相关研究，并将研究心得整理成书。全书共分为八章，既有理论研究，也有具体案例研究，有针对性地对永州研学旅行发展现状、研学旅行发展 SWOT 分析、研学旅行资源与旅行基地概况、研学旅行产品设计开发与营销推广等方面进行了深入研究。此外，笔者对永州研学旅行发展中存在的问题也进行了研究，并有针对性地提出了相关对策，并在最后一章选取了八个永州研学旅行相关研究案例进行详细阐述，为完善永州研学旅行发展提供参考与借

后　记

鉴。本书研究成果可供旅游管理专业及其他相关学科专业的本科生、研究生、教师使用，也可供科研人员及政府和企事业单位、行业人员参考。

在本书的撰写过程中，笔者参考了大量研学旅行相关文献资料，也参考了很多学界同仁和产业同行的资料、数据和观点，有些未一一注明出处，在此一并致谢并致歉。

由于水平有限、时间仓促，书中不当和疏漏之处在所难免，敬请朋友们和读者们谅解并批评指正。

作者

2023 年 12 月